新编21世纪高等职业教育精品教材

■ 经贸类通用系列 ■

JINGMAOLEI TONGYONGXILIE

U1015603

投资学基础

（第2版）

主　编●李　博

副主编●张　洁　李金栋

中国人民大学出版社

·北京·

图书在版编目（CIP）数据

投资学基础 / 李博主编 . -- 2 版 . -- 北京：中国人民大学出版社，2023.6

新编 21 世纪高等职业教育精品教材．经贸类通用系列

ISBN 978-7-300-31805-9

Ⅰ.①投… Ⅱ.①李… Ⅲ.①经济学—高等职业教育—教材 Ⅳ.① F830.59

中国国家版本馆 CIP 数据核字（2023）第 106005 号

新编 21 世纪高等职业教育精品教材・经贸类通用系列

投资学基础（第 2 版）

主　编　李　博

副主编　张　洁　李金栋

Touzixue Jichu

出版发行	中国人民大学出版社		
社　址	北京中关村大街 31 号	**邮政编码**	100080
电　话	010–62511242（总编室）		010–62511770（质管部）
	010–82501766（邮购部）		010–62514148（门市部）
	010–62515195（发行公司）		010–62515275（盗版举报）
网　址	http:// www. crup. com. cn		
经　销	新华书店		
印　刷	唐山玺诚印务有限公司	**版　次**	2017 年 5 月第 1 版
开　本	787 mm × 1092 mm　1/16		2023 年 6 月第 2 版
印　张	17	**印　次**	2023 年 6 月第 1 次印刷
字　数	380 000	**定　价**	45.00 元

版权所有　侵权必究　印装差错　负责调换

PREFACE

前　言

党的二十大报告指出："深化金融体制改革，建设现代中央银行制度，加强和完善现代金融监管，强化金融稳定保障体系，依法将各类金融活动全部纳入监管，守住不发生系统性风险底线。健全资本市场功能，提高直接融资比重。加强反垄断和反不正当竞争，破除地方保护和行政性垄断，依法规范和引导资本健康发展。"

随着我国市场经济的发展，投资作为个人乃至组织必须掌握的一项基本技能，在经济活动中的作用越来越重要。加强投资者教育，推动将投资者教育全面纳入国民教育体系，从源头上为资本市场培育理性投资者势在必行、意义重大，有利于提升国民金融理财素养，有利于践行"以人民为中心"的发展理念，有利于资本市场长期健康发展，有利于防范金融风险、深化金融改革、维护社会稳定。为深入贯彻党的二十大会议精神和习近平总书记关于做好金融工作的指示，落实《关于加强证券期货知识普及教育的合作备忘录》，河南经贸职业学院金融投资教研室在系统总结长期一线教学实践经验和理论探索的基础上，进一步适应课程改革的需要和国家建设现代职业教育体系的新要求，按照新时代财经类高等职业教育人才培养需求，在本书第2版中加入了课程思政元素，更新了最新知识和案例，完善了教学内容。本书紧紧围绕高等职业教育人才培养目标和人才培养模式改革的重点，以企业投资活动为主线，以投资学的核心理论体系和业务实操流程为标准，按照"项目导向，任务驱动"及"模块化"教学的高职教学模式要求设计教学内容，突出课程的实践性、开放性和职业性。全书共分为投资概述、货币市场投资、股票市场投资、债券市场投资、基金市场投资、保险市场投资、其他投资、投资理财风险与金融骗局、金融理财与人生、综合理财规划十个模块的内容。每个模块下设若干单元，每个单元以贴近实际的案例导入，单元内容以解决实际问题为目标设计理论知识框架。每个模块结束后还编写了模块小结和自测练习，充分体现了"教、学、做、练"一体化。

本书由河南经贸职业学院李博老师担任主编，负责教材编写大纲的拟定和全书的审定工作，张洁和李金栋老师担任副主编，负责教材内容的审核工作。具体编写分工如下：模块一、八由李博老师编写，模块二、九、十由张洁老师编写，模块四、五、六由李金栋老师编写，模块三、七由陈玮老师编写。

本书的特点及创新点主要体现在：一是涵盖面广，不仅涉及投资学基础知识，而且能将金融理财、理财规划并入，更能满足当前社会投资者的学习需求；二是增加了对投资风险及骗局案例的分析，不仅向学习者讲授投资理财知识，还帮助学习者、投资者提高风险意识及辨别能力；三是实用性强，理论与实践紧密结合，在每个单元都设有案例分析及补充材料，使学习者能够学以致用；四是适用面广，本书的知识体系完整，表述简明扼要、通俗易懂，不仅可以作为经济学与管理学专业学生的专业基础课教材，而且可以作为普通投资者和证券从业人员的通俗读物。

尽管我们在加强思政教育和凝练教材特色方面做了进一步的探索和努力，但限于水平和经验，书中难免有不当或纰漏之处，欢迎广大读者和同行批评指正，以便我们今后对本书做出进一步的修改和完善。

编　者

2023 年 5 月

CONTENTS

目 录

模块一　投资概述

教学目标

知识目标

- 理解投资的概念
- 了解投资主体、金融机构及投资环境
- 掌握投资环境分析方法

能力目标

- 能够辨认身边的投资活动
- 能够运用投资学的思维看待问题
- 能够结合实例进行投资环境分析

素质目标

- 树立正确的投资观念和意识
- 培养学生的诚信和创新意识
- 培养学生分析投资环境的能力

第一单元 投资的含义

案例导入

2022 年我国对外直接投资增长 5.2%

2022 年，克服外部环境的不利影响，我国对外投资平稳发展，稳中有进，全行业对外直接投资 9 853.7 亿元人民币，增长 5.2%（折合 1 465 亿美元，增长 0.9%）。其中，对外非金融类直接投资 7 859.4 亿元人民币，增长 7.2%（折合 1 168.5 亿美元，增长 2.8%）。对外承包工程完成营业额 10 424.9 亿元人民币，增长 4.3%（折合 1 549.9 亿美元，与上年基本持平）；新签合同额 17 021.7 亿元人民币，增长 2.1%（折合 2 530.7 亿美元，下降 2.1%）。主要呈现以下特点：

一是对“一带一路”沿线国家投资合作稳步推进。我国企业在“一带一路”沿线国家非金融类直接投资 209.7 亿美元，增长 3.3%，占同期总额的 17.9%；在沿线国家承包工程完成营业额 849.4 亿美元，新签合同额 1 296.2 亿美元，分别占总额的 54.8% 和 51.2%，为高质量共建“一带一路”作出了积极贡献。

二是部分行业对外投资增长较快。投向批发和零售业 211 亿美元，同比增长 19.5%，投向制造业 216 亿美元，增长 17.4%，投向租赁和商务服务业 387.6 亿美元，增长 5.8%。

三是地方对外投资活跃。地方企业对外投资 939.2 亿美元，较上年增长 13.1%，占总额的 80.4%。其中东部地区对外投资增长 10.3%，占地方投资的 81.6%，广东、浙江和上海位列地方对外投资前三。

分组讨论：

投资是一个十分广泛的概念。凡是牺牲现在的利益和支出必要的价值而为了获取将来更大的利益和价值，都可以理解为投资。请谈一谈你身边的投资活动有哪些，投资对我国经济增长起什么样的作用。

投资是一个重要的经济范畴，它源于商品经济活动。在经济生活中，人们往往希望通过各种合法的手段，不断增加他们的财富或赚取利润，以满足未来的消费。这样就会经常碰到或使用“投资”这一名词。那么，什么是投资呢？ 投资的概念常常因研究的角度不同而有不同的诠释。

一、实物资产与金融资产

整个社会的资产一般可以分为两部分：实物资产和金融资产。从物质财富的角度来看，一个社会的物质财富最终取决于该社会的经济生产能力，即为社会成员提供产品与服务的能力。这种生产能力是社会经济中的实物资产的函数。实物资产包括：土地、建筑物、知识、用于生产产品的机械设备和运用这些资源所必需的有技术的工人。实物资产与“人力”资产涵盖了整个社会的产出和消费的内容。

与实物资产相对应的是金融资产，如股票或债券。这些金融资产从表面上看并不是社会财富，股票并不比印制股票的纸张更有价值，它们对社会经济的生产能力并没有直接的贡献。相反，金融资产对社会经济的生产能力只有间接的作用，因为它们带来了公司的所有权和经营管理权的分离，通过公司提供有吸引力的投资机会便利了投资的进入。由于金融资产对实物资产所创造的利润或政府的收入有要求权，因此金融资产能够为持有它们的公司或个人带来财富。

当公司最终利用实物资产创造收入之后，就依据投资者持有的公司发行的股票或金融资产的所有权比例将收入分配给投资者。例如，证券持有者基于利率和证券的面值来确定获得的收入流。股票持有者或股东对公司支付债券持有者及其他债权人以后的剩余收入享有要求权。因此，金融资产的价值源于并依赖于公司相关的实物资产的价值。

资产只能定义为收入或财富在投资者之间的配置。个人可以选择今天消费掉所拥有的财富，也可以把它们用于投资以便将来可以获得收益。如果人们选择投资，就可能选择持有金融资产。企业通过发行证券（将它们卖给投资者）获得用于购买实物资产的资金，那么，最终金融资产的回报来自用发行证券所得的资金购买的实物资产所创造的收入。在比较发达的社会经济中，个人通过持有金融资产的方法拥有对实物资产的要求权是十分有益的，绝大多数人不可能自己拥有汽车厂，但是他们可以持有汽车公司的股份从而获得汽车生产所创造的收入。

在实际操作中，实物资产和金融资产可以在个人及公司的资产负债表中区分开来。实物资产只在平衡表的一侧出现，而金融资产通常在平衡表的两侧都出现。对企业的金融要求权是一种资产，但是企业发行的这种金融要求权则是企业的负债。当对资产负债表进行总计时，金融资产会相互抵销，只剩下实物资产作为净资产。

区别金融资产与实物资产的另一种方法是，金融资产的产生和消除要通过一般的商业过程。例如，当贷款被支付后，债权人的索偿权（一种金融资产）和债务人的债务（一种金融负债）就都消失。相比而言，实物资产只能通过偶然事故或逐渐磨损来消除。

对实物资产和金融资产的理解，有助于对投资内涵的掌握。

二、投资的定义

正如前面对实物资产和金融资产的解释一样，投资可以从实物投资和金融投资的角度加以解释。

（一）实物投资角度的定义

在理论经济学方面，投资是购买用于未来生产而非用于消耗的资本物品。严格地讲，在“国内生产总值（GDP）= 总消费（C）+ 总投资（f）+ 政府支出（G）+ 净出口（$X–M$）”的公式中，投资也是 GDP 的一部分。功能被划分成非居住性投资（如工厂、机械等）和居住性投资（如新房）。从 $f=（Y, i）$ 的关联中可得知，投资与收入（Y）和利率（i）有密切的关系。收入的增加将促进更高额的投资，但是更高的利率将阻碍投资，因为借钱的费用变得更加高昂。即使企业选择使用自己的资金来投资，利率代表着所投资资金的机会成本而不是将资金放贷出去的利息。

从经济学的角度看，投资是社会资本的形成过程，只有能够增加社会总资本，并通过建造或购置厂房、筑物、设备，工具、劳动力及动力和原材料形成生产能力，可以向社会提供产品或服务的活动，才能称为投资。将货币存放于银行或购买证券，只是社会资本的转移，并不增加社会总资本，也不形成生产能力，所以不能算作投资。经济学家保罗 · 萨缪尔森（Paul A. Samuelson）曾指出：“对于经济学者而言，投资的意义总是实际的资本形成——增加存货的生产或新工厂、房屋和工具的生产。”他还特别提出，经济学的投资概念和储蓄存款、购买股票等活动不能混为一谈。例如，从保险柜中拿出 1 000 元，把它存入银行或者买些股票，从经济学上看，投资并未发生。只有当实物投资的生产通过建设房屋、生产汽车或类似的活动产生时，才有经济学家所说的投资。经济学家约瑟夫 · 斯蒂格利茨（Joseph Eugene Stiglitz）在其所著的《经济学》一书中更明确指出，金融投资乃是为实物投资提供条件，经济学的投资只是指实物投资，不包括金融投资。他说：“家庭认为自己购买股票和债券是投资，这称为金融投资。这些金融投资使企业有可能用来购买资本品——机器和建筑物。购买机器和建筑物代表企业的投资，有时我们称为实物投资。在宏观经济学中，我们所说的投资是指实物投资，而不是金融投资。”

（二）金融投资角度的定义

金融学主要从资本增值的角度考虑问题，有学者认为：“投资是投入现在的资金以便用利息、股息、租金或退休金等形式取得将来的收入，或者使本金增值。”金融经济学家认为，只要是为了将来预期的收益而垫付的资金，不论收益来自利润还是利息、股利、红利等，都被视为投资。从资本增值的角度来看，投资用于生产坦克还是用于购买股票，对于投资者并没有本质上的差别。在市场经济体系中，不仅存在实物商品交易，还存在金融商品交易。无形的金融商品是一种特殊的商品，同样受市场经济规律的分配和制约，参与社会的自由竞争。从事金融商品交易的资本市场作为商品要素市场，在市场经济体系中起着日益重要和广泛的作用。它促进现代企业制度的形成和完善，并且对资源配置的优化发挥基础性的作用。

（三）一般意义上投资的含义

在商品经济社会中，投资是普遍存在的经济现象，人们在很多情况下往往把能够带来报酬的支出行为称为投资。这里的“支出”行为，实际上是牺牲了现在的一定消费，“报酬”则是将来的消费增加。投资学家威廉·夏普（William F. Sharpe）在所著的《投资学》一书中将投资的概念表述为：投资就是为获得可能的不确定的未来值而作出的确定的现值的牺牲。

一般来说，投资是指经济主体（国家、企业、个人）以获得未来货币增值或收益为目的，预先垫付一定量的货币与实物，经营某项事业的经济行为。

综观人类经济行为中的诸多投资现象，可以从中观察到一种在本质上相同的经济行为，那就是人们在时间跨度上根据自身的偏好来安排过去、现在和将来的消费结构，并使得在这种消费结构安排下的当期和预期效用最大化。所以，投资在本质上是一种对当期消费的延迟行为。

从典型的经济人角度来看，国家、家庭、个人都在进行不同种类但本质相同的投资。例如，从国家的经常账户和资本账户的结构与两者之间的关系来看，外汇储备实质上是一国放弃当期消费，而以某些外币资产形式持有的一种投资品。家庭的储蓄，本质上是家庭通过跨期消费结构的合理安排，从而保证耐用消费品、家庭医疗计划以及子女教育等多期支出的一种投资活动。

从经济资源的角度来说，学习是放弃当期消费而对人力资本的投资，从而期望将来获得更多的效用满足；从时间预算决策的角度来说，学习是放弃当期的闲暇，以期望将来获得更高品质的闲暇和选择。

从投资产品来看，可以看到这些投资产品延迟消费的本质。例如，养老基金就是一种典型的延迟消费行为。当人们留存一部分收入直到退休时再支取时，这就是典型的延迟消费决策。类似地，当投资者购买债券、股票或其他金融资产时，同样是在延迟当期消费。

从一般性的人类行为中，也可以看到许多通过延迟消费来进行投资的现象。例如，经济学家、社会学家加里·贝克尔（Gary S. Becker）曾经指出，人类的繁衍本身都可以视为家庭中夫妻双方通过放弃当期的经济资源和闲暇的消费，从而获得养儿育女的成就感和满足感。所以，养儿育女可以视为一种“耐用消费品”的投资行为。中国的民谚“养儿防老”，从延期消费的行为来看，也是一种典型的投资行为。

综上所述，一旦把投资定义为消费的延迟行为，就可以从更一般的意义上理解投资的内涵。

三、投机和投资

对有些投资者来说，投资就是投机，投机就是投资，两者没有什么区别，“投资”只不过是一个好听的名词，其本质就是“投机”。可见，“投资”和“投机”是两个容易混淆的概念。为了更好地理解投资，有必要搞清楚投机的概念。

（一）对投机的理解

如果将这个词拆开来看，仅从单个字的含义来讲，“投”是“瞅准、有目标”的意思，是指抓住、把握、适当利用、寻找；“机”是“能够迅速适应事物的变化，灵活”的意思，是指机会、时机、事物的本质规律。如果将它们综合起来，意思就是“能够瞅准机会抓住迅速变化的事物本质”。从商业的角度来看，投机是指利用商业上的机会赚取利润；从金融资产的角度来看，投机是在金融资产价格低的时候买进、高的时候卖出的一种原则。投机不是不劳而获，投机的成功只有通过更加辛苦的劳动才能实现。它是对交易人的分析、判断和决断能力的考验。

（二）投机的作用

从某种意义上讲，投机促进了人类社会经济的发展，因为投机正好体现了个人或利益团体生存和发展的本能。投机的这种作用尤其体现在商业上，投机商为了自己的利益而去投机，把某地相对多余且便宜的商品拿到异地去卖。这样虽是通过投机而谋利，但其得利的同时也给异地人群带来了对自己有用的商品。再来看交易市场，没有投机的市场是没有活力的市场，没有吸引力的市场，这样的市场最终将走向消亡，“投机”在这里的作用显而易见。“投机”是一个中性词，从它本身来看没有褒贬之分。利用得当会产生好的作用，反之则不利于经济的发展。以下从资本市场的角度来分析投机的积极作用和消极作用。

1. 投机的积极作用

（1）导向作用。投机可以起到引导证券市场中的资金流向的作用。投机者本身的特点决定了其消息较灵通、判断较准确，从而可以引导资金投入业绩好的公司。这样，客观上又会引起某个公司股票价格的涨跌，对上市公司也可起到客观的评价作用，进一步引起内外压力，促进公司的经营调整及公司间的调整。

（2）平衡作用。投机者为了获取高收益而购买风险较大的证券，这种行为本身就会使市场上不同风险的证券供求平衡。同时，由于投机者反应灵敏，在市场出现波动时，其买卖行为可以把价格在不同市场、同一品种和同一时间上的不正常的高低拉平，使其趋于合理和均衡，避免价格大起大落，保证供求平衡，可以说具有“市场抹平”的作用。

（3）动力作用。投机是证券市场的一个原动力。投机者为证券市场提供了大量的风险资金，并且是证券市场中最活跃的因素，其投机活动推动了市场的起伏运动，增强了证券交易的流动性，活跃了市场交易，从而促进了证券市场的正常运行。

2. 投机的消极作用

（1）投机活动会使一些投机者在很短的时间内成为暴发户，而使另一些投机者在很短的时间内遭受到破产损失，不利于社会安定。

（2）在投机过度的情况下，一些投机者为了牟取暴利会进行内幕交易，甚至制造谣言，进行虚假交易，垄断和操纵证券市场，违背证券市场“公平、公正、公开”的“三公”原则，造成市场混乱。

（3）在投机过度的情况下，证券价格会脱离现实的经济条件，脱离公司业绩，不断暴涨，形成市场繁荣的假象和泡沫经济。而当价格过高时，一旦产生不利的因素，又会即刻引起暴跌，严重损害大批投资者的利益和国民经济的稳定运行。

（三）投资与投机的关系

关于投资与投机关系的争论较多。有人认为二者没有本质的区别，区别只是字面意义上的。以现代社会的“经济”标准来判断，投机实际上就是一种投资，是一种承担特殊风险、获取特殊收益的行为，是投资的一种特殊形式。“投资是稳健的投机，投机是冒险的投资。”有人认为投资与投机具有本质的区别，投机是投资的最高境界，这一点在证券市场和实业投资上比较明显。例如：股票投资是通过持有股票来获得财富，是通过企业的新增社会财富和价值来分享财富；股票投机则是通过卖出股票来获得利润，是通过股票价差来获得利润。但在期货市场上，投资与投机的区别就不那么容易区分了，二者几乎完全混为一体。但即使这样，在期货市场上，投资与投机也是有本质区别的。如果想对二者加以对比，则可以考虑它们的异同之处。

超链接：“投机”与“投资”

案例分析

松下电器的投资之道

松下电器是由日本的“经营之神”松下幸之助于1918年创立的，到20世纪60年代已经成为日本最大的家用电器制造商，同时松下电器的海外投资也急剧增加，松下电器逐步把海外企业建到了美国、欧洲、中东、拉美甚至非洲。进入20世纪90年代，松下电器产业公司拥有50多个事业部、90多个营业所、14个研究所，以及60多家国内子公司，现在已成为业务遍及全球的大型跨国企业。在2021年《财富》杂志评选的“世界500强”中，松下电器位列第154名。

松下电器产业株式会社（2008年10月1日，正式更名为“Panasonic株式会社”，但此次更名不涉及大中华区市场）总部设于日本大阪。1987年9月，松下电器首次在中国（北京）成立了合资公司。在此之后，又相继成立了从家用空调、洗衣机等家用电器到通信设备、图像、音响、半导体等生产器材的广泛领域的独资或合资公司。1994年9月2日，松下电器产业株式会社与北京华瀛盛电器开发公司共同创立了松下电器（中国）有限公司（原简称CMC）。2002年12月17日，松下电器（中国）有限公司正式转变为独资公司，英文简称也由CMC变为MC。公司从事业支援性公司变为地域统括性公司。

但是进入 20 世纪 90 年代后，在海外高速发展的松下电器一度陷入发展的困境，并且在 2001 年的第二季度，发生了松下集团自 1971 年以来的首次季度性亏损。

为了摆脱困境，重整旗鼓，松下集团先后在战略重组、统一品牌等方面进行了大刀阔斧的改革，将原有的战略分区调整为新的亚洲、欧洲、美洲三大运营中心，并建立地区总部，解决了众多海外市场的分区统一管理问题。2003 年，松下集团将原先并列的 Panasonic 和 National 两个品牌统一为一个品牌——Panasonic，此举是松下集团夺回全球市场战役中极为重要的一次出击，不仅强化了消费者对松下品牌的认同度，也显示出松下集团以单一品牌制胜全球市场的决心。

分析：松下集团建立了庞大的销售网，具有集研究、开发、生产和销售于一身的完整经营体制。松下集团正是由于密切注视市场变化，把握需求动向，及时调整投资策略，才使得其独特的国际化营销策略在海外取得了辉煌的成就，成为当今名副其实的“日不落帝国”。

知识拓展

国际直接投资与国际间接投资

国际直接投资，又称对外直接投资、境外直接投资、外国直接投资或海外直接投资，是指投资者到国外直接开办工矿企业或经营其他企业，即将其资本直接投放到生产经营中以获取长期利益的经济活动。其特征在于：投资者能够对企业的经营管理进行有效的控制。国际直接投资包括绿地投资、购买国外企业的股票并达到控股水平、利用以前国际直接投资的利润在海外再投资三种形式。

国际间接投资主要是指国际证券投资以及以提供国际中长期信贷、经济开发援助等为形式的资本外投活动，是一种仅以获取资本增值或实施对外援助与开发为目的的跨国投资。国际间接投资包括国际证券投资和国际信贷投资两种形式。

第二单元 投资主体

案例导入

2022 年全国固定资产投资（不含农户）增长 5.1%

2022 年全年全国固定资产投资（不含农户）572 138 亿元，比上年增长 5.1%。统计数据显示，分产业看，2022 年，第一产业投资 14 293 亿元，比上年增长

0.2%；第二产业投资184 004亿元，比上年增长10.3%；第三产业投资373 842亿元，比上年增长3%。

分地区看，2022年，东部地区投资比上年增长3.6%，中部地区投资比上年增长8.9%，西部地区投资比上年增长4.7%，东北地区投资比上年增长1.2%。

分登记注册类型看，2022年，内资企业固定资产投资比上年增长5.5%，港澳台商企业固定资产投资比上年增长0.2%，外商企业固定资产投资比上年下降4.7%。

分组讨论：

根据上述案例数据，请分析在众多投资活动中，主要的投资者都有哪些。

一、投资主体的含义

投资主体是指从事投资活动的具有资金来源、拥有投资决策权、享受投资受益、承担投资风险责任的经济法人或自然人。投资主体是投资活动的发动者、决策者和投资资金的筹措者，对投资活动的运行及投资效果，具有关键性影响。投资主体也称投资者、投资方、投资人，从项目投资的角度讲，投资主体也称项目业主。

投资主体是三权的统一体：（1）决策主体：拥有投资决策权；（2）责任主体：承担政治、法律、社会道德等方面的风险；（3）利益主体：享受收益权（包括盈利性的收益和非盈利性的收益）。投资主体的实质是经济要素所有权在投资领域的人格化。

在市场经济条件下，投资主体一般应有以下四个方面的内涵特征：

（一）投资主体必须是从事投资活动的法人或自然人

投资活动包括投资的形成与筹集、分配与使用、回收与增值等一切活动，都是由投资主体进行的。投资主体是项目投资活动的发起者和推动者。投资主体应建立经济法人组织负责投资经营，并设置法人代表。国家（中央政府和地方政府）投资主体进行投资，其资金属全民所有，但全民所有的投资不可能全民共同占有、共同使用。实际上，国家投资同劳动者一起被固定在个别国有企业，投资的所有权同实际占用权、使用权是分离的，国有企业是国家投资的实际经营者。这就要求把政府的职能同企业的职能分开，把所有权与经营权分离，实行“政企分开”“两权分离”，国家掌握投资的最终所有权，企业掌握包括投资占有权、使用权、处置权在内的法人所有权，成为享有民事权利、承担民事责任的法人实体。我国在投资建设中，已开始推行项目法人责任制——先有投资责任主体即项目法人，后有项目建设，由项目法人对项目的策划、资金筹措、建设实施、生产经营、债务偿还和资产的保值增值，实行全过程负责。政府投资主体进行经营性投资，是通过其中介投资主体，如开发投资公司、企业集团、控股公司等，把投资落实到项目法人投资主体，具体从事实际的投资活动。

投资组建股份制企业有两种组织形式：有限责任公司和股份有限公司。有限责任公司的投资各方是投资主体，享有投资的最终所有权，承担有限责任，有限责任公司是法人投资主体。股份有限公司设置国家股、法人股、个人股（职工个人股和社会个人股）、外资股，持股者是投资主体（一般参股者为间接投资主体），享有投资的最终所有权，承担有限责任，股份有限公司是法人投资主体。股份制企业的董事长是公司的法人代表。

现有各种经济类型的企业是经济法人，从事投资活动即为法人投资主体，原企业的法人代表为该法人投资主体的法人代表。

投资主体主要是指从事投资活动的经济法人，但也包含从事投资活动的自然人。自然人投资主体是指基于自然有机体状态、具有民事权利主体资格的投资人。从法律意义上讲，自然人参与投资活动，必须具有法律赋予的权利能力和行为能力。从事投资活动的个人，是典型的自然人投资主体；从事投资活动的家庭，因自身不具备法人的条件，也被视为自然人投资主体，如农户。

（二）投资主体必须具有从事投资活动必需的资金来源

投资活动需要投入大量资金，投资主体必须拥有足够的资金来源。资金不足，项目即使立项，也不能建成。一定量的投资资金，是保证投资活动得以进行的首要条件。

各类投资主体所必需的资金应当首先依赖其自身的积累。资金不足的部分，可以通过直接或间接融资的方式筹集，如发行债券、向银行贷款等。但这部分资金的取得是以偿还为前提的，偿还资金仍需依靠投资主体积累资金而取得。

从 1996 年起，国家推行项目资本金制度——在投资项目的总投资中，除项目法人从银行或资金市场筹措的债务性资金外，还必须拥有一定比例的资本金。推行这项制度，是强化投资风险约束机制的重要内容之一。

（三）投资主体必须拥有自主的投资决策权

投资决策是指对项目的投资规模、投资方向、投资地点、投资时机等重大问题，通过调查研究、多方案择优，最后确立项目（简称立项）。在投资活动全过程中，投资决策是基础环节。投资决策关系到项目的成败和投资效益的高低。因此，投资决策是投资活动的生命线。

根据“谁投资、谁决策，谁收益、谁承担风险”的原则，应当由投资主体进行投资决策，这就要求赋予投资主体自主的投资决策权。政府、企业、个人投资主体都拥有各自的投资决策权。投资主体与决策主体应该是有机统一的。如果硬要割裂二者的统一，既不利于调动投资主体的投资积极性，又不利于明确投资主体的投资责任。

（四）投资主体享受投资收益权，并相应承担投资风险责任

投资主体应该是一定投资收益的享受者。投资主体在投资经营活动中有所投入，那么理所当然地就占有其产出。投资效益多种多样，简言之，有经济效益与社会效益（有些还有生态效益），有微观经济效益与宏观经济效益。在市场经济条件下，作为主要投资主体

的企业，它所享受的微观经济效益是指投资财务收益——税后利润。这种投资收益，既是投资主体自我积累的源泉，也是从事投资活动的资金保证。若投资主体不能享受投资收益，则其投资活动难以为继，从而也就失去了其投资主体的地位。

在市场经济环境中，投资主体所从事的经济活动，在执行国家有关法律、法规的前提下，与各有关组织所发生的关系均体现为经济关系，需要依据商品货币关系的准则处理一切经济往来关系，而处理一切经济往来关系的基础，则在于享有和支配投资收益的权利。企业投资主体若无享有和支配投资收益的权利，就会失去其市场主体的地位。

投资经营不一定都能获得收益。受到各种不确定因素的影响，如投资决策失误、经营管理不当和市场供求关系变化等，企业都有可能发生经营亏损。这种情况令投资主体在投资经营活动中有蒙受损失的可能性，常被人们称为投资风险。在投资经营活动中，风险与收益并存。

投资主体不仅是投资收益的享受者，也是投资风险的承担者。既然投资决策是由投资主体作出的，那么投资收益应由投资主体享受，相应地投资风险理所当然应由投资主体来承担。而投资主体承担投资风险的责任，一般以投入的资金数额为限。若发生经营亏损，应根据亏损原因，采取提高管理水平、加强技术改造和调整产品结构等多种措施扭转亏损局面，以实现投资的保值和增值。若扭亏乏术，长期亏损，势必资不抵债，则须依法宣告破产。承担投资风险的经济责任和法律责任，是投资主体行使投资决策权的自我约束。在市场经济条件下，风险意识是对投资主体从事经济活动的起码要求。投资主体在市场竞争中，需对投资风险进行科学的分析和预测，并采取防范风险和降低风险的相应措施。

以上四点都是投资主体的内在本质属性，它们是相互促进、相互制约的，因而是缺一不可的，缺少任何一项内容就不是一个完整的、真正的投资主体。特别是权利与责任、收益与风险，都是对等的。投资主体若只有承担风险责任的义务，而无自主决策与享有收益的权利，则投资主体会缺乏独立从事投资活动的积极性，投资经营就不能搞活，经济发展也不能生机勃勃。若只有自主决策与享有收益的权利，而无承担风险的责任，则投资活动就没有约束和规范，就会产生盲目性和无序性。

市场经济是法制经济，在投资体制改革中，要规范地确立起法人投资主体，确保其自主地从事投资经营活动，享有民事权利，承担民事责任，使投资活动管而不死、活而有序，促进国民经济持续、快速、健康地发展。

二、投资主体的分类

社会制度不同，投资主体的分类也不一样。同一社会制度下，由于实行不同的经济管理体制，投资主体也有差别。随着改革开放的逐步深入，我国打破了传统计划经济体制下政府单一的投资主体格局，投资领域发生了重大变化，已经形成了投资主体、投资资金来源渠道和投资方式多元化的投资体制新格局。为了把握不同投资主体的特性，可以从不同的角度或者按照不同的标准对投资主体进行分类，现阶段我国对投资主体的分类大致有以下几种：

（一）按投资所有权的性质分类

投资所有权是指投入资金的所有权，即谁投资，谁就掌握投资所有权。按投资所有权的性质，投资主体可以划分为公有投资主体、私有投资主体、股份制型投资主体三类。

（1）公有投资主体是指运用公共资本（资产）进行投资，并且投资所形成的产权归公共占有的法人。如国有独资企业、国有控股企业。

（2）私有投资主体是指用私有资本、资产进行投资，投资所形成的产权归私人占有的法人或自然人。如民营企业、个体企业。

（3）股份制型投资主体是指多种所有制的投资者，组合股份公司的合股资本、资产进行投资，并且投资所形成的产权归合股共同占有的法人，其收益按合股投资者股份比例分配。

（二）按管理层次分类

按管理层次的不同，投资主体可以划分为政府投资主体、企业投资主体和个人投资主体。

1. 政府投资主体

政府投资主体，代表全体人民的共同利益，通过国家的财政收入、发行国债、向国外借款等方式筹集投资资金，投资于全国性或跨地区的基础设施、公益事业和国防、航天、高新技术等基础产业。政府投资主体包括中央政府投资主体和地方政府投资主体。

2. 企业投资主体

企业投资主体包括各种所有制企业及各种类型企业的投资主体，企业作为相对独立的经济实体，代表企业自身利益，通过利用企业的自有资金、发行债券、向国外借款、向银行贷款等方式筹集投资资金，根据市场产品需求、技术改造等要求，用于企业生产经营性投资。

3. 个人投资主体

个人投资主体代表个人利益，利用个人及家庭收入、向银行贷款等方式筹集投资资金，用于建房、合办实业和证券投资。相对于前两个投资主体而言，它具有范围广、数额小、灵活性强等特点。

（三）按投资地域分类

按投资地域的不同，投资主体可以划分为国内投资主体和国外投资主体。

1. 国内投资主体

国内投资主体是指我国中央政府、地方政府、企业、个人四类投资者在本国国内进行的各种投资。

2. 国外投资主体

国外投资主体是指对我国进行直接投资（包括外商独资、合资和合作经营等）的外国政府、金融机构、企业和个人。

不同的投资主体担负不同的投资任务，采取不同的投资方式。它们既是独立的，又是相互联系的，既可单独投资，又可以不同投资主体联合投资，由此构成了我国有机的多元化的多层次的投资体系。

超链接：**中国天使投资**

三、投资行为

投资行为是指投资主体受投资动机支配而从事具体投资活动的过程。投资行为是投资动机在行动上的具体表现，它表现在投资过程的始终，包括从投资决策、投资规划、投资筹集、投资项目设计、采购和施工，以及建成投产后的经营，直到投资回收和增值等整个投资过程的具体活动。

从一般意义上说，投资行为可分为合理投资行为和不合理投资行为。

（一）合理投资行为

合理投资行为是指投资主体合理投资动机正常表现出来的投资行为。

就企业投资主体而言，其合理投资动机是追求投资的保值和增值，这一投资动机通过其合理投资行为表现出来，就是在国家的宏观调控下，在不损害社会和公众消费者利益并合法经营的原则下，企业自己作出投资和经营决策，依法纳税，获取完整的投资收益，承担投资风险。企业的合理投资行为，受它自身合理动机的支配，而不受来自其他方面的干扰，国家也不直接干预企业的生产经营活动，包括投资活动。

企业投资主体的合理投资动机转化为合理投资行为，必须具备两个条件。

一是企业作为投资行为的承担者，必须具有完整的经济法人地位。这样才能自主支配自己的投资行为，达到所期望的投资目标，其投资动机才能正常而充分地表现出来。

二是在投资行为承担者外部，必须建立社会主义市场经济体制。社会主义市场经济体制是经济主体之间横向联系的经济，而不是政府与企业之间隶属的纵向联系的经济。投资行为是投资主体为实现自身利益的自主选择，而不是来自上级的指令。这样，企业投资主体的投资动机才能正常而充分地表现出来。

（二）不合理投资行为

不合理投资行为是指投资主体合理投资动机未能形成的条件下所发生的扭曲的、不规范的投资行为。

一方面，在传统的经济体制下，政府既是经济管理者，又是企业经营者，投资动机混淆，既要追求国民经济的宏观效益，又要追求微观财务收益。而政府追求微观财务收益又有先天的缺陷，即难以具体落实。尽管政府可以通过政策、法规和指令，强调微观财务收益，但企业没有自身利益，缺乏追求微观财务收益的积极性、主动性，从而使得政府对盈利性行业的投资也往往蚀本。一旦蚀本了，也是政府决策的结果，企业不负责，只能由财政弥补。另一方面，政府承担企业经营职能，追求企业财务收益，势必削弱在实现国民经济宏观效益目标方面的努力。因此，在传统的经济体制下，如果政府投资动机混淆，投资行为就难以合理，投资效益势必较低。

不合理投资动机、不合理投资行为的根源，在于高度集中的计划经济体制。要从根本上解决这个问题，就要实行政企分开和两权分离，适应社会主义市场经济体制的要求，改革投资体制，规范政府和企业（包括个人）各自的投资动机，划分各类投资主体的投资范围。

四、各类投资主体的投资范围

在社会主义市场经济体制下，政府和企业（包括个人）由于所处社会地位的不同，各自的投资动机也不相同。与此相适应，各自的投资范围也有差别。

（一）企业的投资范围

企业作为商品生产者，其投资活动是一种生产经营活动，从自身利益出发，具有追求资本保值和增值的投资动机。因此，企业是否投资和投向哪里，是以市场为导向的，取决于投资项目本身财务收益的多少。与此相适应，企业的投资范围主要是竞争性、盈利性行业，如一般加工工业、商业和饮食服务业等。

（二）政府的投资范围

政府作为全体国民的代表，其投资是实现宏观目标的政策工具，是国家干预经济生活的手段，其具体的投资活动是一种经济调节活动，从社会整体利益出发，具有获取整个国民经济的宏观效益（包括规模效益、结构效益、布局效益和时序效益）的投资动机。因此，政府是否投资和投向哪里，并不取决于投资项目本身有无财务收益，而是取决于投资项目对整个国民经济发展、社会进步的贡献。与此相适应，政府的投资范围主要有以下几个方面：

一是基础性领域，包括基础设施和基础产业。

二是公益性领域，包括文化、教育、卫生和社会福利等事业。

三是战略性领域，包括国防、航天、高新技术和“瓶颈”产业等战略产业。这些领域的投资只能获得微利，或者无利，有的甚至赔钱，是企业不愿意干的。但这类投资对整个社会经济的发展至关重要，要由代表社会利益的政府来承担，而由社会和公众受益。

政府从全局出发承担上述基础性、公益性和战略性三个领域的投资任务，需要有足够的财力，而国家预算内资金用于投资的毕竟有限，因此，需要妥善地使用财政投资，使之发挥更大的作用——财政投资用于直接投资时，通过参股、控股，引导企业（包括外资企业）参与三个领域的投资，把财政投资的一部分用作政策性贷款贴息、价格补贴等经济优惠措施，以少量的资金把更多的资金引到三个领域中去。

政府投资是国家经济管理职能在投资领域的外在表现。政府为实现国家经济管理职能，除了制定和实施有关经济管理的法律法规，建立和管理统一的市场体系，转换企业经营机制，建立宏观调控体系以外，还需要掌握一定的投资实力，代表全社会的整体利益和长远利益，鼓励和引导企业参与三个领域的投资，只有这样，才能保证国民经济持续、快速、健康的发展，保证现代化建设战略目标的实现。

五、实现投资主体行为合理化的对策选择

实现投资主体行为的合理化，从根本上说，是要通过深化投资体制改革，加快建立与社会主义市场经济体制相适应的投资运行机制，以达到对投资主体投资行为的有效激励、约束和调控。除此之外，各类投资主体也应选择能促使自身行为合理化的有效对策，具体包括：

（1）坚持投资总量平衡，谨防投资规模盲目扩大。

（2）优化投资结构，提高资源配置效益。

（3）因地制宜，合理布局，提高地区、部门的协作效益。

（4）进行科学决策，提高投资效益。

另外，从正确和合理投资动机的诱导方面还必须做到：

（1）建立健全合理的价格机制，为投资主体创造公平竞争的环境。

（2）建立适应社会主义市场经济发展的投资体制，理顺中央、地方、企业和个人在整个投资活动中的关系。

（3）投资环境是影响和决定投资动机的关键因素，因此，要搞好投资环境的建设。

（4）建立健全投资管理机制。

知识拓展

个人投资者的非理性投资行为

在投资活动中，个人投资者常常会做出一些非理性行为。

个人投资者的非理性行为之一是他们没有按照现代资产组合理论分散风险。首先，他们的资产组合中资产的数量远远低于分散风险所要求的数量，因此不足以分散风险。造成这种分散风险不足的原因是投资者的过度乐观、过度自信。投资者在组合自己的股市投资时相信自己具有准确选择股票的能力，相信了解少数几个公司并投资于这些公司比分散投资更能降低投资风险，因此他们相信自己可以通过选择少数几只股票并只投资

于这些股票来降低投资风险，同时获得高于市场的回报。这导致他们将投资集中在少数资产上。其次，投资者在组合自己的投资资产时即使考虑了分散风险，也会表现出明显的“幼稚型分散风险”的倾向，即将投资在各种资产中平均分配。最后，投资者以跨期投资法分散风险。他们认为，随着投资期限的延长，股市的风险也就相应降低。投资者相信跨期投资能够分散风险，一方面是因为他们错误地将小概率事件当作零概率事件，即相信股市长远投资者获得负回报的概率为零。另一方面，跨期分散风险受欢迎的另一个原因可能是它可以帮助投资者推迟将账面上的损失转化为实际损失。

另外，投资者在投资活动中还表现出明显的本地偏好。投资者将绝大部分资金投资自己所居住的国家的金融市场，而且将大部分资金投资于自己任职的公司及公司总部距离自己居住地近的公司。

在评估基金与基金管理者的业绩方面，投资者也常常表现出两个方面的偏差。一方面，他们相信某些基金或者基金管理者确实具有突出的投资能力，这些基金与基金管理者能够持续地给他们带来良好的回报；另一方面，他们相信自己具有准确选择这些基金与基金管理者的能力。行为金融学理论认为，在评估基金与基金管理者业绩时，对偶然性的错误认识导致人们错误地认为基金的良好业绩是基金管理者具有突出投资能力的表现。此外，在评估基金业绩时，投资者没有考虑幸存者偏差现象，也没有对基金投资的风险和费用进行准确评估。

案例分析

理性对待个人投资行为

2023 年 3 月 13 日，新浪财经发文指出，上周 A 股显著调整，上证指数 5 连跌再失 3 300 点，创业板指则是 4 连跌。上周，上证指数累计下跌 2.95%，深成指累计下跌 3.45%，创业板指累计下跌 2.15%，为连续第 6 周下跌，上证 50、沪深 300 指数分别下跌 4.98%、3.96%，其中上证 50 指数开年以来的涨幅已近乎悉数回吐，科创 50 指数较为抗跌，跌幅为 0.54%。A 股出现“倒春寒”的行情，主要原因是 2 月经济数据表明，经济复苏不及预期，沪指从 3 342 点的高位单边下跌，目前还未见底，因此本周沪指大概率继续探新低。

股票市场的波动，给所有参与方上了一堂生动的风险教育课。对于普通投资者来说更应该警醒起来，提高自身的风险管理能力。

分析：请结合此次股市波动，谈一谈作为一名投资者你得到了哪些启示。

第三单元　金融机构

案例导入

世界一流投资银行——美林证券

美林证券（Merrill Lynch）是一家领导性的国际金融管理及咨询公司，总体客户资产超过 1 万亿美元，在为个人与小型企业提供金融咨询与管理服务中处于领导地位。作为一家投资银行，它已成为国际上最大的股票和债券承销人，也是企业、政府、机关、个人的战略性咨询者。美林证券通过资产管理，运作着世界上最大的共同基金集团之一。

美林证券的主要业务：

（1）投资银行。美林证券是为企业、政府、机关提供全球咨询与金融服务的市场主导者。强大的关系网管理、创新、产品开发，以及持久而不可逾越的道德标准推动美林证券在投资银行产业中首屈一指。美林证券的国内与国际业务容量超过所有竞争对手。

（2）并购。美林证券是并购交易中的领导性咨询公司，是在美国和全球完成并购的西方顶级顾问公司之一。自 1995 年以来，美林证券已为 1 100 桩交易提供咨询服务，交易值超过 1.2 万亿美元。美林证券为客户提供各种不同类型的战略性服务，其中包括：预先反并购策略、销售、收购、剥离财产、使母公司收回子公司全部股本使之脱离，以及合资企业的服务。美林证券的并购专家可根据客户的战略性需要提供不同的专家建议，他们与美林证券的其他行业专家密切合作以满足客户的需求。

（3）金融期货与期权。美林证券的金融期货与期权部门通过运用利率、股票和金融衍生品帮助机关客户进行风险管理与投资决策。美林证券不断完善自身在世界范围内的资本市场资源以便为客户提供综合策略。

（4）企业销售。美林证券通过 850 多种行业组成的国际化销售力量，提供给机构投资人广泛的产品与服务。机构客户部门负责美林证券与机构投资人的业务关系，其中包括最大的企业、养老基金、金融机构、政府机关以及在国际上持有主要投资资产的商人。

分组讨论：

在投资主体开展各种投资活动的过程中，如果没有金融机构的参与，投资活动是否能够更有效地进行？

一、金融机构的含义及分类

（一）金融机构的含义

金融机构是指从事金融服务业的金融中介机构，是金融体系的一部分。狭义的金融机构仅指那些通过参与或服务金融市场交易而获取收益的金融企业；广义的金融机构则不仅包括所有从事金融活动的组织，而且包括金融市场的监管者，如中央银行以及其他金融监管机构。

（二）金融机构的分类

（1）按照金融机构的管理地位，可划分为金融监管机构与接受监管的金融企业。

（2）按照是否能够接受公众存款，可划分为存款性金融机构与非存款性金融机构。

（3）按照是否担负国家政策性融资任务，可划分为政策性金融机构与非政策性金融机构。

（4）按照是否属于银行系统，可划分为银行与非银行金融机构。

知识拓展

境内金融机构的分类

（1）境内银行业存款类金融机构是指由中国银行监督管理委员会监督管理的，吸收公众存款的金融机构。包括银行、城市信用社（含联社）、农村信用合作社（含联社）、农村资金互助社和财务公司以及三大国家政策性银行（国家开发银行、中国农业发展银行和中国进出口银行）。

（2）境内银行业非存款类金融机构是指由中国银行业监督管理委员会监督管理的，不吸收公众存款的金融机构。包括信托公司、金融资产管理公司、金融租赁公司、汽车金融公司、贷款公司和货币经纪公司。

（3）境内证券业金融机构是指由中国证券监督管理委员会监督管理的，具备从事证券业合法资格的金融机构。包括证券公司、证券投资基金管理公司、期货公司和投资咨询公司。

（4）境内保险业金融机构是指由中国保险监督管理委员会监督管理的，具备从事保险业合法资格的金融机构。包括财产保险公司、人身保险公司、再保险公司、保险资产管理公司、保险经纪公司、保险代理公司、保险公估公司和企业年金。

（5）境内交易及结算类金融机构是指为金融交易提供交易场所、服务以及安全环境等活动，并具备一定监督管理职能的金融机构。包括交易所和登记结算公司。

（6）境内金融控股公司是指依据《中华人民共和国公司法》设立，拥有或控制一个或多个金融性公司，并且这些金融性公司净资产占全部控股公司合并净资产的 50% 以上，所属的受监管实体至少明显地从事两种以上业务（银行、证券和保险）的独立企业法人。包括中央金融控股公司和其他金融控股公司。

（7）境内特殊目的载体是指为持有特定资产而对外发行新金融工具，并合法拥有该特定资产，具备完整独立账户的金融实体。包括证券投资基金、资金信托计划、代客理财项目、资产证券化项目。

（8）境内其他金融机构是指除上述机构之外的其他金融机构。包括小额贷款公司等金融机构。

二、我国的金融机构体系

中国现行的金融机构体系如图 1–1 所示。

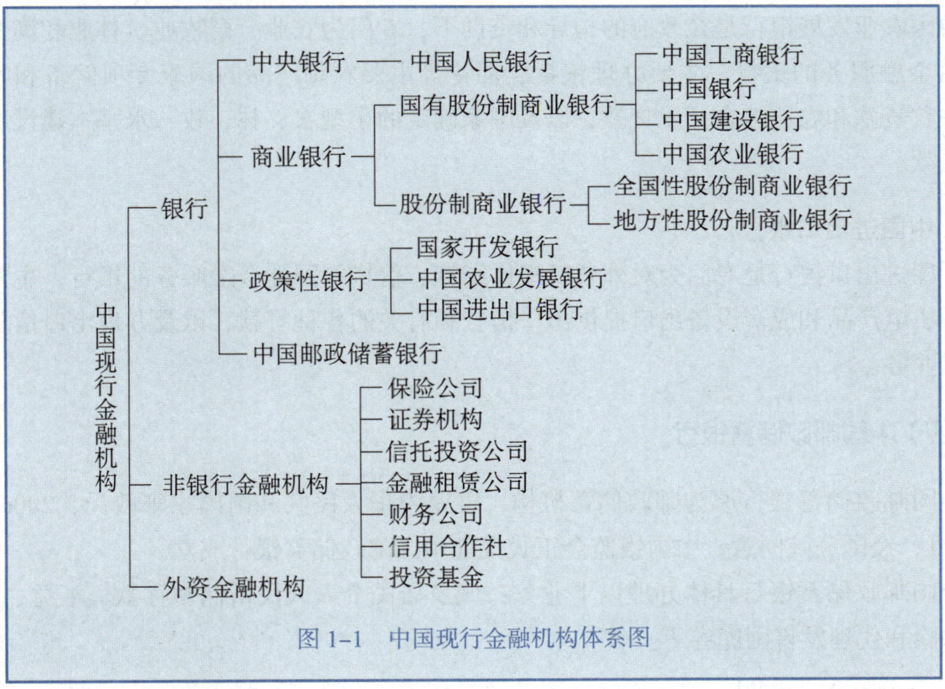

图 1–1 中国现行金融机构体系图

（一）中央银行

中央银行是一国的金融管理机构，垄断货币发行权，调节货币流通，制定货币政策，代表政府从事国际金融活动，通过具体业务影响商业银行的融资活动，被称为银行的银行、发行的银行、政府的银行。

（二）商业银行

商业银行是最早出现的现代金融机构，其主要业务是经营个人储蓄和工商业存贷款，并为顾客办理汇兑结算和提供多种服务。通过办理转账结算，商业银行实现了国民经济中的绝大部分货币周转，同时起着创造存款货币的作用。商业银行因机构数量多、业务渗透面广和资产总额比重大而成为金融机构体系中的骨干和中坚力量。

（三）政策性银行

政策性银行是指专门经营指定范围的金融业务和提供专门性金融服务的银行。我国的三大政策性银行包括：

1. 国家开发银行

国家开发银行是为社会经济发展中的开发性投资提供中长期贷款的银行，主要为国家重点项目、重点产品和基础产业提供金融支持。

2. 中国农业发展银行

中国农业发展银行是在政府的指导和资助下，专门为农业、畜牧业、林业和渔业的发展提供金融服务的银行，主要办理粮食、棉花等主要农副产品的国家专项储备和收购贷款、扶贫贷款和农业综合开发贷款，以及国家确定的小型农、林、牧、水基本建设和技术改造贷款。

3. 中国进出口银行

中国进出口银行是专门为对外贸易提供结算、信贷等国际金融服务的银行，主要为扩大我国机电产品和成套设备出口提供出口信贷和有关的各种贷款，以及办理出口信贷保险和担保业务。

（四）中国邮政储蓄银行

中国邮政储蓄银行原为邮政储蓄机构，隶属中华人民共和国国家邮政局，2006 年 12 月 31 日，经国务院同意，中国银监会正式批准中国邮政储蓄银行成立。

中国邮政储蓄银行具体办理以下业务：城乡居民个人人民币储蓄存款、汇兑、结算，代办保险和代理发售国库券等。

（五）非银行金融机构

非银行金融机构是指中央银行、商业银行、专业银行以外的金融机构。

1. 保险公司

保险公司是指以投保人缴纳保险费和发行保险单的方式筹集资金，对那些发生意外灾害和事故的投保人予以经济赔偿的金融机构。1980 年以后，中国人民保险公司逐步恢复了停办多年的国内保险公司，1995 年 9 月改建为中国人民保险集团公司。

除中国财产保险、中国人寿保险、中国再保险三个保险公司外，全国性保险公司还有中国太平洋保险公司、中国平安保险公司等。目前全国共有百余家保险公司，现已形成了以国有保险企业为主体、中外保险公司并存、多家竞争的格局。

2. 证券机构

证券机构是指从事证券业务的金融机构，包括证券公司、证券交易所、证券登记结算公司、证券投资咨询公司、证券评估公司等。其中，证券公司和证券交易所是最主要的证券机构。我国目前有三家证券交易所（不含港澳台），即上海证券交易所、深圳证券交易所和北京证券交易所。

3. 信托投资公司

信托投资公司是指以受托人身份经营信托投资业务的金融机构。其特点是分散性很强，地方行政背景复杂，但缺乏竞争性。其业务主要有以下四类：（1）信托投资业务；（2）代理业务；（3）租赁业务；（4）咨询业务。

4. 金融租赁公司

金融租赁公司是指经中国银行业监督管理委员会批准，以经营融资租赁业务为主的非银行金融机构。其业务范围包括：（1）融资租赁业务，以及与租赁有关的进出口业务、资信调查、咨询服务、经济担保等；（2）吸收人民币资金，包括政府部门和企事业单位的委托投资、信托资金、劳保基金、科研基金等；（3）办理人民币债券发行业务；（4）办理外汇业务，包括外币信托存款、外币借款、发行或代理发行外币有价证券、外汇担保等；（5）办理经中国人民银行、国家外汇管理局、外经贸部批准的其他业务。

5. 财务公司

财务公司又称金融公司，是指为企业技术改造、新产品开发及产品销售提供金融服务，以中长期金融业务为主的非银行金融机构。我国目前已有200多家企业集团财务公司，主要由企业集团内部各成员单位入股成立，并向社会募集中长期资金。

其宗旨和任务是：为本企业集团内部各成员单位提供融资服务，以支持企业的技术进步与发展。

其主要业务包括：人民币存贷款投资业务、信托和融资性租赁业务、发行和代理发行有价证券等。

6. 信用合作社

信用合作社是我国历史最长、规模最大、覆盖面最广的合作金融机构。其业务与普通商业银行的业务基本相同。我国目前已形成了服务全国乡村与城镇的合作金融机构网络，有效缓解了农民贷款难问题，促进了农业和农村经济的发展，支持和规范了农村各类消费信贷业务的发展。

7. 投资基金

我国投资基金产生于20世纪80年代后期。投资基金的发展有助于维护我国证券市场的增量资金，优化投资者结构，提高证券市场的管理水平等。

（六）外资金融机构

外资金融机构对促进我国金融改革与发展、支持经济建设发挥着重要作用。我国对外资金融机构的引进主要采取三种形式：一是允许它们在我国设立代表机构，二是允许它们设立业务分支机构，三是允许它们与我国金融机构共同设立中外合资金融机构。

另外，台湾与香港金融机构体系如下：

台湾目前拥有独立的金融机构体系，包括“中央银行”、商业银行（台湾本地银行和外国银行在台湾的分行）、专业银行（工业银行、农业银行、输出入银行及中小企业银行等）、基层合作金融机构（包括信托投资公司）、邮政储金汇业局、票券金融公司、证券金融公司及保险公司等。

香港保留与内地不同的金融机构体系。其特点是没有专门的“中央银行”，其职能由金融管理局、银行同业公会和商业银行分别承担。实行银行三级制，即将接受存款机构划分为持牌银行、有限持牌银行和接受存款公司三类，统称认可机构。

三、国际金融机构

（一）国际货币基金组织

国际货币基金组织（International Monetary Fund，IMF）是根据 1944 年 7 月联合国国际货币金融会议通过的《国际货币基金组织协定》建立的政府间的国际金融机构。

国际货币基金组织的宗旨：

（1）建立一个永久性的国际货币机构，通过会员在国际货币问题上的磋商与协作，促进国际货币合作。

（2）促进国际贸易的扩大与平衡发展，以达到和维持高水平的就业和实际收入，并增加会员国的生产能力。

（3）促进汇率稳定，维持会员国之间有秩序的外汇安排，避免竞争性的外汇贬值。

（4）协助会员国之间建立经常性交易的多边支付体系，取消妨碍国际贸易发展的外汇管制。

（5）在具有充分保障的前提下，向会员国提供临时性的融通资金，以增强其信心，协助它们改善国际收支状况，避免采取有损于本国和国际经济繁荣的措施。

（6）根据以上目标，缩短会员国国际收支失衡的时间，并减轻其程度。

超链接：中国人民银行、国际货币基金组织“绿色金融和气候政策”高级别研讨会

（二）世界银行集团

世界银行集团包括国际复兴开发银行、国际金融公司、国际开发协会、多边投资担保机构和国际投资争端解决中心 5 个机构，主要致力于以贷款和投资的方式为其会员国尤其是发展中国家的经济发展提供帮助。

1. 国际复兴开发银行

国际复兴开发银行又称“世界银行”，是根据 1944 年 7 月 1 日布雷顿森林会议通过的《国际复兴开发银行协定》建立的政府间的国际金融机构。其宗旨是：向成员国政府或由政府担保的私营企业提供用于生产性投资的长期贷款和广泛的技术援助与合作，以促进成员国的经济发展和国际贸易与收支的平衡增长。

2. 国际金融公司

国际金融公司成立于 1956 年 7 月。其宗旨是：为会员国中的发展中国家的私人企业提供没有政府担保的各种投资，用于新建、改建或扩充原有企业的生产能力，以促进发展中国家经济的发展；联合国内外投资者与有经验的管理专家，寻求和创造投资机会，努力促成良好的投资环境，促进外国私人资本在发展中国家的投资，推动发展中国家资本市场的发展。

3. 国际开发协会

国际开发协会成立于 1960 年 9 月。与国际金融公司同为世界银行的附属机构，但在法律上和财务上又是各自独立的金融机构。其宗旨是：对落后国家给予条件较宽、期限较长、负担较轻、可用部分当地货币偿还的贷款，以促进其经济发展、生产和生活水平的提高。

4. 多边投资担保机构

多边投资担保机构成立于 1988 年 4 月。其宗旨是：开展对外国私人投资在会员国的非商业风险的担保；为有兴趣的会员国提供有关投资的信息技术援助和咨询服务，帮助会员国改善投资环境，加强吸引投资的能力；推动成员国相互间进行以生产为目的的投资，特别是向发展中国家的投资，以促进其经济的增长。

5. 国际投资争端解决中心

国际投资争端解决中心成立于 1966 年 10 月。其宗旨是：通过为国际投资争端提供一个协调和仲裁的国际机构，以促进东道国与外国投资者之间建立相互信任的关系，从而鼓励国际投资。除此之外，该中心还从事对仲裁法和外国投资法的研究和出版活动。

（三）国际清算银行

国际清算银行由英、法、德、意、瑞士、比利时和日本各国中央银行以及美国摩根银行、纽约花旗银行和芝加哥花旗银行于 1930 年 5 月在瑞士巴塞尔联合成立。其最初的目的是解决第一次世界大战所造成的国际债务的清算支付和资金转移。第二次世界大战后，国际清算银行的职能开始演变，在国际清算中越来越多地充当受托人或代理人的角色，为国际金融活动尤其是各国中央银行的合作提供便利。

（四）区域性金融机构

1. 亚洲开发银行

亚洲开发银行成立于 1966 年 11 月。其宗旨是：通过集中亚太地区内外的金融和技术资源，向其成员国提供贷款与技术援助，帮助成员协调经济发展政策，以更好地利用自身的资源，在经济上取长补短，促进其对外贸易的发展。其主要业务是向亚太地区加盟银行的成员国和地区的政府及其所属机构、境内公私企业以及与发展本地区有关的国际性或地区性组织提供贷款。

2. 非洲开发银行

非洲开发银行成立于 1964 年 9 月。其宗旨是：向非洲会员国提供资金支持和技术援助，充分利用非洲大陆的人力和自然资源，为会员国的经济和社会发展服务；协助非洲大陆制定发展的总体规划，协调各国的发展计划，以期达到非洲经济一体化的目标。

3. 泛美开发银行

泛美开发银行成立于 1959 年 12 月。其宗旨是：动员美洲内外资金，为拉美成员国经济和社会发展提供项目贷款和技术援助，以促进拉美经济的发展和“泛美体系”的实现。在泛美开发银行的业务活动中，资金主要用于成员国的项目贷款，期限一般为 10～25 年，利率为筹资成本加上 0.5% 的利差；特别业务基金用于成员国长期低息的项目贷款，期限为 20～40 年，宽限期为 5～10 年，利率为 1%～4%，可全部或部分用本国货币偿还。

4. 亚洲投资银行

亚洲投资银行（以下简称亚投行）成立于 2014 年 10 月 24 日，包括中国在内的 21 个首批意向创始成员国的财长和授权代表在北京签约，共同决定成立亚洲基础设施投资银行。截至 2019 年 4 月下旬，亚投行成员总数达 97 个，成为成员数仅次于世界银行的全球第二大多边开发机构。作为由中国提出创建的区域性金融机构，亚投行的主要业务是推动亚洲地区国家的基础设施建设和可持续发展。在全面投入运营后，亚投行将运用多种支持方式为亚洲乃至全球的基础设施项目提供融资支持——包括贷款、股权投资以及提供担保等，以促进包括交通、能源、电信、农业和城市发展在内的各个行业投资。

案例分析

中国银行业协会：2022 年银行业金融机构离柜交易笔数达 4 506.44 亿笔

3 月 15 日，中国银行业协会正式发布《2022 年中国银行业服务报告》（以下简称《报告》)。

《报告》显示，据不完全统计，2022 年银行业金融机构离柜交易笔数达 4 506.44 亿笔；离柜交易总额达 2 375.89 万亿元；行业平均电子渠道分流率为 96.99%；截至 2022 年末，银行业金融机构客服从业人员为 4.38 万人，全年人工处理来电 6.41 亿人次。

据悉，2022 年，中国银行业加强线上线下渠道协同融合，加快延伸金融服务触角，不断拓展数字化渠道服务新模式，持续应用最新金融科技提升全渠道服务，以“智能 + 人工”服务构建客户服务闭环，建设安全高效便捷的服务网络体系，着力提升客户服务体验。

《报告》提到，截至 2022 年末，中国银行业金融机构用于小微企业的贷款（包括小微企业贷款、个体工商户贷款和小微企业主贷款）余额达到 59.70 万亿元，其中单户授信总额 1 000 万元及以下的普惠型小微企业贷款余额为 23.60 万亿元，同比增速 23.60%。本外币绿色贷款余额 22.03 万亿元，同比增长 38.50%；本外币涉农贷款余额 49.25 万亿元，同比增长 14%；全国脱贫人口贷款余额 1.03 万亿元，同比增长 13.10%。

此外，《报告》还强调，党的二十大报告强调要始终坚守人民至上的根本立场，2022 年，在监管部门指导下，中国银行业牢牢把握金融工作的人民性，持续完善消保工作机制建设，建立健全消保制度体系，进一步畅通客户投诉渠道，提升投诉处理质效品质，持续加强溯源整改力度，将消保工作内嵌至经营管理各个环节，推动银行业消保工作在制度流程、投诉处理、宣传教育、个人信息保护以及特殊群体服务等方面不断优化。同时，各银行业金融机构聚焦智能化、数字化转型，提升金融科技支撑能力，加强金融知识普及教育，有效提高消费者金融素养，筑牢个人信息安全防线，做深做实特殊群体服务，最大化保障消费者合法权益。据不完全统计，2022 年普及金融知识万里行活动的银行业金融机构达 15.34 万个网点，线下受众消费者上亿人次。

资料来源：中国银行业协会 . 2022 年中国银行业服务报告 .

分析：目前，金融机构规模庞大，机构数量多，从业人员多。在当前经济高速发展的环境下，金融机构扮演着不可或缺的角色。中国金融业进入发展加速和开放扩大的新阶段，既面临良好的成长机遇，也需要应对各种挑战。请分析和讨论金融机构对经济增长的作用。

第四单元 投资环境

案例导入

张先生的投资失利

张先生偶然在一个偏远的山里发现了一种极具开发潜力的产品——富含矿物质的优质矿泉水。暗自窃喜的他在偷偷经过一番简单调查、分析后，便迫不及待地投入资金进行开发。一番努力后，矿泉水灌装厂终于建成。就在这时，张先生发现了一个新问题：面对绵延曲折的羊肠小道，他该怎样将产品运出去？修这段山路需要投资至少10倍于建矿泉水灌装厂的资金，这已远非张先生力所能及。张先生苦思无策，只好忍痛割爱，空手而归，白白浪费了一笔投资。

分组讨论：

请大家结合上述案例中张先生的投资遭遇，谈一谈投资环境对投资主体的投资活动会产生怎样的影响。

一、投资环境的含义及要素

投资环境是指决定企业投资活动效率和效益的各种外部基本条件。这些外部基本条件按一定的时空关系组合成了各种复杂的环境系统，制约着企业的投资决策。因此，投资环境分析又称基本面分析，是企业投资决策首先要解决的问题。

投资环境要素是指投资环境内容的类别。投资环境主要由经济环境、自然环境、政治环境和社会环境四个方面的内容构成。

（一）经济环境

经济环境是指投资所在国或地区的各种经济因素所构成的经济运行系统。经济环境分析是投资环境分析的核心内容。经济环境分析的对象一般包括：

1. 宏观经济系统

宏观经济系统是指国民经济运行系统。国民经济的运行状况关系着投资需求和资本供给的变化。它分析的主要内容包括社会总供求关系分析和社会经济结构分析两个方面。

社会总供求关系分析是对国民经济运行波动状态的分析，以揭示通货膨胀或通货紧缩对社会投资需求和资本供给的影响。

社会经济结构分析是指对产业结构和贸易结构变动的分析。产业结构变动分析揭示了社会投资需求结构及其变动的方向。贸易结构变动分析主要是分析国际贸易关系的结构性变化对国内产业结构的影响。因此，贸易结构分析是产业结构分析的一个重要方面。

2. 市场系统

市场系统是指产品（或服务）市场系统和要素市场系统。市场系统的运行状况直接决定着企业投资需求和供给的形成，是经济环境分析的重点和关键内容。

产品（或服务）市场分析主要是对市场容量、市场结构和市场壁垒三个因素的分析。市场容量关系着企业投资形成的产品（或服务）供给能否被市场需求接受；市场结构影响着市场份额在供给者间的分配；市场壁垒决定进入市场的难度。

要素市场分析主要是对资本市场、资本货物、土地和劳动力市场的供求关系的分析，以确定企业投资供给的市场保障程度。

（二）自然环境

1. 地理条件

地理条件分析是对投资项目所在地的地理位置和地形地貌的有利性进行的分析。地理条件关系着投资项目的建设和运行成本。

2. 气候条件

气候条件分析是对投资项目所在地的光照、气温、湿度、降雨量和风力等的有利性进行的分析。露天作业的产业部门投资应充分考虑气候条件的限制。

3. 环境保护

环境保护分析是对投资项目可能形成的环境冲击以及相关的环境治理要求的分析。环境冲击包括项目工程建设和项目废弃物对生态平衡的消极影响。相关的环境治理要求是指政府的环境保护政策，关系着投资的环境治理成本。

（三）政治环境

政治环境是指投资所在国或地区的各种有关基本市场规范所构成的经济政策和制度系统。政治环境分析的主要内容包括：

1. 经济国有化政策

经济国有化政策是指政府对非国有资本投资的限制政策，实际上是制度歧视政策。经济国有化政策主要是分析政策的歧视程度和范围的变化。非国有资本投资应高度重视国有化经济政策分析，以避免歧视性政策对投资的消极影响。

2. 反垄断政策

反垄断政策是指政府规范市场运行秩序的经济政策。反垄断政策分析主要是对市场支配地位的形成和运用的限制范围和尺度进行分析，以防止投资陷入反垄断陷阱。

3. 社会保障制度

社会保障制度是指政府有关保障劳动者基本权益的经济制度和相关政策。社会保障制度关系着投资必须支付的最低劳动力成本。社会保障制度分析主要是分析最低工资、社会保险的水平和范围的变动。

（四）社会环境

社会环境是指投资所在国或地区的各种社会关系和习俗所构成的社会行为系统。社会环境分析的主要内容包括：

1. 社会消费模式

社会消费模式是指社会大众有关衣、食、住、行的一般消费习惯。社会消费模式的形成是民族结构、文化传统和宗教信仰等多种社会因素综合作用的结果。

社会消费模式分析关系着产品（或服务）市场需求的区域分布，进而影响着投资项目的区域选择。

2. 社会文化模式

社会文化模式是指社会大众处理社会关系的一般行为方式，例如：是和谐、平和、礼貌、理智的文明方式，或是相反。社会文化模式的形成也是民族结构、文化传统和宗教信仰等多种社会因素综合作用的结果。

社会文化模式分析关系着劳动者的基本素质和工作态度，进而影响着投资项目运行的效率和安全。

知识拓展

投资环境的分类

按要素的物质形态属性不同，投资环境可分为硬环境和软环境。硬环境是指那些具有物质形态的要素组合，软环境主要是指没有具体物质形态的要素组合。

按投资环境研究层次的不同，可分为宏观投资环境、中观投资环境和微观投资环境三种。宏观投资环境多指影响整个社会资本运动的宏观社会经济变量和历史文化现实，探索研究的内容是全国或大区域范围内的国民经济发展、商业周期兴衰、国家政治法律制度变革、文化传统习俗的嬗变，以及国家之间和区域之间的地缘关系等。微观投资环境则是指某个投资项目选址时考虑的具体的自然、经济和社会条件。中观投资环境多指地区投资环境和产业投资环境，是介于上述两者之间的一个层次，起到承上启下的作用。

我们还可以从其他角度对投资环境进行分类。例如：按投资运动阶段可分为投资的投入环境、使用环境和回收环境；按投资的国别可分为国内投资环境和国际投资环境；按组成要素可分为政治环境、基础设施环境、金融环境、科技环境、法律环境、自然地理环境，等等。

二、投资环境质量评价指标

环境质量是指企业投资决策偏好的环境要素状态。环境质量指标是指反映环境要素状态及其对投资活动的影响程度的经济分析指标。环境质量指标体系的建立是投资环境评价的核心问题。

完整的环境质量指标体系应包括对投资机会、投资效益和投资风险三个方面形成影响的环境质量指标。环境质量与投资机会、投资效益和投资风险间的关系应按环境质量指标的性质和状态确定。

（一）与投资机会相关的环境质量指标

企业的投资机会来自社会产品（或服务）需求增长及其结构性变化，是由社会经济的发展所决定的。难以想象，在一个经济发展处于停滞状态的区域会产生新增投资的需要。因此，应从区域经济发展和结构变动的角度来确定影响投资机会的环境质量指标。其主要有三：

1. 经济发展水平和速度

经济发展水平一般用区域的国民生产总值（GNP）或国内生产总值（GDP）来代表。经济发展速度一般用区域的国民生产总值或国内生产总值的变动率来代表。区域的经济发展速度越快，水平越高，社会的产品（或服务）需求量的增长就越快，数量就越大，企业的投资机会就越多；反之则相反。因此，区域经济发展水平和速度关系着环境质量的优劣。

2. 产业结构升级

产业结构升级是指区域产业结构的高级化，一般用区域的三次产业间的比例关系变动来表示。产业结构升级反映了区域经济发展过程中社会消费需求结构和资本货物需求结构的变化，从而决定了投资机会在三次产业间的分布。区域产业结构升级越快，其后序产业的需求增长越快，其投资机会也就越多；反之则相反。后序产业的投资机会是社会新增投资机会的变动方向和主要来源。因此，区域产业结构的高度化水平与环境质量的优劣正相关。

3. 出口结构转换

出口结构转换是指区域出口结构的高级化，一般用出口产品的初级产品与加工制成品间的比例关系，或劳动密集型产品与知识－技术密集型产品间的比例关系变动来表示。出口结构转换反映了区域国际贸易发展过程中的相对资源优势的变化，从而决定了投资机会在高低端出口产品制造业间的分布。出口结构的高级化程度越高，加工制成品和知识－技术密集型产品出口产业的投资机会就越多；反之则相反。高端产品出口业的投资机会也是社会新增投资机会的变动方向和重要来源。因此，区域出口结构的高级化水平与环境质量的优劣正相关。

（二）与投资效益相关的环境质量指标

企业的投资效益直接受产品（或服务）市场的运行状况和政府经济政策的约束。对投资项目来讲，产品（或服务）市场又可分为产出品市场和投入品市场。因此，应从产出品市场运行状况、要素市场运行状况和政府经济政策三个方面来确定环境质量指标。

1. 产出品市场运行状况

反映产出品市场运行状况的环境质量指标主要包括市场需求成长率和市场集中度。

（1）市场需求成长率。市场需求成长率是指产出品市场需求增长的幅度。产出品市场的需求成长率越高，其能容纳的投资就越多，投资项目的市场进入成本就越低，投资效益就越好。因此，市场需求成长率与环境质量的优劣正相关。

（2）市场集中度。市场集中度是指产出品市场的垄断程度。产出品市场的集中度越高，在位垄断厂商的规模经济与技术优势越大，其市场的内生进入壁垒就越大，投资项目的市场进入成本就越高，投资效益就越差。因此，市场集中度与环境质量的优劣负相关。

2. 要素市场运行状况

要素市场包括资本、土地、劳动力和资本货物等各个方面，但其运行状况都体现在要素的价格上。区域要素市场的要素价格越高，投资项目的建设和运营成本就越高，投资效益就越差。因此，区域要素价格与环境质量的优劣负相关。

3. 政府经济政策

政府经济政策包括投资限制政策和投资优惠政策两个方面。

（1）投资限制政策。投资限制政策主要是指区域政府在生产规模和技术要求上的市场限入政策。投资限制政策是市场的外生进入壁垒，增大了投资项目进入市场的难度。区域政府的投资限制政策越多，投资项目的市场进入成本越高，投资效益就越差。因此，区域投资限制政策的数量与环境质量的优劣负相关。

（2）投资优惠政策。投资优惠政策是指区域政府鼓励市场进入的政策，如税收减免、投资补贴等。投资优惠政策与投资限制政策的作用正好相反，可以相对降低投资项目的市场进入成本。因此，区域政府的投资优惠政策越多，优惠程度越高，投资效益就越好，它与环境质量的优劣正相关。

（三）与投资风险相关的环境质量指标

企业的投资风险产生于区域经济、社会运行的非稳定性和政治倾向。因此，应从综合反映经济运行状况和社会稳定状况，以及政治开明状况的角度确定其环境质量指标。

1. 经济运行状况

综合反映区域经济运行状况的环境质量指标是区域的通货膨胀（或紧缩）率。区域通货膨胀（或紧缩）率的高低说明了区域经济运行波动的程度，也揭示了投资项目经济效益实现可能性的大小。通货膨胀（或紧缩）率越高，投资项目运营所依托的市场条件的不确定变化就越大，项目投资效益实现的可能性就越小，投资风险就越大；反之则相反。因此，区域的通货膨胀（或紧缩）率与环境质量的优劣负相关。

2. 社会稳定状况

综合反映社会稳定状况的环境质量指标是区域的基尼系数（基尼系数，是比例数值，在 0 和 1 之间，是国际上用来综合考察居民内部收入分配差异状况的一个重要分析指标）。区域基尼系数的高低决定着区域社会稳定的程度，也影响着投资项目经济效益实现可能性的大小。基尼系数越大意味着社会的贫富差距越大，社会越不稳定，投资项目运营所依托的社会条件的不确定变化就越大，项目投资效益实现的可能性就越小，投资风险就越大；反之则相反。因此，区域的基尼系数与环境质量的优劣负相关。

3. 政治开明状况

综合反映政治开明状况的环境质量指标是区域经济制度的国有化和本土化倾向。区域经济政策的国有化和本土化倾向越显著，非国有和本土的资本就越可能面临歧视性待遇，其项目投资效益实现的可能性就越小，投资风险就越大；反之则相反。因此，区域的歧视性经济政策与环境质量的优劣负相关。

三、投资环境评价方法

世界上，环境质量综合评价的方法有多种。常用的环境质量综合评价方法主要有冷热图表法、等级尺度法和双重评估法。

（一）冷热图表法

冷热图表法是由经济学家伊尔・A. 利特法克（Isiah A. Litvak）和彼得・班廷（Peter M. Banting）于 1968 年提出的。冷热图表法的基本分析步骤是：将投资环境质量整合为政治稳定、市场机会、经济发展成就、文化一元化、法规阻碍、实质阻碍和地理文化差距 7 个综合指标，并根据其实际状态确定冷热度，然后综合各因素的冷热度进行环境优劣的判断（见表 1–1）。

表 1-1　环境冷热图表

序号	指标	状态	较冷	冷	中	较热	热	分值
1	政治稳定	整体的民族性和独立性强弱						
2	市场机会	需求增长率高低						
3	经济发展成就	GNP 水平和增长速度						
4	文化一元化	社会习俗协调程度高低						
5	法规阻碍	政策限制强弱						
6	实质阻碍	自然条件限制强弱						
7	地理文化差距	社会价值观协调程度高低						
综合分值								

（二）等级尺度法

等级尺度法又称多因素评分法，是由经济学家罗伯特·斯托伯（Robert B. Stobaugh）于 1969 年提出的。等级尺度法的基本分析步骤是：

（1）将环境质量划分为资本抽回、外商股权、歧视和管制、政治稳定性、货币稳定性、给予关税保护的意愿、当地资金的可供程度和近五年的通货膨胀率 8 个指标。

（2）按重要程度赋予各指标不同的分值范围。

（3）根据实际状态分别确定各指标的分值。

（4）汇总各指标的分值。汇总分值越高，投资环境质量越好。

多因素评分如表 1-2 所示。

表 1-2　多因素评分表

环境因素	环境状态	分值（0～12）	环境因素	环境状态	分值（0～12）
1. 资本抽回	无限制	12	2. 外商股权	准许并欢迎全部外资股权	12
	仅时间限制	8		准许全部外资股权但不欢迎	10
	资本数量限制	6		准许外资占大部分股权	8
	资本和红利限制	4		外资最多不得超过半数股权	6
	严格限制	2		只准外资占小部分股权	4
	完全不准外调	0		外资不得超过股权的三成	2
				不准外资控制任何股权	0

续表

环境因素	环境状态	分值（0～12）	环境因素	环境状态	分值（2～8）
3. 歧视和管制	外商与本国企业一视同仁	12	6. 给予关税保护的意愿	给予充分保护	8
	对外商略有限制但无管制	10		给予相当保护，以新工业为主	6
	对外商有少许管制	8		给予少许保护，以新工业为主	4
	对外商有限制并管制	6		保护甚少或不予保护	2
	对外商有限制并严加管制	4			
	对外商严格限制和严格管制	2			
	禁止外商投资	0			
环境因素	**环境状态**	**分值（0～12）**	**环境因素**	**环境状态**	**分值（0～10）**
4. 政治稳定性	长期稳定	12	7. 当地资金的可供程度	完善的资本市场，有公开的证券交易所	10
	稳定但因人而治	10		有少量当地资本，有投机性证券交易所	8
	内部分裂但政府掌权	8		当地资本少，外来资本不多	6
	国内外有强大的反对力量	4		短期资本极其有限	4
	有政变和激变的可能	2		资本管制很严	2
	不稳定，政变和激变极可能	0		高度的资本外流	0
环境因素	**环境状态**	**分值（4～20）**	**环境因素**	**环境状态**	**分值（2～14）**
5. 货币稳定性	完全自由兑换	20	8. 近五年的通货膨胀率	小于 1%	14
	黑市与官价差距小于 10%	18		1%～3%	12
	黑市与官价差距为 10%～40%	14		3%～7%	10
	黑市与官价差距为 40%～100%	8		7%～10%	8
	黑市与官价差距大于 100%	4		10%～15%	6
				15%～35%	4
				35% 以上	2
合计	8～100				

（三）双重评估法

双重评估法又称多因素和关键因素关联评估法，是由香港中文大学的闵建蜀教授提出的。双重评估法的原理是：首先，用多因素评估法和关键因素法分别进行投资环境的一般性评价和专用性评价；然后，将二者评价结果相结合，综合考虑投资环境的优劣。

1. 一般性评价

一般性评价的基本步骤是：

（1）将投资环境划分为政治环境、经济环境、财务环境、市场环境、基础设施、技术条件、辅导工业、法律制度与法制、行政机构效率、文化环境和竞争环境 11 个类别，并按重要程度分别确定各类环境的权重。

（2）进一步将各类环境质量划分出具体的质量指标，并按实际状态分别确定各质量指标的优劣百分比。

（3）根据各类环境的权重和实际状态分别确定各质量指标的分值。

（4）汇总投资环境的质量分值。环境的质量总分值越高，说明其环境质量越好。

一般性评价如表 1–3 所示。

表 1–3　一般性评价表

环境因素	子因素	权重	优劣比	分值
政治环境	政治稳定性、国有化可能性、政府外资政策			
经济环境	经济增长、物价水平			
财务环境	资本与利润外调、对外汇价、筹资可能性			
市场环境	市场规模、分销网点、营销辅助机构			
基础设施	国际通信设备、交通与运输、外部经济条件			
技术条件	科技水平、适宜工资的劳动生产力、专业人才供应			
辅导工业	辅助供应发展水平、辅助供应配套情况			
法律制度与法制	法律是否健全、法律是否得到很好的执行			
行政机构效率	机构设置、办事效率、工作人员素质			
文化环境	当地社会对外资的信任和合作态度、社会风俗			
竞争环境	当地竞争对手、同类产品进口额在当地市场的比重			
总分值				

2. 专用性评价

专用性评价是直接对影响投资效益的环境质量指标的评价。其分析步骤与一般性评价类似：

（1）在投资环境的一般因素中提炼出降低成本、发展当地市场、获得原材料供应、分散风险、追逐竞争者、获取生产和管理技术 6 个关键因素，并按重要程度赋予其权重。

（2）进一步将各类关键因素分解为若干个子因素，并依据实际状态来确定子因素的优劣百分比。

（3）根据各类关键因素的权重和实际状态分别确定各子因素的分值。

（4）汇总关键因素的质量分值。质量总分值越高，关键因素的环境质量越好。

专用性评价如表 1–4 所示。

表 1–4　专用性评价表

环境因素	子因素	权重	优劣比	分值
降低成本	劳动力价格、土地费用、原材料价格等			
发展当地市场	市场规模、营销机构、文化环境、地理位置			
获取原材料供应	资源状况、汇率变化、通胀率、运输条件			
分散风险	政治稳定性、国有化可能性、汇率和通胀率			
追逐竞争者	市场规模、地球位置、影响辅助机构等			
获取生产和管理技术	科技发展水平、劳动生产率			
总分值				

3. 综合评价

综合评价是指对环境质量的稳定性进行的评价。其分析原理是：在一般性评价和专用性评价完成的基础上，将投资环境的两种评分总值进行比较分析，总分值背离程度越小，其环境因素的协同度越高，环境质量的稳定性越强。

除以上三种方法外，现行的投资环境评价方法还有许多，如世界银行贷款项目的综合指标评价法、美国陶氏化学公司的海外投资风险评估法、日本公债研究所的国家风险评级法等。

值得注意的是，现行的各种投资环境评价方法在环境质量指标取舍和环境因素权重确定上存在较大的差异，说明目前的环境质量分析方法尚不成熟，也不够规范，还有待进一步完善。

案例分析

新加坡的投资环境分析

作为亚洲“四小龙”之一，新加坡在短短的 30 多年间创造了举世瞩目的经济奇迹。除了天然的深水港和优越的地理位置之外，新加坡自然资源极其匮乏，某种程度上讲并不具备发展经济的必要条件。然而从 20 世纪 60 年代中期经济腾飞开始，新加坡经济年增长率一直保持在 8% 左右。新加坡的经济发展在很大程度上是靠外资的作用，1992 年，外来投资占社会总投资的比重高达 81%，制造业方面投资的

89% 来自外资。其投资环境可概述如下：

新加坡的人口中，78% 为华人，因而它吸收了中国儒家的伦理思想：服从权威和勤劳工作。这种伦理思想构成是新加坡政府“家长式”的管理得以有效实施的牢固基石。新加坡实施的政府严厉管制下的市场经济是世界上独一无二的经济体系。这种经济体系有效地把市场这一“看不见的手”与政府的宏观调控紧密地结合起来。在过去的几十年中，政府所取得的成就赢得了人民的信任和支持，政局非常稳定。

新加坡的经济一直保持着很高的增长率，尤其是 20 世纪 80 年代，新加坡的经济增长达到历史的最高峰，平均增长率在 8% 左右，1988 年达 11.1%。进入 90 年代，虽然经济增长速度有所减慢，且呈递减趋势，但仍然有 5% 以上的年均增长率。另外，物价稳定，通货膨胀率维持在 1%～3%，汇率也基本保持不变，约为 1 美元兑 1.66 新元。

在基本设施方面，新加坡位于交通极为便利的马六甲海峡，因而有着优越的地理位置和天然的深水港。新加坡是世界上最繁忙的港口之一，自 1986 年起，进出新加坡港的船只和吨位连续数年居世界第一位。在空运方面，新加坡是东南亚航空转运中心，有两个机场，其中樟宜机场在世界上排第 13 位。新加坡拥有先进的通信设施，100% 采用数据网络，1990 年已实现了通信的综合化。新加坡处于欧亚及南太平洋海底电缆的汇合处，电传、文传、国际直拨电话连接世界各大城市，国内通信也很发达。

新加坡法律环境以完备、严厉、透明和紧密联系实际为主要特征。新加坡在经济方面进行了全面立法，如知识产权保护法、专利权保护法以及国际商务往来等方面的法律。新加坡经常调整其经济法规，尤其是与外商投资有关的法律，目的是不断适应国内和国际形势，改善投资环境并保护投资者利益。

国外的经济实体可以自由地在新加坡建立自己的企业，开展经济活动。在所有权方面，对外商无特别要求，也不规定外来投资者必须购买本地生产的原材料或规定生产产品出口的百分比，外商可自由地获取必要的生产要素和进行融资活动，并自由地支配所生产产品的销售市场。新加坡对外汇交易和资本流动及技术转让也没有限制。另外，为优化产业结构，新加坡经济发展委员会与贸易发展局、金融管理局及国家科技局一起为外来投资以及本地企业的经营提供了一些优惠政策，如为企业采用新技术和新技能等给予投资折让、风险资本、R&D 费用免税等。

分析：1. 对新加坡的投资环境进行分析。

2. 我国首都钢铁公司在海外的投资很多，它适合到新加坡投资吗？为什么？

模块小结

投资是一个重要的经济范畴。一般来说，投资是指经济主体（国家、企业、个人）以获得未来货币增值或收益为目的，预先垫付一定量的货币与实物，经营某项事业的经济行为。简单地说，投资就是指为了获得可能的不确定的未来值而作出确定的现值的牺牲。投资可以从实物投资和金融投资的角度加以解释。从实物投资角度，投资是社会资本的形成过程，只有能够增加社会总资本，并通过建造或购置厂房、筑物、设备，工具、劳动力及动力和原材料，以形成生产能力，可以向社会提供产品或服务的活动，才能称为投资。从金融投资角度，只要是为了将来预期的收益而垫付的资金，不论收益是来自利润还是利息、股利、红利等，都被视为投资。

投资主体是指从事投资活动的具有资金来源、拥有投资决策权、享受投资收益、承担投资风险责任的经济法人和自然人。投资主体是决策主体、责任主体、利益主体三者的统一体。

在市场经济条件下，投资主体一般应有四个方面的内涵特征即投资主体必须是从事投资活动的法人或自然人、必须具有从事投资活动必需的资金来源、必须拥有自主的投资决策权、投资主体享受投资收益权并相应承担投资风险责任。

金融机构是指从事金融服务业的金融中介机构。按照金融机构的管理地位，可划分为金融监管机构与接受监管的金融企业；按照是否能够接受公众存款，可划分为存款性金融机构与非存款性金融机构；按照是否担负国家政策性融资任务，可划分为政策性金融机构与非政策性金融机构；按照是否属于银行系统，可划分为银行与非银行金融机构。

投资环境是指决定企业投资活动效率和效益的各种外部基本条件，投资环境主要由经济环境、自然环境、政治环境和社会环境四个方面的内容所构成。完整的环境质量指标体系应全面包括对投资机会、投资效益和投资风险三个方面形成影响的环境质量指标。环境质量与投资机会、投资效益和投资风险间的关系应按环境质量指标的性质和状态确定。

自测练习

1. 投资主体的类型有哪些？
2. 简述我国的金融机构体系。
3. 投资环境的要素有哪些？

模块二　货币市场投资

教学目标

知识目标

- 理解货币市场的含义
- 掌握货币市场的特征、结构及功能
- 掌握储蓄投资的种类及技巧
- 了解票据的种类与票据市场的功能
- 了解银行间同业市场和中央银行公开市场的含义

能力目标

- 能够辨认货币市场的各种投资工具
- 能够运用各种储蓄技巧
- 能够实际操作简单的货币市场基金

素质目标

- 树立正确的金钱观和消费观
- 培养学生诚实、守信的基本品行素质
- 培养学生的敬业精神

第一单元　货币市场

案例导入

余额宝

1 元起购，定期也能理财——2013 年余额宝的横空出世，被普遍认为开创了国人互联网理财元年，同时余额宝已经成为普惠金融最典型的代表。上线一年后，它不仅让数以千万从来没接触过理财的人萌发了理财意识，同时激活了金融行业的技术与创新，并推动了市场利率化的进程。如今，余额宝已不仅仅是国民理财“神器”，它还在不断进入各种消费场景，为用户持续带来微小而美好的变化。

余额宝货币基金全称是天弘余额宝货币市场基金，是由天弘基金管理有限公司发行的一款货币型基金，基金代码为 000198。货币基金是指主要投资于短期货币工具，如国债、中央银行票据、银行定期存单、政府短期债券、企业债券、同业存款等短期有价证券的基金产品。天弘基金是余额宝货币基金的基金管理人，并在支付宝等平台或移动客户端上设置天弘基金网上交易直销自助式前台，用户将资金转入余额宝，即购买了余额宝货币基金，并享有货币基金的投资收益。

余额宝的横空出世，拓宽了大众理财的渠道，在余额宝强大的资金聚拢效应的影响下，各大银行纷纷推出类似余额宝的产品以应对挑战，比如平安银行推出“平安盈”、民生银行推出“如意宝”、中信银行联手信诚基金推出“薪金煲”、兴业银行推出“兴业宝”和“掌柜钱包”等。这些银行系“宝宝”军团多为银行与基金公司合作的货币基金。不过，“宝宝”军团的出现，并未影响余额宝中国第一大货币基金的地位。

分组讨论：

大家有没有听说过或使用过余额宝这款产品呢？请大家谈谈你对这款产品的认识，以及你是如何理解货币市场基金的。

随着经济的发展，企业逐渐扩大经营的规模，在扩大规模的同时对于资金的需求也日益迫切。同样，国家为促进经济发展，也须投入大量的资金，以改善经济与社会环境。然而，除了这些资金需求者外，也会存在一群拥有闲置资金的个人与企业，统称为资金盈余者或供给者。在这种资金需求者与供给者共同存在的经济环境中，便容易形成所谓的金融市场。

简单地说，金融市场是指资金需求者与供给者之间的资金融通场所，而这些资金的融通就是通过金融机构进行各种金融工具的买卖，将供给者中的剩余资金移转至资金需求者。因此，金融市场又可说是各种金融工具的供给者与需求者共同决定价格并进行交易的场所。

金融市场是由各种不同的金融工具与参与者所形成的。按照期限不同，金融市场可分为货币市场与资本市场。

一、货币市场的定义和特征

通常来说，货币市场是指期限在一年以内的金融工具大量交易的市场。从货币市场的定义中我们可以看到货币市场具有以下基本特征。

（一）货币市场是通过金融工具的交易实现资金直接融通的市场

与以银行为中介的借贷市场不同，货币市场具有直接融资的特征。在货币市场，资金需求者如政府通过发行国债，公司通过发行商业票据，直接从资金供给方获得资金。

（二）货币市场是一种债务工具的交易市场

与资本市场不同，在货币市场进行交易的都是债务工具；相反，在资本市场交易的主要是股权工具。因此，相对于资本市场而言，货币市场的收益和风险相对固定，具有低风险、低收益的特征。

（三）货币市场是短期资金的市场

货币市场是短期资金的市场，期限通常都在一年以内，表现出高流动性的特征。货币市场交易的主要品种期限都非常短，如隔夜拆借期限只有一天。当然这种划分也不是绝对的，在我国通常将银行间债券市场（包括长期债券交易）列入货币市场的范畴。

（四）货币市场是一种大量交易的市场

货币市场在某种意义上可以称为资金批发市场，它是相对于居民和中小机构的借款和储蓄的零售市场而言的。在货币市场从事交易的主要是少数的大机构，单笔交易额通常以百万元计，特别是银行同业之间的拆借和回购交易，金额更是大得惊人。

二、与货币市场相关的概念

（一）货币市场期限

货币市场期限应该注意区分原始期限与实际期限。原始期限是指证券的发行日与到期偿还日期之间的时间。实际期限是指当前与证券到期偿还日之间的时间。

（二）货币市场利率的形式

除了以百分数直接表示市场利率以外，由于市场利率经常随时间变动而变动，为了更好地表现不同期限、风险的市场工具的利率，在成熟的货币市场，货币市场利率的形式也通常采取在基准利率基础上加点的形式。最常用的有以下几种基础利率。

（1）隔夜拆借利率（在美国是联邦基金利率）。该利率是指同业拆借市场期限一天的信用拆借利率。它是一种非常敏感的指标，表示银行同业之间借用资金的成本，但也只是货币政策的态势。

（2）短期国库券利率。通常被视为无风险利率，是货币市场利率结构的基础。

（3）债券回购利率。在我国，由于同业拆借市场不发达，同时又缺乏具有足够流动性的短期国债市场，一般将债券回购利率视为货币市场基准利率的重要指标。

三、货币市场的构成要素及分类

（一）货币市场的构成要素

货币市场的构成要素包括交易主体、交易方式和交易工具。

1. 交易主体

交易主体是指参加货币市场交易的银行、非银行金融机构和公司等成员。既包括货币市场上直接的资金需求者和提供者，也包括一些市场中介机构，如经纪商、做市商、货币市场基金等。

2. 交易方式

交易方式是指货币市场交易的组织形式。货币市场一般采用场外无纸化询价交易的组织形式。

3. 交易工具

货币市场交易的金融工具主要包括政府债券、回购协议、商业票据等。

（二）货币市场的分类

货币市场通常分为以下几个部分（子市场）。

1. 同业拆借市场

同业拆借市场是指银行同业间进行短期大额资金调剂交易的市场。比较著名的同业拆借市场是英国伦敦的同业拆借市场和美国的联邦基金市场。同业拆借市场的拆借交易以信用为基础，以金融机构的存款准备金为交易对象。同业拆借市场的隔夜拆借利率，如伦敦银行同业拆借利率（London Interbank Offered Rate，英文缩写为 LIBOR）和美国的联邦基金利率是货币市场重要的基准利率。

2. 票据市场

票据市场是指以商业票据为工具，进行商业票据的发行、承兑、贴现等交易的市场。商业票据最初是供货商向购货商提供的一种短期资金融通，一般是以真实商品交易为基础的。目前在西方发达市场经济国家，财务状况良好、信用等级很高的大公司向其他大公司发行以自己为付款人的短期、无担保本票在货币市场筹集资金成为货币市场上最活跃、成长最迅速的部分。以美国票据市场为例，在美国有 1 000 多家大公司定期向货币市场投资者发行商业票据。由于商业信用不发达，我国的票据市场仍处在很初级的阶段，主要是银行机构对银行承兑的商业汇票进行的贴现、转贴现、再贴现等交易。

3. 政府债券市场

政府债券市场是指进行政府债券交易的市场。不同的国家，政府债券市场交易的债券品种也不相同，美国的政府债券市场交易的主要债券品种包括国库券、国债、政府公债等；我国国债市场交易的主要品种包括短期国债、中长期国债、政策性银行发行的金融债券（准国债）。

4. 中央银行公开市场

中央银行公开市场是指各国中央银行进行公开市场操作，与一级交易商之间进行的买入或卖出政府债券、吞吐基础货币、改变货币供给、实现货币政策的市场。

5. 国际货币市场

国际货币市场是指进行外币买卖或以欧洲货币进行投融资交易的市场。国际货币市场的核心是欧洲货币市场，其交易的主要工具是银行承兑汇票和欧洲美元（欧洲美元是在美国以外的银行或不遵守美国存款法规的美国银行设施所吸收的美元存款。这些银行的存款是以美元记账，而不是以所在国货币记账的）。在我国，由于商业信用和直接融资不发达，银行是货币市场的主体，因此包括同业拆借市场和银行间债券市场在内的银行间同业市场习惯上被称为狭义的货币市场。

四、货币市场的功能

（一）实现短期资金的直接融通

货币市场最基本的功能是实现短期资金的直接融通。政府利用货币市场发行政府债券以筹集财政资金，用于补充财政经常性开支和支持经济建设；公司通过发行和购买商业票据融通短期资金，提高资金使用效率，提高经营管理水平；金融机构通过信用拆借和回购协议进行灵活的头寸管理，并通过投资政府债券进行灵活的资产负债管理。

（二）货币市场是政府进行宏观经济调控管理的重要场所

货币市场利率水平是重要的宏观经济变量。中央银行利用公开市场操作在货币市场吞吐基础货币，调节货币供应量，影响利率水平的变化，进而影响就业、产出和物价水平，对宏观经济进行有效的调控。

图 2-1 为货币市场的直接融资功能展示。

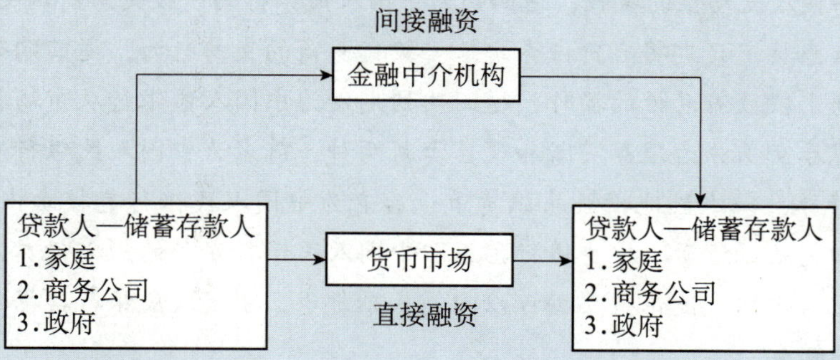

图 2-1　货币市场的直接融资功能

超链接：光大保德信现金宝货币市场基金

案例分析

公开市场操作

在多数发达国家，公开市场操作是中央银行吞吐基础货币，调节市场流动性的主要货币政策工具，通过中央银行与市场交易对手进行有价证券和外汇交易，实现货币政策调控目标。中国公开市场操作包括人民币操作和外汇操作两部分。外汇公开市场操作 1994 年 3 月启动，人民币公开市场操作 1998 年 5 月 26 日恢复交易，规模逐步扩大。1999 年以来，公开市场操作发展较快，目前已成为中国人民银行货币政策日常操作的主要工具之一，对于调节银行体系流动性水平、引导货币市场利率走势、促进货币供应量合理增长发挥着积极的作用。

中国人民银行从 1998 年开始建立公开市场业务一级交易商制度，选择了一批能够承担大额债券交易的商业银行作为公开市场业务的交易对象。近年来，公开市场业务一级交易商制度不断完善，先后建立了一级交易商考评调整机制、信息报告制度等相关管理制度，一级交易商的机构类别也从商业银行扩展至证券公司等其他金融机构。

从交易品种看，中国人民银行公开市场业务债券交易主要包括回购交易、现券交易和发行中央银行票据。其中回购交易分为正回购和逆回购两种，正回购为中国人民银行向一级交易商卖出有价证券，并约定在未来特定日期买回有价证券的交易行为，正回购为中国人民银行从市场收回流动性的操作，正回购到期则为中国人民银行向市场投放流动性的操作；逆回购为中国人民银行向一级交易商购买有价证券，并约定在未来特定日期将有价证券卖给一级交易商的交易行为，逆回购为中国人民银行向市场上投放流动性的操作，逆回购到期则为中国人民银行从市场收回流动性的操作。现券交易分为现券买断和现券卖断两种，前者为中国人民银行直接从二级市场买入债券，一次性地投放基础货币；后者为中国人民银行直接卖出持有债券，一次性地回笼基础货币。中央银行票据即中国人民银行发行的短期债券，中国人民银行通过发行中国人民银行票据可以回笼基础货币，中国人民银行票据到期则体现为投放基础货币。

根据货币调控需要，近年来中国人民银行不断开展公开市场业务工具创新。2013 年 1 月，立足现有货币政策操作框架并借鉴国际经验，中国人民银行创设了“短期流动性调节工具（Short-term Liquidity Operation，英文缩写为 SLO）”，作为公开市场常规操作的必要补充，在银行体系流动性出现临时性波动时相机使用。这一工具的及时创设，既有利于央行有效调节市场短期资金供给，熨平突发性、临时性因素导致的市场资金供求大幅波动，促进金融市场平稳运行，也有助于稳定市场预期和有效防范金融风险。

分析： 1. 什么是公开市场操作？

2. 公开市场操作会起到什么作用？

知识拓展

上海银行间同业拆放利率

上海银行间同业拆放利率（Shanghai Interbank Offered Rate，英文缩写为 SHIBOR）是以位于上海的全国银行间同业拆借中心为技术平台计算、发布并命名，由信用等级较高的银行组成报价团自主报出的人民币同业拆出利率计算确定的算术平均利率，是单利、无担保、批发性利率。目前，对社会公布的 SHIBOR 品种包括隔夜、1 周、2 周、1 个月、3 个月、6 个月、9 个月及 1 年。

SHIBOR 报价银行团现由 18 家商业银行组成。报价银行是公开市场一级交易商或外汇市场做市商，在中国货币市场上人民币交易相对活跃、信息披露比较充分的银行。中国人民银行成立 SHIBOR 工作小组，依据《上海银行间同业拆放利率（SHIBOR）实施准则》确定和调整报价银行团成员，监督和管理 SHIBOR 运行，规范报价行与指定发布人行为。

全国银行间同业拆借中心授权 SHIBOR 的报价计算和信息发布。每个交易日根据各报价行的报价，剔除最高、最低各 4 家报价，对其余报价进行算术平均计算后，得出每一期限品种的 SHIBOR，并于上午 11:30 对外发布。

第二单元　储　蓄

案例导入

小王的犹豫

小王在北京的一家外资企业工作，最近单位发了二季度的奖金20 000元。由于这几年北京房价一路疯涨，打破了小王的购房梦，因此小王打算等房价调整的时候再说。同时，由于个人财产并不十分富足，因此他在投资理财方面十分保守，不大愿意去投资股票或者基金，而是希望将这些钱存入银行。他认为，存入银行一是可以获得一定的利息，二是不至于令本金亏损。但由于他对银行储蓄存款品种了解得不多，因此在银行储蓄品种的选择上显得有些不知所措。就现在的情形，他不知道是采取活期存款形式好还是采取定期存款形式好。他既想为了获得较高利息收入而选择定期存款，又考虑到自己可能在房价下跌时需要随时支取这部分钱来买房，因而他对存款期限十分犹豫，把握不准。

分组讨论：

作为一种最普通和最常用的理财工具，银行储蓄对于每个家庭几乎都是不可或缺的。但就我国现实情况来看，人们十分关注股票、基金、房产等投资领域，对最为基础的银行储蓄却很少关注，真正了解银行储蓄的人并不多。你是如何看待银行储蓄的？

所谓储蓄，一般是指银行为客户提供的一种服务，客户在银行开户时可以就存款期限、取款方式和取款金额等与银行进行约定，在取款时，银行按照约定向客户支付一定的利息。在该方式下，银行可以通过支付一定利息而获得放贷资金，客户则可以通过存入资金来获得一定的利息收入，达到资产增值的目的。

作为一种传统的理财方式，银行储蓄已经成为我国居民的基本选择之一。几乎每个家庭都会选择将家庭积蓄存入银行户头里。中国人民银行数据显示，截至2007年底我国居民存款余额为17.2万亿元，而2022年这一数字已经飙升至120万亿元，15年时间，增加了102.8万亿元。根据国家统计局发布的数据显示，截至2022年底，我国的人口总数为14.117 5亿人，那么我们的人均存款金额也就是8 500元左右。这些数据表明，在现行经济环境下，我国居民将银行储蓄作为基本的资产保值和增值手段。

一、储蓄的分类

目前，银行和其他金融机构开办的储蓄业务种类包括活期储蓄、定期储蓄、定活两便储蓄、邮政储蓄、外币储蓄等。具体如图 2–2 所示。

- 中国储蓄存款
  - 活期储蓄
    - 活期存折储蓄
    - 活期支票储蓄
    - 旅行支票储蓄
  - 定期储蓄
    - 整存整取定期储蓄
    - 零存整取定期储蓄
    - 存本取息定期储蓄
    - 整存零取定期储蓄
    - 大额可转让定期存单储蓄
  - 定活两便储蓄
    - 住房储蓄
    - 代发工资储蓄
  - 邮政储蓄
  - 外币储蓄
    - 外币活期储蓄存款
    - 外币整存整取储蓄存款
  - 个人通知存款

图 2–2　储蓄存款种类

（一）活期储蓄

活期储蓄是“定期储蓄”的对称，不规定存款期限，随时可以存取的储蓄。按我国现行制度规定：活期储蓄开户时 1 元起存，多存不限；由银行发给活期储蓄存折，储户凭存折存取，每年结息一次，并入本金起息，未到结息期清户者，利息算到清户前一天为止。活期储蓄包括活期存折、活期支票和旅行支票等方式。储蓄存折实行实名制，可以挂失。

1. 活期存折储蓄

1元起存，由储蓄机构发给存折，凭存折存取，开户后可以随时存取的一种储蓄方式。

2. 活期支票储蓄

是以个人信用为保证，通过活期支票可以在储蓄机构开到的支票账户中支取款项的一种活期储蓄，一般 5 000 元起存，也是一种传统的活期储蓄方式。

3. 旅行支票储蓄

旅行支票是一种定额本票，作用是专供旅客购买和支付旅途费用，它与一般银行汇票、支票的不同之处在于旅行支票没有指定的付款地点和银行，一般也不受日期限制，能在全世界通用，客户可以随时在国外的各大银行、国际酒店、餐厅及其他消费场所兑换现金或直接使用，是国际旅行常用的支付凭证之一。 各种旅行支票均有不同的固定面额，形似现钞，如有 10、20、50、100、500、1 000 美元等面额的旅行支票。使用时可以零星花用，比银行汇票方便。

（二）定期储蓄存款

定期储蓄亦称“定期存单”。银行与存款人双方在存款时事先约定期限、利率，到期后支取本息的存款。

1. 整存整取定期储蓄

50 元起存，多存不限，到期凭存单一次支取本息，即整笔存入，定期支取。存期分三个月、半年、一年、三年和五年 5 个档次。

2. 零存整取定期储蓄

5 元起存，多存不限；按月存入，到期支取本息；若漏存，则次月补齐；存单记实名，可挂失。存期包括一年、三年和五年 3 个档次。

3. 存本取息定期储蓄

一种整笔存入、分次取息、到期还本的储蓄种类。约定存期与金额，整笔存入，5 000 元起存，多存不限，分次取息，到期还本。存期分一年、三年和五年 3 个档次。

4. 整存零取定期储蓄

约定存期与支取期（一个月、三年）、整笔存入、分期支取本金的储蓄。要求 1 000 元起存，多存不限。特点是利息于期满结清时支取。存期分一年、三年和五年 3 个档次。

5. 大额可转让定期存单储蓄

大额可转让定期存单储蓄原起存数有 500 元，存单面额有 500 元、1 000 元、5 000 元、1 万元、5 万元、10 万元等数种，1997 年起存数提高至 1 万元。存期分三个月、六个月、九个月、一年 4 种。该种存款的利率高于整存整取定期储蓄。到期凭存单一次支取本息，不可提前支取，不分段计息，不计逾期息。大额可转让存单可对个人或企事业单位发行。对个人发行可记名，也可不记名，如采取不记名方式则不能挂失。过去流通市场上没有专门的机构从事大额存单的转让业务，因而大额可转让定期存款虽然是可转让存单，但实际上是无法转让的。自 1997 年起，个人大额可转让定期储蓄的起存点提高至 1 万元，并可以进入市场流通转让。

（三）定活两便储蓄

50 元起存，多存不限，存期不定，银行根据实际存期按支取日挂牌利率打 6 折计付利息。

1. 住房储蓄

住房储蓄是指储户为了取得银行的优惠贷款，专门存入银行的一定额度的用于购建住宅的储蓄存款。

2. 代发工资储蓄

代发工资储蓄是指由单位委托银行在发工资时直接将工资转存的储蓄存款。

（四）邮政储蓄存款

即邮政机构在办理信函、电报、电汇款等传统邮政业务的同时办理以个人为主要服务对象的各项储蓄存款业务。

（五）外币储蓄存款

外币储蓄存款是指客户［包括中国公民、港澳台同胞、居住在中国（含港澳台地区）境内外的外国人、外籍华人和华侨］凭实名制认可的有效身份证件以外币存入银行的个人存款。

1. 外币活期储蓄存款

外币活期储蓄存款是指存款时不约定存期，储户可随时存取，每次存取金额不受限制的储蓄存款。起存金额不低于人民币20元的等值外汇。

2. 外币整存整取定期储蓄

外币整存整取定期储蓄存款是储户在存款时约定期限，一次存入本金，到期一次性支取本息的一种外币储蓄存款。起存金额不低于人民币50元的等值外汇。存期分为一个月、三个月、六个月、一年、13个月、18个月6个档次。

（六）个人通知存款

个人通知存款是指客户在提取或支付存款时，必须按规定提前若干天通知银行的一种存款。通知存款的起存和最低支取金额为5万元人民币的等值外汇，只有7天通知存款一种，个人通知存款因其存期比普通定期存款短得多，而利率又比活期存款高，对持有短期大额收入的客户很具有吸引力。

二、储蓄技巧

（一）根据自身需求选择合适的存款品种和存款期限

在办理银行储蓄存款时，需要综合考虑自身的财务状况和未来的生活需求，以此来确定相应的存款品种和存款期限。一般而言，可以通过以下几种方法来选择合适的存款品种和存款期限。

1. 交替存期储蓄法

如果你手头上闲钱较多且年内没有大的开销计划，那么可以考虑交替储蓄法。在储蓄之初同时设定几种不同的定期存款期限，利用其到期时间不同进行交替储蓄。例如，你现在拥有10万元的现金，你可以将这10万元现金均分为2份，每份5万元，然后分别将这两份 5 万元存为半年的定期存款和一年的定期存款。半年后，再将到期的半年期存款转存为一年期的定期存款，这样交替储蓄，循环周期为半年，每过半年你都有一张到期的一年期定期存款可以支取。通过该方式，你可以让自己在较为固定的期限内支配一定的金钱，同时又不会损失利息收入。

2. 等差金额储蓄法

如果你手头上闲钱较多，又不能确定何时需要用钱以及用钱的额度，那么可以采用等差金额储蓄法，将现金按照等差数列原理分为不同的份额，设定一定的存期进行储蓄。例如，你手头上拥有 10 万元的现金，你可以将这 10 万元现金均分为 4 份，分别为 1 万元、2 万元、3 万元和 4 万元，然后将 4 份均存为一年期的定期存款。在一年之内，不管你什么时候需要用钱，以及需要用多少钱，你都可以将对应额度的定期存款提前支取出来。虽然会损失该部分的利息，但是避免了全部闲钱按照活期计息的情况，整体上可以满足最大限度得到利息的要求。

3. 等差存期储蓄法

如果你的日常生活开支比较固定，如每学期交学费等，那么可以考虑等差存期储蓄法。只需要将一定的金额均分，并将均分后的金额按照等差数列形式来设定存款期限。例如，你手头上拥有 10 万元的现金，你可以将这 10 万元现金均分为 5 份，每份 2 万元，然后分别开设一个半年期的定期存款、一个一年期的定期存款、一个两年期的定期存款、一个三年期的定期存款和一个五年期的定期存款。这样一来，基本上每年都有到期的定期存单可以支取，不但可以应付较为固定的家庭或者个人开支，而且能够使得利息收入最大化。

（二）根据储蓄品种的自身特点选择储蓄品种

在考虑自身需求的同时，还需要综合储蓄品种的自身特点，充分利用各储蓄品种的优缺点来进行综合权衡。例如，对于拥有大额资金的客户而言，如果将资金全部存入银行进行储蓄，但一时又不能确定存款期限，那么此时可以选择兼具收益和灵活性的个人通知存款。如果资金达不到个人通知存款的要求，则可以适当选择定活两便储蓄方式。如果选定了储蓄品种，比如选定了一年期定期存款，那么可以多开几张存单，从而将提前支取所损失的利息降到最低。手头资金量不大，但可以在较为固定的期限内稳定获得一定收入的客户，可以选择零存整取品种，通过该品种来逐渐为自己积累资金。

（三）依据经济周期变动规律选择储蓄品种

经济在整体运行过程中总是遵循一定规律的，经济扩张与经济紧缩交替更迭、循环往复。一般来说，经济运行周期可以分为衰退、谷底、扩张和顶峰四个阶段。在这四个阶段中，国家采取的宏观经济调控手段各不相同。其中，利率调控成为一种重要手段。

当经济自衰退期向谷底期发展时，为了促使经济复苏并逐步加速发展到一个较高的水平，国家需要实行积极的财政经济政策，会通过逐步降低利率来放松银根。此时，经济会由通货膨胀逐步转为通货紧缩，利率也处于一个持续下降的通道中，慢慢回落至底部。在这一阶段，选择银行储蓄的投资者应注意避免短期存款，而应尽量选择中长期的储蓄存款品种。因为利率处于下降趋势中，短期存款会受到不断下降的利率的侵害，利息收益会逐渐缩减。

当经济自扩张期向顶峰期发展时，此时为了防止经济过热，国家会采取适度从紧的货币政策给经济适当降温，并随着经济向好发展的趋势逐渐提高利率。此时，利率处于上升通道，经济处于加息周期。在此阶段，选择银行储蓄的投资者应尽量使用中短期的储蓄存款品种，同时避免使用长期的储蓄存款品种。因为当利率处于上升通道时，采用长期的存款品种会因利率上调而遭受利息损失，从而导致利息收益减少。

超链接：金融机构人民币存款基准利率调整信息

案例分析

信用卡不能当储蓄卡

不少刚办完信用卡的人，都会往信用卡里面存钱，但这时候银行就在偷着乐了，因为损失的是持卡人。

张三申请了一张信用卡，并往里面存了 20 000 元。可当他在 ATM 机上从信用卡里面取出 8 000 元后，发现竟然被扣了 80 元钱。去银行咨询后才发现，他当时存的 20 000 元不但没有利息，而且取现还要收取手续费。

目前各家银行取现收费标准各不相同，有的银行收取 0.5%，最少要收 10 元；有的银行收取 3%，最少要收 5 元。

往信用卡里存钱，是存进去容易取出来难，这样的事情还是少干为好。

分析：1. 什么是信用卡？

2. 你还了解哪些使用信用卡过程中存在的“陷阱”？

知识拓展

储蓄能致富吗？

曾有一位理财专家说过：“不要把钱存在银行。若将钱全部存在银行，可以预见这辈子很难成为有钱人，更糟糕的是，连下辈子都没希望致富。”专家的这番话并不是想要否定储蓄的重要性，而是想要告诉大家，要改善自己未来的财务状况，应该选择投资工具，而不是加强储蓄。如果抱着致富的心态去储蓄，势必会失望。这是因为：

1. 储蓄存款利率较低，不适于作为长期投资工具

保守的人无不将储蓄作为投资理财的首选工具。把钱短期存放在银行可能是最安全的，但长期存放就非常危险。为什么呢？主要是银行利率低，导致投资报酬率不高，因此储蓄并不适合作为长期投资工具。

2. 通货膨胀会造成购买力降低和实际报酬率下降

从经济学的观点来看，金钱越早使用，它体现的价值就越大，经济效益也就越高。人们选择把钱存入银行，无非是想通过储蓄来创造未来更好的享受。可是，在通货膨胀的影响下，延迟享受的结果就是减少享受。

20 世纪 90 年代初期，人们都在为“万元户”的称呼津津乐道。如今人们已经开始谈论亿万富翁。为什么会出现这样的变化呢？主要还是通货膨胀的原因。通货膨胀会造成金钱的购买力降低和实质报酬率下降，降低理财积累财富的效果。通货膨胀与经济增长率是如影随形的，我国经济已经进入快速发展通道，通货膨胀预计有可能会维持在每年 5% 的水准。通货膨胀必然会带来物价上涨，也就是说金钱的购买力将下降。如果储蓄的收益率低于通货膨胀率，将会是怎样的结果？钱就像羊毛浸在水中一样，不知不觉中就缩水了。

所以说，储蓄不能作为一种致富的手段。适量储蓄以保证短期和不定期需要就可以了，多余的钱应尽量考虑寻找其他的投资渠道。但是，如果把储蓄也视为一种投资，储蓄投资也是各种投资中风险最低的。对比较稳重的投资者而言，不论国家怎样降息征税，储蓄仍是投资首选。但是有些人认为储蓄的含义就是把钱存到银行里，往往不大注重技巧。事实上，如果我们能够掌握一些储蓄理财的技巧，不仅可以实现小利最大化，而且可以从中得到理财的乐趣。

第三单元　票据市场投资

案例导入

中国票据市场 2022 年回顾

过去的一年是极其不平凡的一年。2022 年以来，地缘局势冲突持续，全球经济增长动能放缓，通胀高位运行，美联储采取强势收缩的货币政策引发全球连锁反应，多数发达经济体被迫跟进加息，加剧了全球经济下行压力。我国经济发展仍然

面临需求收缩、供给冲击、预期转弱三重压力，面对外部复杂严峻的发展环境和国内艰巨繁重的改革发展稳定任务，在以习近平同志为核心的党中央团结带领下，统筹国内外大局、疫情防控和经济社会发展，稳字当头、稳中求进，不断加大宏观调控力度，应对超预期因素冲击，经济总体延续恢复向好态势，发展质量稳步提升，为我国票据市场创造了良好的发展环境。2022年以来，我国票据市场发展呈现出许多新变化，取得了一些新成就，为支持实体经济平稳运行，支持金融调控，降低企业融资成本等发挥了重要的作用。

1. 服务实体经济取得新成绩

2022年以来，票据市场服务实体经济的功能不断提升。一是市场规模平稳增长。在我国宏观经济持续恢复向好的环境下，票据市场稳健运行，业务指标稳步增长，截至2022年10月，票据承兑发生额22.20万亿元，较2021年同期增长13.90个百分点，累计贴现商业汇票15.80万亿元，同比增长32.00个百分点。二是服务实体经济不断深化。票据市场为实体经济提供低成本资金，便利企业间支付、结算、融资需求，2022年前三季度，累计承兑发生额占GDP比重达到24.39%，较去年同期增长2.46个百分点，累计贴现发生额占GDP比重16.35%，同比增长2.81%。

2. 服务中小企业取得新进展

2022年以来，票据对中小企业服务持续加强。一是持续培养中小企业用票习惯，中小企业用票占比不断提升。1—10月，中小企业签票累计86.6万户，占比92.29%；中小企业签票金额累计14.6万亿元，占比64.95%；中小企业贴现累计90.8万户，占比96.78%；中小企业贴现金额累计11.5万亿元，占比73.00%。二是持续改善中小企业用票环境。近年来，上海票据交易所针对性地推出票付通、贴现通、供应链票据等创新型产品，推动票据信息披露、主动账户管理等风险管控措施，不断探索支持实体经济的直达性，优化改善中小企业的用票环境，有效降低了中小企业的融资成本，提升了中小企业的活力。

3. 票据创新发展取得新进步

2022年以来，票据创新产品不断推出并升级迭代。一是在基础产品领域，国有银行如工商银行推出票据创新制造业支持项目“工于制成”，实现查询统计、客户画像、增值服务等功能改造，提升业务体验与内部管理效率，上线票据创新产品兴农贴，实现对农户的优惠直达与精准扶持，12月5日，工商银行在首批5家分行手机端贴现业务成功落地，实现了贴现申请全流程在移动端的闭环，打通了工行在移动端票据贴现业务的全功能链路；邮储银行推出“专新贴”，通过产品精准匹配，为“专精特新”企业提供专属票据融资服务。股份制银行如招商银行升级新一代票据大管家，支持票据分包流转，打造智能专区、升级风控手段、整合票据创新产品，进一步提升客户体验度；兴业银行全新升级“兴享”供应链金融服务，通过与上海票交所新一代票据业务系统对接，实现票据等分化签发和拆包流转；中信银行推出“信票通”，为电子银票提供承兑、贴现一体化服务，实现供应链内融资结算自动化，助力供应链产销效率提升。城商行如九江银行推出商票增信业务，助力提升商业汇票信用水平，并携手简单汇落地首笔供应链票据+银行承兑保证票据签发，为企业提供供应链票据的全生命周期一站式管理服务。民营银行如微众银行微闪贴全新升级推出覆盖票据全生命周期的综合服务“票据+”，支持全线上操作、1元起贴，创新整票拆分等功能，优化企业用票全流程体验。果藤等信息科技公司积极为一些银行开发秒贴软件等系统，对银行加快推动各种秒贴入市，更好服务中小微企业发挥了积极作用。与此同时，不少市场参与主体也都推出了一些适应行业、适应企业、适应客户的票据创新产品，为票据市场支持实体经济发展持续助力。二是在产品延伸领域，今年以来，人民银行加强对供应链票据支持力度，上海、天津、四川、湖南、广东、山东等地人民银行频频落供应链票据再贴现业务，实现产业链供应链精准滴灌，降低中小链属企业融资成本；人民银行广东分行落地笔天然气发电项目碳减排票据再贴现，人民银行东莞中支、人民银行榆林中支、浦发银行成都分行、四川银行等落地碳减排领域票据再贴现业务，助力绿色低碳事业发展；2020年以来，江西省金融学会颁布《江西省绿色金融认定和管理指引》，并上线绿色票据识别认证系统，推动江西省绿色票据业务发展。此外，还有一些地区人民银行、市场参与主体也积极支持供应链再贴现以及绿色金融事业，助力票据市场创新发展。

4. 票据价格支持经济新力量

2022年以来，票据利率中枢整体下行，支持实体作用更加突出。一是从融资利率角度看，三季度末，票据融资加权平均利率降至1.92%，同比下降0.73%，低于一般贷款加权平均利率2.73个百分点，低于企业贷款加权平均利率2.08个百分点，对实体经济的支持作用显著。二是从二级市场利率来看，2022年以来，二级市场利率震荡下行，票据价格几经触底，2月以来，受疫情加重、信贷投放不足影响，叠加商业银行月末规模缺口巨大，票据利率出现断崖式下跌，足月票据跌至0.01%，尽管后续有所反弹，但分别于4月末、5月、7月末再度触底，票据支持实体经济持续发力。

5. 助力金融调控发挥新贡献

2022年以来，票据助力金融调控持续发力。一是票据占比持续提升。截至2022年10月末，票据融资余额12.54亿，同比上升35.06%；票据融资余额占对公贷款余额比例为9.12%，较去年同期增加1.48个百分点；票据融资余额与短期贷款余额比例为33.58%，同比增长6.58个百分点。二是再贴现政策持续发力。人民银行综合运用再贷款、再贴现等方式保持流动性合理充裕，为稳定宏观经济大盘、保持经济合理区间运行提供了环境，积极运用支农支小再贷款、再贴现等工具，引导金融机构加大对国民经济重点领域、薄弱环节和区域协调发展的支持力度，9月末再贴现余额5 449亿元。

6. 市场风险防控有了新抓手

2022 年以来，票据市场综合防治水平显著提升。一是优化票据信息披露机制，实现对银票、商票及财务公司承兑票据的信息披露全覆盖，明确逾期风险控制手段，进一步加强承兑信息披露、信用信息查询等信用约束机制。二是加强市场监测体系建设，建立业务监测平台，及时跟踪分析市场风险迹象，完善风险票据应急处置机制，票据市场风险案件大幅下降。三是完善商票主动账户管理功能，防止不法分子以冒用企业名义开立账户，进而签发虚假商票的情况，有效防范了伪假商票风险。四是加强企业身份校验与管控，新一代票据业务系统强化企业身份校验与管控，通过引入企业信息报备、账户主动管理等功能，将风险关口前移，有效防范票据市场风险。五是各参与主体也积极加强风险防范和内部控制管理，制定了一些内部风控和内控制度。

7. 票据制度建设取得新成效

2022 年以来，票据市场制度建设持续发力。一是将票据法修改提上日程，探讨《票据法》修改建议，开展票据法制修订与完善课题研究，推动票据市场法制完善。二是进行民间贴现风险提示，2022 年以来，上海票据交易所多次就企业用票、票据数据信息安全、民间贴现等内容进行风险提示，与中国互联网金融协会联合发布《关于依法合规使用票据、防范民间贴现风险的倡议》，并开展多轮防范民间贴现风险的宣传教育，引导客户通过正规渠道办理票据贴现业务。三是发布票据市场新办法，2022 年 11 月，人民银行和银保监会联合发布《商业汇票承兑、贴现与再贴现管理办法》（以下简称新办法），重新定义了商业汇票内涵及期限，明确总体风险管框架及内容，明确基础设施、电票及供应链票据定位，拓宽了票据发展空间，回归真实交易。四是为适应新办法的出台，各参与主体积极制定并完善了相关制度、办法和流程，使得票据业务的操作性、适用性、规范性得到加强。

8. 基础设施建设取得新突破

2022 年以来，上海票据交易所持续加强科技投入，市场基础设施建设成效显著。一是在系统建设方面，上海票据交易所上线新一代票据业务系统，实现票据全生命周期、全功能以及一体化系统设计，科技赋能实现票据等分化、可拆分，使得票据“找零支付”成为可能，为票据市场稳定发展奠定了技术基础。各市场参与主体积极响应，升级改造内部票据系统，实现与上海票交所新系统的主动对接。二是在市场服务方面，为满足市场对票据资产定价、公允价值计量、风险防控、业绩考核方面的需求，上海票据交易所研发并上线“票信宝”，为市场主体提供涵盖盘中统计、基准指标、深度分析、风险防控等在内的多元化、精细化的数据信息产品服务。

分组讨论：

谈谈你对承兑汇票的理解以及承兑汇票存在怎样的风险。

票据市场作为货币市场中一个重要的子市场，在现代经济中的功能和作用是显而易见的，中央银行可以通过在票据市场的再贴现率的调整，实施货币政策。同时，我国利率市场化改革的进一步深入也必然要求票据市场以更快的速度向前发展。我国金融体制改革涉及国企改革的方面很多，其中一个不可忽视的方面，就是货币市场建设要为疏通企业资金周转施以足够的动力。票据市场作为货币市场一个重要的组成部分，是与企业再生产过程最接近，对企业再生产过程影响最直接的一个市场。建立健全票据市场对于加速企业再生产进程、提高社会资金的使用效率具有重要作用。

一、票据的含义

票据是指以无条件支付一定金额为目的的有价证券，是具有一定格式的书面债务凭证。票据可以分为广义票据和狭义票据两种。广义票据泛指商业活动中的各种凭证，如钞票、借据、发票、提单、仓单、保险单、股票、债券、汇票、本票和支票等。狭义的票据是指票据法上的票据，一般仅包括以下三种，即汇票、本票和支票。由于各国的票据立法不同，票据的概念及所涉及的种类亦有所不同。我国在 1995 年颁布的《中华人民共和国票据法》中明确规定，票据类型分为汇票、本票和支票三种。

（一）汇票、本票和支票的定义

1. 汇票

汇票是发票人委托付款人于到期日无条件支付一定金额给收款人的票据。它可以分为银行汇票和商业汇票。银行汇票是由银行签发的汇票，商业汇票是由银行以外的人（自然人或法人）签发的汇票。商业汇票根据承兑人的不同，又可以分为银行承兑汇票和商业承兑汇票。商业汇票可以进行贴现或再贴现。贴现是指商业汇票的持票人在汇票到期日之前，为取得现金贴付一定利息将票据权利转让给金融机构的票据行为，是金融机构向持票人融通资金的一种形式。再贴现是指金融机构为了取得资金将未到期的商业汇票再以贴现的方式向中国人民银行转让的票据行为。根据付款时间的不同，汇票可以划分为即期汇票和远期汇票，即期汇票是指见票即付款的汇票，远期汇票是指必须在约定日期持票人才可以要求付款人履行付款的汇票。汇票的具体含义如图 2–3 所示。

2. 本票

本票是发票人在指定的到期日无条件支付一定的金额给持票人的票据。它可以分为定额本票和不定额本票。本票的具体含义如图 2–4 所示。

3. 支票

支票是指发票人签发的委托银行等金融机构于见票时支付一定金额给收款人或持票人的一种票据。支票可以分为普通支票和定额支票。支票的含义如图 2–5 所示。

图 2-3　汇票的含义

图 2-4　本票的含义

图 2-5　支票的含义

（二）汇票、本票和支票的区别

（1）根据涉及的当事人来看，汇票可以有多个当事人。例如：银行承兑汇票中有承兑人；本票由于是发票人自己支付，因此只有两个当事人，即发票人和收款人；支票属于委托支付证券，由银行或其他金融机构代付款人支付，所以至少有三个当事人。

（2）根据付款责任来看，汇票只有在承兑之后才有付款责任；本票的发票人在完成发票行为以后，即负有无条件支付责任；支票见票即付，一旦持票人提示付款，付款人就应当无条件支付票面金额。

（3）根据付款人身份来看，支票只能由银行等金融机构进行支付结算，而汇票和本票由发票人支付即可。

二、票据的功能

票据的功能主要体现在以下几方面：

（一）支付功能

票据经过背书以后可以进行流通转让，起着货币的流通支付作用。汇票、本票和支票都可以作为支付手段，代替现金使用。

（二）信用功能

在将来一定日期支付款项的票据是一种信用证明，是表明债务人的一种信用的实物凭据。背书、保证制度又进一步强化了债务人的信用。

（三）结算功能

票据可以用于异地支付和债权债务的抵销，从而使票据发挥结算的功能。票据因具有便捷、安全的优点而成为国内外经济业务结算中一种重要的方式。

（四）融资功能

票据可以到银行进行贴现、转贴现或由贴现银行到当地人民银行办理再贴现，实现融资的目的；或者以票据作为质押凭证进行贷款。票据市场的发展在很大程度上体现为贴现和再贴现业务的发展情况。目前，我国票据主要发挥着支付、信用、结算和汇兑的功能，其融资功能尚待进一步发展。

（五）交易功能

在金融市场比较发达的国家中，票据作为一种有价证券可以作为抵押品用于回购业务。在一些国家，中央银行在开展公开市场业务时往往也采用此种工具。因此，票据是一种非常重要的货币市场交易工具。

三、票据市场与票据风险

票据市场是票据进行流通转让、融资交易的市场。票据交易方式包括背书转让、贴现、转贴现、再贴现和回购。其中，再贴现交易方式是各国中央银行实施货币政策、实现货币政策目标的三大“法宝”之一。票据贴现市场的市场主体（市场参与者）、市场客体（市场交易工具）及与市场运行密切相关的贴现利率等因素综合在一起，构成了票据贴现市场的运作机制。

票据市场存在的风险主要体现在以下几个方面：

（1）流通风险。主要是指票据在买卖过程中可能出现的损失。

（2）信用风险。付款人（尤其是对于商业承兑汇票）到期不履行付款义务而可能带来的损失。

（3）诈骗风险。主要是指违法分子利用伪造票据套取银行信用而可能造成的损失。

（4）保管风险。在票据的保管过程中可能发生因丢失等问题而引发的损失。这也是凭证式证券所共有的风险属性。

最有可能遭受风险冲击的应该是商业银行等金融机构，尤其是银行承兑汇票，因此银行要控制银行承兑汇票的各种经营风险。

超链接：又一地方政府发文支持票据发展

案例分析

票据理财产品简介

票据理财是最近一两年较为流行的互联网理财方式之一。京东和苏宁都是电商，在互联网金融飞速发展的背景下，均推出了自己的互联网理财平台，即京东金融和苏宁金融，两个平台都有票据理财产品，那么相比而言，哪家的票据理财更强呢？参见表 2-1。

表 2-1　票据理财产品比较

平台	年化收益率	期限	购买起点	风险	抢购难度	到账时间
京东	5.2%～7.5%	6～134 天	100 元	低	很高	3～4 个工作日
苏宁	6%～8%	15 天～1 年	1 元	较低	高	3 个工作日

京东金融的票据理财是与金银猫合作的，均是银行承兑汇票，年化收益率大多在 5.2%～7.5%，以 5.7% 居多，期限为 6～134 天，购买起点为 100 元。

苏宁金融的票据理财是与金票通合作的，不仅有银行承兑汇票，也有商业承兑汇票，前者风险要低于后者。银行承兑汇票理财产品的收益偏低，大多在5.6%～6.8%，以6%居多，期限为15～120天；商业承兑汇票理财产品的收益偏高，大多在6.8%～8%，最高能达到12%左右，以8%居多，期限为6个月～1年，购买起点均为1元。

从收益来看，由于京东只有银行承兑汇票，因此整体收益要低于苏宁，但是即使只比较银行承兑汇票，京东的5.7%收益率也略低于苏宁的6%收益率。

从期限来看，银行承兑汇票期限偏短，大多在4个月以内，商业承兑汇票期限偏长，有时长达1年，苏宁既有银行承兑汇票又有商业承兑汇票，期限选择更多一些。

从购买起点来看，京东的票据理财的购买起点是100元，而苏宁的票据理财的购买起点则是1元。两者相比，苏宁的购买起点更低。当然，票据理财产品的购买起点都不算高，1元与100元表面上看相差100倍，但实际上很少有人会买100元以内的理财产品，因为收益微乎其微。

从产品到期到账时间来看，京东是3～4个工作日，苏宁是3个工作日，两者相差不大。

从产品抢购难度来看，两个平台票据理财产品都比较难抢，京东的难度更大，往往刚上线就被抢空。

整体来看，苏宁的票据理财产品收益率更高、期限选择余地更大，而且购买难度较小。那么，为什么京东的票据理财这么火呢？这还是与平台自身的影响力与认可度有关。

分析： 1. 票据理财产品投资有什么特点？

2. 如何选择票据理财产品？

超链接： 2021年票据市场回顾

第四单元 其他货币市场投资

案例导入

我国银行间同业市场的发展现状

银行同业业务是指商业银行与其他金融机构之间开展的以投融资为核心的各项业务。自我国商业银行发展同业业务以来，产品种类每年都在增加。比如银行可通过各类同业投资扩大资产规模，利用买入返售、拆入短期资金错配、发行理财产品出表等多种方式赚取利润。同业部在各家银行都被定位为利润中心，甚至个别银行同业资产占总资产的比例高达 50%，然而在为银行带来高额利润的同时也隐藏着一定风险。一方面，在较为严格的监管导向下，银行同业业务也开始逐渐向流动性管理、信用管理职能偏重，随着监管趋严，MPA 落地执行，风险权重变化及同业资产内部结构调整下，让同业业务中资本套利空间逐步缩窄，最终结果会使得同业资产在银行总资产中所占比重的上升空间变得非常有限。另一面，随着电商平台、非银金融机构及各类互联网金融的发展，其产品种类不断丰富，银行储蓄存款将会向非银机构转移，而非银机构剩余资金又会以同业（非银）存款形式存出至商业银行，如淘宝等大型电商平台通过基金形式存出资金，商业银行的同业负债所占比例或会逐渐上升。

就目前同业业务发展情况来看，银行同业业务的产品种类主要分为三大方面：从负债端出发的同业业务，从资产端出发的同业业务，从居间、投顾、委托代理等中间业务收入端出发的同业业务。主要业务品种包括同业存款、存放同业、协议存款、非银存款、同业借款、同业存单、同业代付、同业偿付、同业代销、委托投资、黄金租赁、同业赊销、票据转贴现、信托受益权、券商资管计划、产业基金、资产证券化、同业理财、福费廷、股票质押式回购等同业投资、负债、居间业务。以上模式作为市场投融资需求的有力补充，为更多市场主体提供了便捷渠道。随着市场经济的进一步发展和同业利差缩窄，加之银监加大监管力度，银行同业部门也会随之转型不断创新，以适应市场进一步发展。

分组讨论：

谈谈你对银行同业业务的理解以及我国同业业务的发展趋势。

一、银行间同业市场

目前，我国的银行间同业市场由银行间同业拆借市场、银行间债券市场和银行间外汇市场三部分组成。银行间同业拆借市场和银行间债券市场通常被称为我国狭义上的货币市场。

（一）银行间同业拆借市场

同业拆借是指银行同业之间的短期资金借贷活动，同业拆借既可以及时调配银行结算账户上的头寸，也可以成为银行贷款的一种资金来源。同业拆借利率往往是金融资产交易的基准利率，其中最有名的是伦敦银行同业拆借利率（LIBOR）。伦敦银行同业拆借利率是指伦敦的大银行间借放款的利率，资金拆借的期限分 1、3、6 个月和 1 年等几个档次。现在 LIBOR 已经成为国际金融市场中大多数交易的基础利率。从 LIBOR 变化而来的还有新加坡银行同业拆借利率、纽约银行同业拆借利率、香港银行同业拆借利率等。

同业拆借市场是我国货币市场的主要子市场，与中国外汇交易中心、中国票据网在同一平台上交易。交易中心公布的平均利率，即全国银行间同业拆借利率（China Interbank Offered Rate，英文缩写为 CHIBOR）。

全国同业拆借中心实行自主报价、格式化询价、确认成交的交易方式。交易双方通过计算机交易系统公开报价。双方一经达成成交意向，通过与外汇交易中心联网的操作而生成成交通知单，作为交易双方成交确认的有效凭证。成员双方根据成交通知单，按规定的日期办理资金清算。交易成员是经中国人民银行批准，具有独立法人资格的商业银行总行及其授权分支机构、农村信用联社、证券公司等有关金融机构、经中国人民银行认可经营人民币业务的外资金融机构。经中国人民银行批准成为全国银行间同业拆借市场会员的金融机构可以根据批准业务范围办理人民币的信用拆借、现券买卖、回购业务、融资代理等。

另外，我国在 2007 年推出了上海银行间同业拆放利率（Shanghai Interbank Offered Rate，英文缩写为 SHIBOR），关于 SHIBOR 的具体介绍请参见本模块第一单元的“知识拓展”栏目。

那么，CHIBOR 和 SHIBOR 有什么区别呢？CHIBOR 由中国人民银行在 1996 年推出，但是它的计算方法有先天不足，它是由银行间融资交易的实际交易利率计算得出，而银行间融资活动颇为清淡，CHIBOR 自然无法代表整个市场。而 SHIBOR 是以上海范围内的银行的同业拆借和基准计算的，其形成机制同国际最通行的 LIBOR 如出一辙，为各银行报价均值，现在一般被认为是中国基准预期年化利率的开始点，可以作为预期年化利率的参照标准。

（二）银行间债券市场

1997 年，为防止银行资金违规流入股票市场，中国人民银行对我国国债市场进行了全面清理，将以商业银行为主的机构从沪深交易所债券市场完全撤出，将托管的国债全部转到中央国债登记结算公司，并于当年 6 月 6 日正式组建成立全国银行间债券市场。

银行间债券市场属于场外市场，实行做市商制度，双边报价，进行一对一的询价交易，自主完成债券结算和资金清算。银行间债券市场的交易品种包括：国债、地方政府债、央行票据、政府支持机构债、政策性银行债、商业银行债、次级债、混合资本债、非银行金融机构债、资产支持证券、企业债、短期融资券、中期票据、证券公司债和国际机构债等。

我国银行间债券市场借鉴国际债券市场的发展经验，成立之初即采用了场外市场和面向机构投资者的发展模式，市场由此进入快速发展时期。到 2001 年，银行间债券市场的债券发行量、交易量与托管量均已超过交易所市场。2007 年 9 月，中国银行间市场交易商协会成立，银行间债券市场的合格机构交易产品由原先的行政审批制，改为协会注册、备案的管理模式，进一步提高了债券市场产品创新的市场化程度，标志着银行间债券市场进入新的发展阶段。

由于我国是银行主导型金融体系，因此在银行间债券市场中，商业银行深度参与。另外，与我国沪深交易所的交易方式不同，银行间债券市场参与者是以询价方式与自己选定的交易对手逐笔达成交易。银行间债券市场的中介机构包括中央结算公司和全国银行间同业拆借中心，中央结算公司为市场参与者提供债券托管、结算和信息服务。全国银行间同业拆借中心为市场参与者的报价、交易提供中介及信息服务。

经过近几年的迅速发展，银行间债券市场已成为我国债券市场的主体部分。记账式国债的大部分、政策性金融债券都在该市场发行并上市交易。除了地方债券、记账式国债、政策性银行债和超短期融资券等主要券种之外，还包括中期票据、商业银行债券、资产支持证券、非公开定向债务融资工具、政府支持机构债券、证券公司短期融资券、短期融资券、企业债券等，券种愈发丰富。

二、中央银行公开市场

在现代经济中，中央银行是最重要的金融机构之一，中央银行作为政府的一个机构，在监督金融体系的运行和控制货币供应量的增长方面发挥着重要的政策功能。我们一般称中央银行为“银行的银行”，主要是指它一般不直接面对公众，在执行制定的政策时主要与商业银行和证券交易商打交道。

公开市场业务是指中央银行利用公开市场与证券持有人进行证券买卖，吞吐基础货币，调节货币供应量以实现货币政策目标的政策工具。公开市场业务作为中央银行市场化的货币政策调控工具，已在美国、德国、法国、英国等市场经济发达的国家得到了广泛使用，成为各国中央银行经常使用、灵活有效地调节市场货币供应量的重要工具。我国也是如此。

从交易品种看，我国央行即中国人民银行公开市场业务交易主要包括回购交易、现券交易和发行中央银行票据三种。

回购交易分为正回购和逆回购两种：正回购是指央行向一级交易商卖出有价证券，并约定在未来特定日期买回有价证券的交易行为，正回购为央行从市场收回流动性的操作，正回购到期则为央行向市场投放流动性的操作；逆回购是指央行向一级交易商购买有价证券，并约定在未来特定日期将有价证券卖给一级交易商的交易行为，逆回购为央行向市场上投放流动性的操作，逆回购到期则为央行从市场收回流动性的操作。

现券交易分为现券买断和现券卖断两种：前者为央行直接从二级市场买入债券，一次性地投放基础货币；后者为央行直接卖出持有债券，一次性地回笼基础货币。

中央银行票据是央行为调节商业银行超额准备金而向商业银行发行的短期债务凭证，其实质是中央银行债券。之所以叫“中央银行票据”，是为了突出其短期性的特点，其发行的对象是公开市场业务一级交易商，主要作用是为市场提供基准利率，以及推动货币市场的发展。央行通过发行央行票据可以回笼基础货币，央行票据到期则体现为投放基础货币。

知识拓展

证监会对银行间债券市场开始行使执法权

一直以来，我国信用债市场的格局是公司债券、企业债券和银行间市场债券“三分天下”，其各自拥有不同的上位法，分属不同的监管领域，适用不同的交易规则。其中，银行间市场债券的上位法是《中国人民银行法》，适用中国人民银行《全国银行间债券市场债券交易管理办法》等规定，由中国人民银行管理。非金融企业债务融资工具受《银行间债券市场非金融企业债务融资工具管理办法》约束，由中国银行间市场交易商协会自律监管。从实践看，此前银行间债券市场中的违规行为也主要由中国银行间市场交易商协会进行自律处分。2020 年间，中国银行间市场交易商协会共处分 57 家（人）次，处分对象包括发行人、次主承销商、会计师事务所、评级机构、基金公司以及直接责任人。

2018 年 11 月 23 日，中国人民银行、证监会、发展改革委联合发布《关于进一步加强债券市场执法工作的意见》，决定建立统一的债券市场执法机制，由证监会依法对银行间债券市场、交易所债券市场违法行为开展统一的执法工作。对涉及公司债券、企业债券、非金融企业债务融资工具、金融债券等各类债券品种的信息披露违法违规、内幕交易、操纵证券市场以及其他违反证券法的行为，依据证券法相关规定进行认定和行政处罚。2020 年 12 月 25 日，中国人民银行、证监会、发展改革委发布《公司信用类债券信息披露管理办法》规定，由证监会依照证券法有关规定，对公司信用类债券信息披露违法违规行为进行认定和行政处罚，开展债券市场统一执法工作。至此，由中国证监会负责对我国债券市场违法行为进行统一执法的原则得以确立。

2021 年 7 月 30 日，中国证监会披露对某上市公司银行间债券市场信息披露违法行为作出行政处罚，认定该上市公司违反《银行间债券市场非金融企业债务融资工具管理办法》第七条的规定，根据中国人民银行、证监会、发展改革委《关于进一步加强债券市场执法工作的意见》，依据《证券法》第一百九十三条第一款作出行政处罚，这标志着证监会对银行间债券市场的违法违规行为正式行使执法权。可以预见，今后证监会对银行间债券市场违法违规行为的调查及处罚或将常态化。

案例分析

我国同业拆借市场的发展历程

我国银行同业拆借市场的发展经历了一个曲折的过程。1984 年，以中央银行为领导、专业银行为主体、其他金融机构并存的金融体系在我国逐步形成，中央银行、专业银行以及其他金融机构之间及其内部的信贷资金运行体制也逐步形成。当年 10 月，中央银行确立了“统一计划、划分资金、实贷实存、相互融通”的信贷资金管理体制，明确鼓励金融机构之间资金的横向余缺调剂。一些地区开始出现同业拆借活动。不过，拆借量很小，不足以形成规模市场。

1986 年，全国银行同业拆借市场真正开始启动。1986 年 1 月，国务院颁发了《中华人民共和国银行管理暂行条例》，明确规定专业银行的资金可以相互拆借。从此，同业拆借活动开始在全国迅速展开，并建立了以广州、重庆、武汉、沈阳、成都等城市为中心的有形同业拆借市场。同业拆借冲破了信贷资金配置的“条块分割”和“地区封锁”，改变了“向上要钱多，自筹资金少”的传统状况，使得信贷资金在一个地区、一个系统有进也有出，加速了资金的周转。1987 年，同业拆借市场得到了长足发展，拆借量达 2 300 亿元。

1988 年 3 月，中国人民银行试图通过融资公司和证券公司等中介机构进行同业拆借市场操作。但是，问题随之出现：一些机构拆借资金不还，或用拆借资金进行固定资产投资等。10 月，中国人民银行提出对融资公司进行清理整顿。1989 年初，中国人民银行决定撤销融资公司，同时指出中国人民银行要加强对资金市场的监管。

1990 年 3 月，中国人民银行颁发《同业拆借管理试行办法》，首次比较系统地对同业拆借市场运作作了规定。《同业拆借管理试行办法》规定：同业拆借是银行与非银行金融机构之间相互融通短期资金的行为，拆借资金只能用于弥补票据清算、联行汇差和解决临时性周转需要，不得用于发放固定资产投资贷款，还规定了资金拆入比例与拆借利率等。《同业拆借管理试行办法》对同业拆借市场的发育起到了一定的规范作用。经过整顿，同业拆借市场重新起步发展。1989 年和 1990 年的同业拆借量基本稳定下来，达 2 300 亿元左右。此后，股票与房地产投资日渐升温，社会上出现了乱设金融机构、乱集资、乱提高利率和乱拆借的现象，且在 1992 年下半年和 1993 年初愈演愈烈。同业拆借市场再次陷入混乱。

1993 年 6 月，中国人民银行再次对同业拆借市场进行整顿。在整顿的同时，中国人民银行加强了对同业拆借市场的管理。中国人民银行继续下发了一系列管理规定，对同业拆借市场的规范起到了良好作用。央行的整顿有效地限制了一些违规拆借行为。1995 年，中国人民银行进一步提出“有堵有疏”的管理办法，通过建立计算机交易网络，将各地分散的同业拆借活动纳入统一的同业拆借市场。11 月，中国人民银行决定撤销各商业银行的融资中心、资金市场等同业拆借中介机构，并从 1995 年第四季度起着手建立全国统一的同业拆借市场。

1996 年 1 月 3 日，在中国人民银行总行的组织领导下，依托中国外汇交易中心的计算机网络，12 家商业银行总行和 15 家融资中心开始进行人民币联网拆借交易，全国统一的同业拆借市场正式建成，并首次生成中国银行间同业拆借市场利率（CHIBOR）。3 月 29 日起，参与联网交易的商业银行总行和融资中心分别增至 20 家和 35 家。

新建成的全国银行同业拆借市场实行二级架构。一级交易网的主体是经中国人民银行批准，具有独立法人资格的商业银行总行和经改造的各地融资中心。目前，一级网络会员共有 55 家，利用中国外汇交易系统的交易网络进行全国联网交易。二级网络由 35 个融资中心组织当地金融机构就地交易。一级网络与二级网络同步运行，融资中心不断地促成本辖区的资金融通，并将差额拿到一级网络平衡。一级网络中，商业银行总行一般只能自营；融资中心除了自营外，还能代理当地二级市场的金融机构参与一级市场网络的交易。

鉴于黑市利率的存在，自 1996 年 1 月全国统一的银行间同业拆借市场开始运行之日起，中国人民银行就对同业拆借利率实行上限管理。同时，还对各融资中心实行了拆借资金的限额控制。经过半年多的运行，同业拆借市场表现出很强的活力，交易日趋活跃，交易量稳定增加，利率稳中有降。鉴于全面放开拆借市场利率的时机已经成熟，中国人民银行宣布，自 6 月 1 日起全面放开拆借市场利率，不再实行上限管理的直接控制方式，利率水平由市场供求决定。这一举措推动了同业拆借市场的进一步发展，并为今后的利率市场化改革奠定了基础。作为我国现行利率体系中市场化程度最高的一个指标，同业拆借市场利率已成为反映我国社会资金供求状况的重要参考指标。

分析：1. 目前，我国同业拆借市场的交易主体有哪些？

2. 我国同业拆借市场的利率是怎样形成的？

超链接：中国人民银行现代化支付系统简介

模块小结

货币市场是指期限在一年以内的金融工具大量交易的市场。货币市场通常分为同业拆借市场、票据市场、政府债券市场、中央银行公开市场、国际货币市场。货币市场最基本的功能是实现短期资金的直接融通，也是政府进行宏观经济调控管理的重要场所。

作为一种传统的理财方式，银行储蓄已经成为我国居民的基本选择之一。目前，银行和其他金融机构开办的储蓄业务种类有活期储蓄、定期储蓄、定活两便储蓄、邮政储蓄、外币储蓄等种类。

票据是指以无条件支付一定金额为目的的有价证券，是具有一定格式的书面债务凭证。一般包括汇票、本票和支票。票据的功能主要有支付功能、信用功能、结算功能、融资功能和交易功能。票据市场存在的风险主要有流通风险、信用风险、诈骗风险、保管风险。

目前，我国的银行间同业市场由银行间同业拆借市场、银行间债券市场和银行间外汇市场三部分组成。银行间同业拆借市场和银行间债券市场通常被称为我国狭义上的货币市场。

自测练习

1. 广义的和狭义的货币市场分别指什么？如何分类？
2. 目前我国的储蓄存款种类有哪些？
3. 票据市场存在哪些风险？
4. 同业拆借市场的市场利率是怎样形成的？

模块三　股票市场投资

◆ 教学目标

知识目标

- 理解股票的概念
- 掌握股票的定义、分类、特征
- 掌握股票投资分析方法
- 了解股票投资实战操作策略和技巧

能力目标

- 能够应用股票进行投资活动
- 能够运用基本面分析、技术分析
- 能够结合所学知识总结自己的实战经验

素质目标

- 树立全面科学分析的观念和风险识别意识
- 具有从事股票投资工作所应有的良好职业道德和工作态度
- 具有严谨细致的专业作风

第一单元 股票投资基础知识

案例导入

爱因斯坦——复利是人类已知的世界第八大奇迹

相信许多人都听说过那个古老而经典的复利故事：在古老的王国，国王要重赏国际象棋的发明人——当时的宰相。而宰相什么贵重的奖励都不要，只要国王命人在全部棋盘格里放入米粒，作为对他的奖赏。但放入米粒时的规则如下：

第一格内一粒，第二格内两粒，第三格内四粒……

以此类推，每一格内都是前一格的两倍。

国王笑了，认为宰相太小家子气，但等他知道结果后，却笑不出声了。

现在我们可以很轻松地计算出这个结果：

等于18 446 744 073 709 600 000（粒）。但这个数据太抽象，据粮食部门测算，1千克大米约有米粒4万粒。换算成标准吨后，约等于4 611亿吨，而我国2022年粮食总产量约13亿吨。这4 611亿吨相当于300多年的粮食产量。

我们再看看复利在投资中的运用：

1万元本金，每年按15%复利增长，10年后为4.05万元，20年后为16.37万元，30年后为66.21万元。

1万元本金，每年按20%复利增长，10年后为6.19万元，20年后为38.34万元，30年后为237.38万元。

1万元本金，每年按30%复利增长，10年后为13.79万元，20年后为190.05万元，30年后为2 620万元。

在证券市场上，仅仅想到让手头的资金按复利增长是远远不够的。如何保证让资本按复利增长才是投资的关键。

理论上讲：

连赚7个10%，本金增值1倍

连赚12个10%，本金增值3倍

连赚26个10%，本金增值10倍

年收益率35%——10年20倍

年收益率30%——10年13倍

年收益率25%——10年9倍

年收益率 20%——10 年 6 倍

年收益率 15%——10 年 4 倍

年收益率 10%——10 年 2 倍

如果以 10 年为投资期限，每年稳赚 35% 的收益，那么你的本金 10 年后就变成现在的 20 倍，20 年后就变成 400 倍，30 年后就变成 8 000 倍。

因此，在股票市场，只要坚持正确的理念和方法，只要长期稳健复利增长，股市中无论短线和长线都能创造奇迹！每年稳定获得年收益率——10%～35%，30 年后你可能是“中国的巴菲特”“中国的彼得·林奇”！

股市历史上成功的投资和投机大师的年均复利盈利率：

（1）索罗斯 1969 年以来年均复利收益率为 35%。

（2）彼得·林奇 13 年的年均复利增长率为 29%。

（3）巴菲特 46 年的职业生涯年均收益率为 28.6%。

（4）格雷厄姆——巴菲特的老师，24 年的年均收益率为 20%。

（5）江恩在他 72 岁时说，平均复利收益率定在 25% 比较合适。

分组讨论：

你看完这个案例震惊吗？对投资的魅力有更加深刻的认识吗？那你知道股票吗？你家人买卖股票吗？等将来你成家立业了，会投资股票理财吗？

从投资人的角度来看，股票市场投资就是股市投资，是在股票二级市场上进行股票转让、买卖和流通。从专业的角度来看，股票市场投资是一类特殊商品买卖的场所，这类商品的使用价值就是实现价值增值。需要说明的是，股票市场投资和股票市场投机形影不离。

一、股票概述

（一）股票的概念

股票是有价证券的一种主要形式，是股份公司发行的，用以证明投资者股东身份和权益，并据以获得股息和红利的凭证。

（二）股票的特征

1. 参与性

股东有权出席股东大会，选举公司董事会，参与公司重大决策。股票持有者的投资意志和享有的经济利益，通常是通过出席股东大会行使股东权来体现的。股东参与公司决策的权利大小，取决于他所持有股份的多少。从实践中看，只要股东持有的股票数量达到左右决策结果所需的实际多数时，就能掌握公司的决策控制权。

2. 收益性

股东凭自己持有的股票，有权从公司领取股息或红利，获取投资的收益。股息或红利的大小，主要取决于公司的盈利水平和公司的盈利分配政策。股票的收益性，还表现在股票投资者可以获得价差收入或实现资产保值增值。通过低价买入和高价卖出股票，投资者可以赚取价差利润。

知识拓展

股票投资最大的收益在于价差

可口可乐可能是人类历史上单一回报最高的股票。从 1919 年上市到 2019 年的整整 100 年，可口可乐算上股息的投资汇报，大约有 46 万倍，年复合回报率 15% 左右。在通货膨胀时，股票价格会随着公司原有资产重置价格上升而上涨，从而避免了资产贬值。股票通常被视为在高通货膨胀期间可优先选择的投资对象。

3. 流通性

股票的流通性是指股票在不同投资者之间的可交易性。流通性通常以可流通的股票数量、股票成交量以及股价对交易量的敏感程度来衡量。可流通股数越多，成交量越大，价格对成交量越不敏感（价格不会随着成交量一同变化），股票的流通性就越好，反之就越差。

股票的流通，使投资者可以在市场上卖出所持有的股票，取得现金。股票的流通和股价的变动，可以反映出人们对于相关行业和上市公司的发展前景和盈利潜力的判断。那些在流通市场上吸引大量投资者、股价不断上涨的行业和公司，可以通过增发股票，不断吸收大量资本进入生产经营活动，收到优化资源配置的效果。

4. 风险性

股票在交易市场上作为交易对象，同商品一样，有自己的市场行情和市场价格。由于股票价格要受到诸如公司经营状况、供求关系、银行利率、大众心理等多种因素的影响，其波动有很大的不确定性。正是这种不确定性，有可能使股票投资者遭受损失。价格波动的不确定性越大，投资风险也越大。因此，股票是一种高风险的金融产品。

知识拓展

业绩是股票投资最大的风险

称雄于世界计算机产业的国际商用机器公司（IBM），当业绩不凡时，每股价格曾高达 170 美元，但在其地位遭到挑战、因经营失策而招致亏损时，股价又下跌到 40 美元。如果不合时机地在高价位买进该股，就会导致严重损失。

5. 永久性

永久性也称不可偿还性。股票所载有的权利的有效性是始终不变的，因为它是一种无限期的法律凭证。股票的有效期与股份公司的存续期相联系，两者是并存的关系。

6. 其他特征

（1）责权性——股东可凭自己持有的股份向股份公司领取股息，并享有索偿权、责任权。

（2）稳定性——持有者不能退股，即不能向股票发行公司要求抽回本金。

（3）法定性——股票只有经有关机构核准和登记注册后才能发行，且必须以法定形式，记载法定事项。

（4）价格与面值的不一致性——股票本身没有价值，它只是真实资本的“纸制的副本”。

二、我国现行的股票类型

按不同的划分标准，可以将股票进行不同的分类，以使投资者更好地把握股票的性质，进行合理投资。

（一）按上市地区分类

我国上市的股票有 A 股、B 股、H 股、S 股和 N 股等之分。这一区分主要依股票的上市地点和所面对的投资者而定。

1. A 股

（1）A 股的含义。A 股的正式名称是人民币普通股票。它是由我国境内公司发行，供境内机构、组织或个人（不含我国台湾、香港和澳门地区的投资者）以人民币认购和交易的普通股股票。

（2）A 股的特点。A 股主要有以下三个特点：

1）在我国境内发行，只允许本国投资者以人民币认购。

2）在公司发行的流通股中占比最大，流通性较好。但多数公司的 A 股并不是公司发行最多的股票，因为我国上市的公司除了发行 A 股外，多数还有非流通的国家股或国有法人股。

3）只注重盈利分配权，不注重管理权。这主要是因为在股票市场上参与 A 股交易的人更关注 A 股买卖的差价，对于自身代表的其他权利并不在意。

2. B 股

B 股也称人民币特种股票，是指那些在中国（不含港、澳、台）注册和上市的特种股票。B 股以人民币标明面值，只能以外币认购和交易。

3. H 股

H 股也称国企股，是指国有企业在香港（Hong Kong）上市的股票。

4. S 股

S 股是指那些核心业务在中国（不含港、澳、台），而注册地在新加坡（Singapore）或者其他国家和地区，但是在新加坡挂牌上市的企业的股票。

5. N 股

N 股是指那些在中国（不含港、澳、台）注册，在纽约（New York）上市的外资股。

（二）按利润、财产分配分类

1. 普通股

普通股是指在公司的经营管理和财产分配上享有普通权利的股份，代表满足所有债权偿付要求及优先股东的收益权与求偿权要求后，对企业盈利和剩余财产的索取权。它构成公司资本的基础，是股票的一种基本形式，也是发行量最大、最为重要的股票。目前，在上海和深圳证券交易所交易的股票都是普通股。

普通股股票持有者按自己所持有股份的比例，享有以下四种基本权利：

（1）公司决策参与权。普通股股东有权参与股东大会，并有建议权、表决权和选举权，也可以委托他人代表自己行使股东权利。

（2）利润分配权。普通股股东有权从公司利润分配中得到股息。普通股的股息是不固定的，由公司的盈利状况及分配政策决定。普通股股东只有在优先股股东取得固定股息之后，才有权享受股息分配权。

（3）优先认股权。如果公司需要扩张而增发普通股股票，现有普通股股东就有权按自己持股的比例，以低于市价的特定价格优先购买一定量的新发行股票，从而保持自己对企业所有权的原有比例。

（4）剩余资产分配权。当公司破产或清算时，若公司在偿还欠债后还有剩余，其剩余部分按先优先股股东、后普通股股东的顺序进行分配。

2. 优先股

优先股是相对于普通股而言的，主要是指在利润分配及财产剩余分配的权利方面优先于普通股。优先股股东享有以下权利：

（1）在公司分配利润时，持有优先股的股东比持有普通股的股东优先参与分配，而且享受固定数额的股息，即优先股的股息都是固定的；普通股的红利却不固定，视公司盈利情况而定，利多多分、利少少分、无利不分，上不封顶、下不保底。

（2）在公司解散、分配剩余财产时，优先股股东先于普通股股东参与分配。

（三）按业绩分类

1. ST 股

ST 是英文 Special Treatment 的缩写，意为特别处理。ST 股是指境内上市公司连续两年亏损，被进行特别处理的股票。另外，*ST 是指境内上市公司连续三年亏损的股票。

2. 垃圾股

垃圾股是指经营亏损或违规的公司发行的股票。

3. 绩优股

绩优股是指经营很好、业绩很好的公司发行的股票。

4. 蓝筹股

蓝筹股是指在股票市场上，那些在自己所属行业内占有重要支配性地位、业绩优良、成交活跃、红利优厚的大公司发行的股票。

（四）按票面形态分类

1. 记名股

记名股在发行时，票面上载有股东的姓名，并记载于公司的股东名册上。记名股票除持有者和自己正式的委托代理人或合法继承人、受赠人外，任何人都不能行使其股权。另外，记名股票不能任意转让，转让时，既要将受让人的姓名、住址分别记载于股票票面，又要在公司的股东名册上办理过户手续；否则，转让不能生效。显然，这种股票有安全、不怕遗失的优点，但转让手续烦琐。记名股票如果需要私自转让，一旦发生继承或赠与等行为，必须在转让行为发生后立即办理过户等手续。

2. 无记名股

无记名股在发行时，股票上不记载股东的姓名，其持有者可自行转让股票，任何人一旦持有便享有股东的权利，无须再通过其他方式证明自己的股东资格。这种股票转让手续简便，但也应通过证券市场合法交易实现转让。

3. 面值股

面值股是指有票面金额的股票，简称金额股票或面额股票，即在股票票面上记载一定的金额，如每股人民币 100 元、200 元等。金额股票给股票定了一个票面价格，这样就很容易地确定每一股在该股份公司中所占的比例。

4. 无面值股

无面值股也称比例股票或无面额股票。在股票发行时，无票面价格记载，仅表明每股占资本总额的比例，其价值随公司财产的增减而增减。因此，这种股票的内在价值总是处于变动状态。无面值股最大的优点就是避免了公司实际资产与票面价值的背离，因为股票的面值往往形同虚设，人们关心的不是股票面值，而是股票价格。发行这种股票对公司管理、财务核算、法律责任等方面的要求极高，但目前世界上很多国家（包括中国）的公司法规定不允许发行这种股票。

（五）按投资主体分类

1. 国有股

国有股是指有权代表国家投资的部门或机构以国有资产向公司投资形成的股份，包括以公司现有国有资产折算成的股份。由于我国大部分股份制企业都是由原国有大中型企业改制而来的，因此国有股在公司股权中占有较大的比重。

2. 法人股

法人股是指企业法人或具有法人资格的事业单位和社会团体用自身依法可经营的资产向公司非上市流通股权部分投资所形成的股份。根据法人股认购的对象，可以把法人股进一步划分为境内发起法人股、外资法人股和募集法人股三种。

3. 社会公众股

社会公众股是指我国境内的个人和机构用自身的合法资产向公司可上市流通股权部分投资所形成的股份。国家股东和法人股东如果要转让股权，可以在法律许可的范围内，经证券主管部门批准，与合格的机构投资者签订转让协议，一次性完成大宗股权的转移。除少量公司员工股、内部员工股及转配股上市流通受一定的限制外，绝大部分的社会公众股都可以上市流通交易。

4. 外资股

外资股是指股份公司向外国和我国香港、澳门、台湾地区投资者发行的股票。按上市的地域可以将外资股份划分为境内上市外资股和境外上市外资股。

超链接：我国股权改革历程

第二单元　股票价格及影响因素

案例导入

大学生炒股

大二学生炒股半年 6 万元炒到 30 万元，每天看盘 6 小时

“那么之前说了，大盘需要在 5 000 点附近震荡加固，所以你会发现这并不是普涨行情，而是轮动，因此做好组合仓位至关重要，既需要有小市值作为安全边际高的前锋，也需要有滞涨股作为后卫。下半场钱不好赚，还是要提醒风险和耐心，不要眼红追涨，配置好耐心等待调整结束主升浪开启即可，6124 虽然是高点，但是它的意义不及 5 000 点。”这段生动、有料的股评并非出自证券分析师之手，而是武汉一位在校大学生在某周五收盘后写的。

A 股牛冠全球，上证综指从 2 000 点涨到 5 000 点上方，炒股风潮几乎席卷每个角落，高校自然也不例外。90 后的大学生还没有资本，但他们有的是激情与梦想。武汉某大学金融工程专业大二学生小徐在股市上收获了真金白银与自信——他以 6 万元入市，目前账户市值已经升到 30 万元。小徐所在的大学有个赫赫有名的 A 股分析师协会，会内卧虎藏龙，不是“老股民”都不好意思入会。身为副会长的小徐 15 岁就开始炒股，但大部分时间都泡在了熊市里，直到 2014 年 11 月，降息让银行股、证券股疯涨，他终于嗅到了牛市的气息。小徐找父母借来 3 万元，加上之前账户上的 3 万元，重仓进场。他很注重攻守平衡，中小板两成，创业板三成，主板五成。中小板、创业板追求高成长性，年初 26 元买入证通电子，同年 5 月底以 80 多元抛出。主板则买入市值不高但成长性好的股票，长线持有，比如做新能源的海马汽车，四个月翻了倍。

虽然在股市里赚了不少，但小徐还是有遗憾，“去年融资融券要求很低，只要 5 万元就可以注册，我没有去尝试。当时有个师兄，30 万元入市，运用杠杆，连遇三个涨停板，直接市值破百万元”。

大学生炒股亏损借校园贷欠下 30 万元

目前并不缺乏小徐这样的大学生炒股赚钱的案例。看到这样的成功案例之后，越来越多的大学生开始考虑炒股，特别是财经类高校的学生，有的高校甚至出现了整个宿舍、整个班级炒股的情况。

当然，大学生炒股也有赔钱的。南昌某高校学生小盛，刚开始只是玩一些股票

和期货，后面就亏了，在经历了炒股“血本无归”，需要贷款还钱之后，小盛心里不服气，于是，他继续玩起了股票和期货，因为没钱，开始以贷还贷。在小盛的手机上，满是借贷的 App，打开这些 App，记者看到了小盛的贷款记录。记者发现，在这些网贷平台上，小盛所借的多数是几百上千元的小额贷款，并且周期很短，基本上是一个礼拜或者一个月，但是需要缴纳的利息和各种费用却高得惊人。比如某网贷平台，借款一周，本金 500 元，利息 200 元，仅一天的利率高达 5.7%，年利率高达 2 000%，也正因为如此小盛越陷越深，拆东墙补西墙，两年下来，到底向多少个平台，一共借了多少钱，小盛自己都不清楚。小盛的父亲根据儿子的描述，把这些网贷平台都整理了出来，三张 A4 纸上，密密麻麻写的都是欠钱的网贷平台和具体金额，粗略算下来已经超过 90 家。

专家提醒，大学生炒股需正确引导

世界上没有只涨不跌的股票。今天赚钱了，但是明天会不会亏钱呢？这是大学生要思考的一大问题。

当然了，大学生投资股票有很多好处。炒股既能够培养理财观念，又可以增加社会经验，大学生如果想炒股也不是不可以，但是要注意风险。此外，大学生炒股要经过专业的培训和正确的引导，还需要充足的时间。

大学生究竟应不应该炒股？这个问题也应当引起社会和高校的反思。有的学校已经开展了大学生模拟炒股活动，目的是帮助大学生树立正确的投资理念，这种方式真的很值得提倡。

分组讨论：

就大学生应不应该炒股的问题，谈谈你的看法。

一、股票价格

股票价格通常是指在证券市场买卖股票的价格。股票本身并没有价值，它只是一种领取股息收入的凭证，由于它能给持有人带来股息收入，且不同股票带来的股息收入不同，因此股票的价格也不一样。买卖股票实际上是一种领取股息收入凭证的转让，是权利关系的转移。股票价格有票面价格、账面价格、市场理论价格和实际市场价格四种。

（一）票面价格

票面价格又称股票面值，即企业发行股票时在票面上标明的价格。票面价格的作用是确定每一股与公司全部股份的比例。例如，上海锦江大饭店向社会公开发行 800 万股，每股 10 元，筹资 8 000 万元。如果买 1 万元的股票，就拥有锦江大饭店股份的 1/8 000。

（二）账面价格

账面价格又称股票净值，是根据公司的财务报表计算得出的。其计算公式为：

股票的账面价格 =（公司的资产净值 - 优先股的总面值）/ 普通股的总股数

公司的资产净值是指公司的全部资产减去全部负债后的净额，它包括股本、公积金（盈余公积金、资本公积金）和未分配利润等。公司的资产净值减去优先股的总面值的差除以普通股的总股数，就是股票的账面价格。由于公司的资产净值属于股东所有，因此会计上把它称为“股东权益”。

（三）市场理论价格

股票代表的是持有者的股东权利，这种权利的直接经济利益表现为股息和红利收入。股票的理论价格就是为获得这种股息、红利收入的请求权而付出的代价，是股息资本化的表现。

静态地看，股息收入与利息收入具有同样的意义。投资者把资金投资于股票还是存于银行，首先取决于哪一种投资的效率更高。按照等量资本获得等量收入的理论，如果股息率高于利息率，人们对股票的需求就会增加，股票价格就会上涨，从而股息率就会下降，一直降到股息率与市场利率大体一致为止。按照这种分析，可以得出股票的市场理论价格公式为：

股票的市场理论价格 = 股息、红利收益 / 市场利率

（四）实际市场价格

实际市场价格就是在股市（证券交易所）上买卖股票的实际价格。实际市场价格又分为开盘价、收盘价、最高价和最低价。开盘价是证券交易所开市时的价格，收盘价是证券交易所收市时的价格，最高价是当日成交的最高价，最低价是当日成交的最低价。其中，收盘价最为重要，它是人们分析股市行情的主要依据之一。

二、股票价格变动的影响因素

在一个实行自由竞价制度的股票市场中，股票价格变幻莫测，它不但受企业内部因素（公司经营状况）的影响，而且受企业外部各种因素的影响。总之，股票价格变动是企业内部和外部诸多因素共同影响的结果。

（一）影响股票价格变动的企业内部因素

企业内部因素即上市公司的运营对股票价格的影响。上市公司是发行股票筹集资金的运用者，也是投资收益的实现者，因而其经营状况的好坏对股票价格的影响极大。而其经营管理水平、科技开发能力、产业内的竞争实力与竞争地位、财务状况等无不关系着其运营状况，这些因素从各个不同的方面影响着股票的市场价格。由于产权边界明晰，公司因

素一般只对本公司的股票市场价格产生深刻的影响，是一种典型的微观影响因素。一般来说，影响股票价格变动的企业内部因素有以下十二个：

1. 净值

净值是指现阶段公司净资产的实在价值。公司开创后，经过一段时间的经营，其资产净值必然会有所变动。产业的增值、积累的留存等都会使净值增加，而经营不善、企业亏损则会使净值减少。股票是股权的凭证，资产净值改变，股价自然随之变化。在理论上，股价与净值成正比：净值增则股价涨，净值减则股价跌。

2. 营业额

公司的营业额增加，表示销售能力增强，公司获利的可能性增大，股价将被刺激上涨。当然，营业额增加有时并不等于获利增多，这要视营业成本、营业费用和负债等情形而定。总体来说，营业额增加对股价是有利的。

3. 盈利

盈利增多，股价就可能上涨；盈利减少，股价就可能下跌。不过，盈利与股价的变化过程并不是同时发生的，通常股价会先于盈利的增加而上涨，且其程度大于盈利增加的幅度。这是因为买卖股票着眼于未来，公司是盈是亏，早在未进行年度决算之前就已有征兆，熟知内情的人常先采取行动，购买该公司的股票，从而带动其他人购买继而引起股价上涨。

4. 股利

公司盈余增多并不表示股利也一定增多，这要看每一家公司的股利分配政策。有的公司采取固定股利政策，不论公司盈亏多少，每年都按一定的比例配发股利；有的公司则视当年的实际盈亏情形决定股利分配政策。同时，公司对股利的发放方式也会对股价有不同的影响。股票投资者的目的是领取公司因盈余而配发的股利，因此，每年在公司决定向股东发放股息和红利的日期前后都是股价变动最大的阶段。

5. 增资

公司因业务需要增加资本额而发行新股时，股价往往会下跌，但是对于业绩优良、财务结构健全的公司而言，股价不仅不会下跌，反而会上涨，因为增资将增强公司的经营能力，会带来股东权益的增加。通常在宣布增资之后，市场超过面值的股票，其价格多上涨；市场低于面值的股票，其价格多下跌。

6. 减资

当公司宣布减资时，一般由于经营不善，亏损累欠，需要重新整顿，因此减资时股票会大幅下跌。

7. 经营者的更替

经营者的更替可能会改变企业的经营方针及企业的结构，进而影响企业的财务状况、获利能力及股利政策。因此，公司董事长、总经理等重要经营者的更换，通常会引起投资者的猜测，改变他们对公司的信任程度，进而引起股价的涨跌。

8. 新订单

公司新订单增加表示营业额增多，是好消息，会引起股价上涨；反之，则是坏消息，会引起股价下跌。据统计，股价的变化一般先于订单的变化。

9. 股票分割

股票分割又称拆股、拆细，是将一股均等地拆成若干股。股票分割一般在年度决算月进行，通常会刺激股价上涨。这种分割的好处是投资者持有股票的股数会增加。

10. 原材料供给及价格变化

原材料是公司成本的重要项目，原材料的供应及价格变化一定会影响股价的变化，特别是稀缺资源或依赖外国进口原材料的公司，其原材料供应价格对股价的影响更大。

11. 公司改组和合并

公司改组和合并的情况很复杂，有的是正常的改组合并，是为了增强竞争能力，但也有的是为了消灭竞争对手，为了控股，或为了操纵市场而进行的恶意兼并，这种所谓“改组合并”会引发股价大幅波动。

12. 意外灾害

发生不可预料和不可抗拒灾害或不幸事件给公司带来重大财产损失而又得不到相应赔偿，公司的股价就会下跌。

（二）影响股票价格变动的企业外部因素

影响股价的外部因素很多，概括起来，主要有经济性因素、政治性因素和市场因素三种。

1. 经济性因素

主要包括经济增减情况、股票供求状况、经济的周期性、物价、利率、汇率，国家的财政、金融、税收政策，产业和区域因素等。

2. 政治性因素

主要包括法律因素、军事因素、政府首脑更换、政权转移、重大政治事件和国际形势因素等。

3. 市场因素

主要包括影响股票市场价格的各种股票市场操作，如看涨与看跌、买空与卖空、追涨与杀跌、获利平仓与解套或割肉等行为等。

案例分析

证监会：严厉打击券商投顾收费荐股乱象

“针对证券公司从事证券投资顾问业务中存在的虚假、误导性宣传，或存在实际提供的服务与服务协议约定不一致等情况，证监会将依法予以严厉打击。”2021 年 4 月 7 日，证监会通过人民网“领导留言板”答复网友关于打击证券公司收费荐股乱象的建议。

证监会表示，《证券投资顾问业务暂行规定》明确规定，证券公司开展证券投资顾问业务过程中“禁止对服务能力和过往业绩进行虚假、不实、误导性的营销宣传，禁止以任何方式承诺或者保证投资收益”，且“提供证券投资顾问服务，应当与客户签订证券投资顾问服务协议”，并在协议中明确“当事人的权利义务、服务的内容和方式、证券投资顾问的职责和禁止行为”等事项。

下一步，证监会将持续督促证券公司合规展业，切实保护投资者合法权益。

分析：投资者对证券投资顾问所扮演的角色一定要清楚，对其所作的投资建议须审慎决策。一是要知道投资顾问提供的投资建议仅供投资者参考，投资顾问不得代客户作出决策，投资风险由投资者自身承担。二是要关注投资顾问所提供的投资建议的主要依据，注意他提示的风险事项。三是要清楚投资顾问不得利用传播媒介或者通过其他方式提供、传播虚假或者误导投资者的信息；不得以任何方式向投资者承诺或者保证投资收益；不能以个人名义向投资者收取证券投资顾问服务费用；不得通过广播、电视、网络、报刊等公众媒体，作出买入、卖出或者持有具体证券的投资建议。

第三单元　股票投资分析方法

案例导入

从 5 万元到 294 万元

丛翊是吉林人，1989 年从吉林财贸学院（2010 年更名为吉林财经大学）毕业后，曾经找了一份工作。1994 年，他将工作辞掉去了北京。

1994 年丛翊到北京工作了半年以后，身边所有的人几乎都在谈论股票，“股市”“大盘”“庄家”之类的词整日萦绕在耳边。那时候，丛翊帮助同学做成了几笔生意，同学给了他 6 万元作为酬劳。丛翊便拿了其中的 5 万元到股市开了户。

犀利眼光

在正式进入股市之前，丛翊曾经用了两个多月的时间天天阅读有关股市的书籍，将能买到的证券类报刊统统买来，一边看书，一边写心得，一个厚厚的硬皮本都被写满了。1994 年 11 月，丛翊终于下决心进入股市。

一进股市丛翊才发现，那些从书本上学来的东西在股市中根本派不上用场。当时丛翊选择了四川长虹（600839）、界龙实业（600836）等一批好股票，结果到头来一无所获。相反，像中华企业（600675）、陆家嘴（600663）等却都炒翻了天。一轮行情下来，丛翊已经赔了 1 万多元，当时 1 万多元钱相当于他一年的工资。后来，为了学习股票方面的知识，丛翊专门拜师一位资深炒股员，这位炒股员投资股票成功的经历，让丛翊明白了一个道理——选股不如选时。

功夫不负有心人。经过 1995 年一年的摸索，从 1996 年开始，丛翊炒股的成绩越来越好，仅仅 1996 年一年的时间，就赚了 80 多万元。

不过，随后的两年，资金不但没涨反而锐减。丛翊心情最差的时候是 1999 年的春节，节前的操作使丛翊的资金锐减到 50 万元。

择强弃弱大把赚钱

1999 年的“5 · 19”行情来得很猛，丛翊买了海鸥基金（550552）等股票，虽然有所收获，但比大盘也好不了多少。

这时丛翊才意识到，当个股普遍上扬的时候，手中所持的股票涨得慢也是风险。于是，丛翊改变操作思路，将目光转向领涨板块，选择了广电股份（600637）、东方明珠（600832）、真空电子（600602）等网络类股票，这些股票每天都有涨停的。这时候，丛翊的收益几乎实现了最大化，资金也从 5 月 17 日的 48.5 万元猛增到 6 月 30 日的 173.3 万元。

6 月 30 日，大盘放巨量高开低走，丛翊担心再次让到手的鸭子飞了，于是以低于市价 3% 左右的价格大部分抛出。第二天大部分股票低开，K 线组合已呈高位反转之势，丛翊又将剩余的股票全部卖光。

可以说，“5 · 19”行情出现时，丛翊已经炒股 5 年了，而到此时丛翊才摸索到了适合自己的操作方式，那就是在对基本面深刻研究的基础上，认真选股，始终关注两个市场的最强者。每天收盘时，丛翊都要研究资金流向，关注成交量的变化，相信自己的判断，从不被股市或市场情绪左右。股谚说，量为价先，只有成交量是真实的。所有信息都反映在成交量上。阴线、阳线、上下影线的长短配合成交量的变化，才具有决定意义。

随后经过半年休整，丛翊又从风华高科（000636）、中信国安（000839）等一些科技股的逐渐活跃中看出了苗头。基于技术面分析，丛翊选择了上海梅林（600073），以 8.8 元的价格试探性地买入了 50 000 股。2000 年 1 月 4 日股市重新开盘，昆明机床（600806）10 分钟内率先涨停，上海梅林（600073）也表现不俗。丛翊将剩余的资金全仓杀入，以 9.42 元的价格又买了 14.2 万股上海梅林。一个星期后以 15 元左右价格将上海梅林全部抛出，丛翊的资金一下子增长到 294.8 万元。

功夫在场外

这几年下来，丛翊多少总结了一些自己的经验。

诗人讲究“功夫在诗外”，对丛翊来说却是“功夫在场外”。

现在，丛翊研究一只股票，不仅建立连续的、详细的资料库，而且尽可能眼见为实，到公司去看一看，参加一下股东大会。比如在中科健（000035）的股东会上，丛翊发现该公司的进取心很强。有时即便不能亲自去调查公司现状，也会打电话询问公司的情况，通常最关心的是公司的管理层情况、募股资金使用、项目进展等。

在这几年的炒股经历中，丛翊打得最漂亮的几仗是：中科健（000035），在 6 元时买进 10 万多股，半年后以 18 元的价位卖出；闽福发（000547），在平均成本 6 元多时买进 4 万股，在 10 元的价位卖出；南方基金（004503），在成本约为 1.5 元时买进约 15 万基金单位，在 3.68 元时卖出 9 万基金单位……

丛翊总结的投资经验有五条：

第一，以企业本身的素质为最主要的衡量标准，绝不能听信小道消息，盲从股评专家的意见。

第二，投资低价股，在相对低位时买进。

第三，重拳出击，持股相对单一。

第四，打持久战，设立止损点，跌到一定的幅度就及时斩仓。

第五，把握板块运动规律，适当反向操作。

分组讨论：

如何分析股票？应从哪几个方面着手？

股票的基本分析，就是指从分析影响股票价格变动的各种基础性敏感因素出发，着重研究公司生产经营外部的制约环境（即宏观基本面）和公司内部的各种因素（即公司基本面），并根据研究作出全面判断，对股票投资价值作出判断，从而发现股票价格变动趋势或方向，为投资者作出正确的投资决策提供依据的一种分析方法。以下主要从宏观经济分析、行业经济分析和上市公司分析三个层面进行介绍。

一、宏观经济分析

（一）宏观经济分析的意义

1. 把握证券市场的总体变动趋势

在证券投资中，宏观经济分析是一个重要环节，只有看准宏观经济发展的大方向，才能把握证券市场的总体变动趋势，作出正确的投资决策；只有密切关注宏观经济因素的变化，尤其是货币政策和财政政策因素的变化，才能抓住证券投资的市场时机。

2. 判断整个证券市场的投资价值

证券市场的投资价值与国民经济整体素质及其结构变动密切相关。这里证券市场的投资价值是指整个市场的平均投资价值。从一定的意义上说，整个证券市场的投资价值就是整个国民经济增长质量与速度的反映，因为不同部门、不同行业与成千上万的不同企业相互影响、相互制约，共同影响国民经济发展的速度和质量。宏观经济是个体经济的总和，企业的投资价值必然在宏观经济的总体中综合反映出来，所以宏观经济分析是判断整个证券市场投资价值的关键。

3. 掌握宏观经济政策对证券市场的影响力度与方向

证券市场与国家宏观经济政策息息相关。在市场经济条件下，国家通过财政政策和货币政策来调控经济，或挤出泡沫，或促进经济增长。这些政策将会影响经济增长速度和企业经济效益，并进一步对证券市场产生影响。因此，证券分析师只有认真分析宏观经济政策，掌握它对证券市场的影响力度与方向，才能准确把握整个证券市场的运动趋势和不同证券品种的投资价值变动。

4. 了解转型背景下宏观经济对股市的影响不同于成熟市场经济，了解中国股市表现和宏观经济相背离的原因

中国证券市场是新兴的转轨的市场，具有一定的特殊性，比如国有成分比重较大、行政干预较多、阶段性波动较大、投机性偏高、机构投资者力量不够强大等，由此导致证券市场对宏观经济的反应存在特殊的不确定性。证券分析师在分析时既要看到中国证券市场与海外成熟市场的共性，又要看到国内股市的特性，这样才能更加准确地把握证券市场的国民经济晴雨表的特征。简单化地用成熟市场的标尺来衡量我国证券市场，可能容易产生偏差。

（二）评价宏观经济形势的基本指标

1. 国民经济总体指标

（1）国内生产总值。国内生产总值（GDP）是指一个国家（或地区）所有常住居民在一定时期内（一般按年统计）生产活动的最终成果。区分国内生产和国外生产一般以常住居民为标准，只有常住居民在 1 年内生产的产品和提供劳务所得到的收入才计算在本国的国内生产总值之内。常住居民是指居住在本国的公民、暂居外国的本国公民和长期居住在本国但未加入本国国籍的居民。因此，一国的国内生产总值是衡量一国经济是否具有活力的基本指标。对于发达国家来说，其经济发展总水平已经达到相当的高度，经济发展速度的提升相对而言比较困难；对经济尚处于较低水平的发展中国家而言，由于发展潜力大，其经济发展速度可能达到高速甚至超高速增长。

（2）工业增加值。工业增加值是指工业行业在报告期内以货币表现的工业生产活动的最终成果，它是衡量国民经济的重要统计指标之一。工业增加值有两种计算方法：一是生产法，即工业总产出减去工业中间投入；二是收入法，即从收入的角度出发，根据生产要素在生产过程中应得到的收入份额计算，具体构成项目包括固定资产折旧、劳动者报酬、生产税净额、营业盈余。这种方法也称要素分配法。以常用的支出法为例，工业增加值等于工业总产值与中间消耗的差额。工业增加值率则是指一定时期内工业增加值占工业总产值的比重，反映降低中间消耗的经济效益。测算工业增加值的基础来源于工业总产值，即以货币表现的工业企业在一定时期内生产的已出售或可供出售的工业产品总量，反映一定时间内工业生产的总规模和总水平。工业总产值采用“工厂法”计算，即以工业企业作为一个整体，按企业工业生产活动的最终成果来计算，企业内部不允许重复计算，不能把企业内部各个车间（分厂）生产的成果相加，但在企业之间、行业之间、地区之间存在重复计算。

（3）失业率。失业率是指劳动力人口中失业人数所占的百分比。劳动力人口是指年龄在 16 岁以上具有劳动能力的人的全体。目前，我国统计部门公布的失业率为城镇登记失业率，即城镇登记失业人数占城镇从业人数与城镇登记失业人数之和的百分比。城镇登记失业人数是指拥有非农业户口，在一定的劳动年龄内，有劳动能力，无业而要求就业，并在当地就业服务机构进行求职登记的人员数。失业率的上升与下降是以国内生产总值相对于潜在国内生产总值的变动为背景的，而它本身则是现代社会的一个主要问题。当失业率很高时，资源被浪费，人们收入减少，此时，经济问题还可能影响人们的情绪和家庭生活，进而引发一系列的社会问题。但值得注意的是，通常所说的充分就业是指对劳动力的充分利用，但不是完全利用，因为在实际的经济生活中不可能达到失业率为零的状态。在充分就业的情况下也会存在一部分正常的失业，如由于劳动力的结构不能适应经济发展对劳动力的需求变动所引起的结构性失业。

（4）通货膨胀。通货膨胀是指一般物价水平持续、普遍、明显的上涨。对通货膨胀的衡量可以通过对一般物价水平上涨幅度的衡量来进行。一般说来，常用的指标有三种：零售物价指数、批发物价指数、国民生产总值物价平减指数。零售物价指数又称消费物价指数或生活费用指数，反映消费者购买的全部商品价格的变动情况；批发物价指数反映一国商品批发价格上升或下降的幅度；国民生产总值物价平减指数则是按当年不变价格计算的国民生产总值与按基年不变价格计算的国民生产总值的比率。

（5）国际收支。国际收支一般是一国居民在一定时期内与非本国居民在政治、经济、军事、文化及其他往来中所产生的全部交易的系统记录。这里的居民是指在国内居住 1 年以上的自然人和法人。国际收支主要反映：1）一国与他国之间的商品、劳务和收益等交易行为；2）该国持有的货币、黄金、特别提款权的变化以及与他国债权、债务关系的变化；3）凡不需要偿还的单方转移项目和相应的科目，由于会计上必须用来平衡的尚未抵销的交易。国际收支包括经常项目和资本项目。经常项目主要反映一国的贸易和劳务往来状况，包括贸易收支（也就是通常所说的进出口）、劳务收支（如运输、港口、通信和旅游等）和单方面转移（如侨民汇款、无偿援助和捐赠、国际组织收支等），是最具综合性的对外贸易的指标。资本项目则集中反映一国同国外资金往来的情况，反映一国利用外资和偿还本金的执行情况。资本项目一般分为长期资本和短期资本。长期资本是指合同规定偿还期超过 1 年的资本或未定偿还期的资本（如公司股本），其主要形式有直接投资、政府和银行的长期借款及企业信贷等。短期资本是指即期付款的资本和合同规定借款期为 1 年或 1 年以下的资本。进口和出口是国际收支中最主要的部分。进口量是指一个国家（或地区）所有常住居民向非常住居民购买或无偿得到的各种货物和服务的价值。反之，出口量则指一个国家（或地区）所有常住居民向非常住居民出售或无偿转让的各种货物和服务的价值。进出口总量及其增长是衡量一国经济开放程度的重要指标，且进口和出口的数量与结构直接对国内总供需产生重大的影响。实现国际收支平衡需要避免国际收支的过度逆差或顺差，可以维持适当的国际储备水平和相对稳定的汇率水平。

2. 投资指标

投资规模是指一定时期在国民经济各部门、各行业再生产中投入资金的数量。投资规模是否适度是影响经济稳定与增长的一个决定性因素。投资规模过小，不利于为经济的进一步发展奠定物质技术基础；投资规模过大，超出一定时期人力、物力和财力的可能，又会造成国民经济比例的失调，导致经济大起大落。

随着我国改革开放的不断深入，投资主体呈现出多元化的趋势，主要包括政府投资、企业投资和外商投资三个方面。

（1）政府投资。政府投资是政府以财政资金投资于经济建设，其目的是改变长期失衡的经济结构，完成私人部门不能或不愿从事但对国民经济发展却至关重要的投资项目，如大型水利设施、公路建设和生态保护等。同时，政府投资也是扩大投资需求、促进经济增长的重要手段。

（2）企业投资。随着我国现代企业制度的建立，企业逐渐成为投资主体之一，企业投融资的权利不断扩大。随着我国市场化改革的不断深入，企业投资需求将成为国内投资需求的主要部分，企业投资的规模和方向影响着一国经济未来的走向。

（3）外商投资。外商投资包括外商直接投资和外商间接投资。

外商直接投资是指外国企业和经济组织或个人（包括华侨、港澳台胞以及我国在境外注册的企业）按我国有关政策、法规，用现汇、实物、技术等在我国境内开办外商独资企业，与我国境内的企业或经济组织共同举办中外合资经营企业、合作经营企业或合作开发资源的投资（包括外商投资收益的再投资）以及经政府有关部门批准的项目投资总额内企业从境外借入的资金等。外商间接投资是指除对外借款（外国政府贷款、国际金融组织贷款、商业银行商业贷款、出口信贷以及对外发行债券等）和外商直接投资以外的各种利用外资的形式，包括企业在境内和境外股票市场公开发行的以外币计价的股票（目前主要是在香港证券市场发行的 H 股和在境内证券市场发行的 B 股）发行总额，国际租赁进口设备的应付款，补偿贸易中外商提供的进口设备、技术、物料的价款，加工装配贸易中外商提供的进口设备、物料的价款。

3. 消费指标

（1）社会消费品零售总额。社会消费品零售总额是指国民经济各行业通过多种商品流通渠道向城乡居民和社会集团供应的消费品总额。根据我国国家统计局的统计标准，社会消费品零售总额包括十大项内容。简而言之，社会消费品零售总额包括各种经济类型的批发零售贸易业、餐饮业、制造业和其他行业售给城乡居民和社会集团的消费品零售额以及农民售给非农业居民和社会集团的消费品零售额。社会消费品零售总额是研究国内零售市场变动情况和反映经济景气程度的重要指标。社会消费品零售总额的大小和增长速度也反映了城乡居民与社会集团消费水平的高低、居民消费意愿的强弱。社会消费品需求是国内需求的重要组成部分，对一国经济增长具有巨大促进作用。

（2）城乡居民储蓄存款余额。城乡居民储蓄存款余额是指某一时点城乡居民存入银行及农村信用社的储蓄金额，包括城镇居民储蓄存款和农民个人储蓄存款，不包括居民的手持现金和工矿企业、部队、机关、团体等的存款。

居民储蓄存款是居民可支配收入扣除消费支出以后形成的。居民储蓄量的大小主要取决于可支配收入的多少，同时受可支配收入中消费支出比例的限制。在可支配收入一定时，消费支出多了，储蓄就会减少，二者是此消彼长的关系。当市场上人们的消费意愿增强时，储蓄相应缩小；市场消费意愿减弱时，储蓄相应增加。

居民储蓄增加以后，银行的资金来源扩大了，如果存贷比率不变，银行贷款投放也会相应增加，这就扩大了企业的资金使用，正常情况下就会扩大国内投资需求。因此，储蓄扩大的直接效果就是投资需求扩大和消费需求减少。

4. 金融指标

（1）总量指标。具体包括如下几个：

1）货币供应量。货币供应量是单位和居民个人在银行的各项存款和手持现金之和，其变化反映着中央银行货币政策的变化，对企业生产经营、金融市场尤其是证券市场的运行和居民个人的投资行为有着重大的影响。

2）金融机构各项存贷款余额。金融机构各项存贷款余额是指某一时点金融机构存款金额（包括企业存款、财政存款、机关团体存款、城乡储蓄存款、农业存款、信托及其他类存款）与金融机构贷款金额（包括工业贷款、农业贷款、商业贷款、建筑业贷款、私营及个体贷款、乡镇企业贷款、固定资产贷款、信托及其他类贷款）。其中，金融机构主要包括商业银行、政策性银行、非银行信贷机构和保险公司。

3）金融资产总量。金融资产总量是指手持现金、银行存款、有价证券、保险等其他资产的总和。私人家庭的金融资产包括现款、储蓄存款、股票、债券、投资基金和人寿保险权利等在内。在我国居民的金融资产中，银行储蓄存款占绝大部分，而有价证券和其他金融资产所占的比例很小。

（2）利率。利率（或称利息率）是指在借贷期内所形成的利息额与本金的比率。利率直接反映的是信用关系中债务人使用资金的代价，也是债权人出让资金使用权的报酬。从宏观经济分析的角度看，利率的波动反映出市场资金供求的变动状况。在经济发展的不同阶段，市场利率有不同的表现。在经济持续繁荣增长时期，资金供不应求，利率上升；当经济萧条市场疲软时，利率会随着资金需求的减少而下降。除了与整体经济状况密切相关之外，利率影响着人们的储蓄、投资和消费行为；利率结构也影响着居民金融资产的选择，影响着证券的持有结构。

（3）汇率。汇率是外汇市场上一国货币与他国货币相互交换的比率。

一般来说，国际金融市场上的外汇汇率是由一国货币所代表的实际社会购买力平价和自由市场对外汇的供求关系决定的。汇率变动是国际市场商品和货币供求关系的综合反映。以外币为基准，当汇率上升时，本币贬值，国外的本币持有人就会抛出本币，或者加快从国内市场购买商品的速度。对于国内来说，一方面是流回国内的本币增多，另一方面是从国内流出的商品增多，出口量扩大，这就形成了国内需求的扩大和供给的减少。当汇率下降时，本币升值，国外对本币的需求增大以及流出增加，对国内的进口增加，这就使国内需求减少，国内供给增加。总体效应就是：提高汇率会扩大国内总需求，降低汇率会缩减国内总需求。

一国的汇率会因该国的国际收支状况、通货膨胀率、利率、经济增长率等的变化而波动；同样，汇率波动又会影响一国的进出口额和资本流动，并影响一国的经济发展。特别是在当前国际分工异常发达、各国间经济联系十分密切的情况下，汇率的变动对一国的国内经济、对外经济以及国际经济联系都产生着重大影响。

（4）外汇储备。外汇储备是一国对外债权的总和，用于偿还外债和支付进口，是国际储备的一种。当国际收支发生顺差时，流入国内的外汇量大于流出的外汇量，外汇储备就会增加；当发生逆差时，外汇储备减少。当外汇流入国内的时候，拥有外汇的企业或其他单位可能会把它兑换成本币，比如用来在国内市场购买原材料等，这样就形成了对国内市场的需求。因此，扩大外汇储备会相应增加国内需求。

5. 财政指标

（1）财政收入。财政收入是指国家财政参与社会产品分配所取得的收入，是实现国家职能的财力保证。财政收入的内容几经变化，目前主要包括：

1）各项税收：包括增值税、消费税、土地增值税、城市维护建设税、城镇土地使用税、印花税、个人所得税、企业所得税、关税等。

2）专项收入：包括排污费收入、城市水资源费收入、教育费附加收入等。

3）其他收入：包括基本建设贷款归还收入、基本建设收入、捐赠收入等。

4）国有企业计划亏损补贴：这项为负收入，冲减财政收入。

（2）财政支出。财政支出是指国家财政将筹集起来的资金进行分配使用，以满足经济建设和各项事业的需要，主要包括基本建设支出、企业挖潜改造资金、地质勘探费用、科技三项费用（即新产品试制费、中间试验费、重要科学研究补助费）、支援农村生产支出、农林水利气象等部门的事业费用、工业交通商业等部门的事业费、文教科学卫生事业费、抚恤和社会福利救济费、国防支出、行政管理费和价格补贴支出。上述财政支出可归类为两部分：一部分是经常性支出，包括政府的日常性支出、公共消费产品的购买、经常性转移等；另一部分是资本性支出，就是政府的公共性投资支出，包括政府在基础设施上的投资、环境改善方面的投资以及政府储备物资的购买等。这两部分支出的变化对国内总供需的影响是不同的。在财政收支平衡条件下，财政支出的总量并不能扩大和缩小总需求。但财政支出的结构会改变消费需求和投资需求的结构。经常性支出的扩大可以扩大消费需求，其中既有个人消费需求，也有公共物品的消费需求。资本性支出的扩大则扩大投资需求。在总量不变的条件下，两者是此消彼长的关系。扩大了投资，消费就必须减少；扩大了消费，投资就必须减少。因此在调整需求结构时，适当调整财政的支出结构就能很显著地产生效应。

（3）赤字或结余。财政收入与财政支出的差额即赤字（差值为负时）或结余（差值为正时）。核算财政收支总额主要是为了进行财政收支状况的对比。财政收入大于支出表现为结余，财政收不抵支则出现赤字。如果财政赤字过大，就会引起社会总需求的膨胀和社会总供求的失衡。同时，财政赤字或结余也是宏观调控中应用最普遍的一个经济变量。

二、行业经济分析

（一）行业的含义

所谓行业，是指从事国民经济中同性质的生产或其他经济社会活动的经营单位和个体等构成的组织结构体系，如林业、汽车业、银行业、房地产业等。从严格意义上讲，行业与产业有差别，主要是适用范围不一样。产业作为经济学的专门术语，有更严格的使用条件。构成产业一般有三个条件：（1）规模性，即产业的企业数量、产品或服务的产出量达到一定的规模；（2）职业化，即形成了专门从事这一产业活动的职业人员；（3）社会功能性，即这一产业在社会经济活动中承担一定的角色，而且是不可缺少的。行业虽然也拥有职业人员，也具有特定的社会功能，但一般没有规模上的约定。比如，国家机关和党政机关行业就不构成一个产业。证券分析师关注的往往都是具有相当规模的行业，特别是含有上市公司的行业，所以业内一直约定俗成地把行业分析与产业分析视为同义语。

（二）行业分析的意义

行业分析的主要任务包括：解释行业本身所处的发展阶段及其在国民经济中的地位，分析影响行业发展的各种因素以及判断它对行业影响的力度，预测并引导行业的未来发展趋势，判断行业投资价值，揭示行业投资风险，从而为政府部门、投资者及其他机构提供决策依据或投资依据。

从证券投资分析的角度看，宏观经济分析是为了掌握证券投资的宏观环境，把握证券市场的总体趋势。但宏观经济分析并不能提供具体的投资领域和投资对象的建议。面对只能投资于国内上市的证券的投资者，分析师们除了提供宏观经济分析之外，更需要提供深入的行业分析和公司分析。

行业分析是对上市公司进行分析的前提，也是连接宏观经济分析和上市公司分析的桥梁，是基本分析的重要环节。行业有自己特定的生命周期。处在生命周期不同发展阶段的行业，其投资价值也不一样。在国民经济中具有不同地位的行业，其投资价值也不一样。公司的投资价值可能会由于所处行业不同而有明显差异。因此，行业是决定公司投资价值的重要因素之一。

（三）行业划分的方法

道琼斯分类法是 19 世纪末为选取在纽约证券交易所上市的有代表性的股票而对各公司进行的分类，是证券指数统计中最常用的分类法之一。

道琼斯分类法将大多数股票分为三类——工业、运输业和公用事业，然后选取有代表性的股票。虽然入选的股票并不涵盖这类行业中的全部股票，但所选择的这些股票足以表明行业的一种趋势。

在道琼斯指数中，工业类股票取自工业部门的 30 家公司，包括采掘业、制造业和商业；运输业类股票取自 20 家交通运输业公司，包括航空、铁路、汽车运输与航运业；公用事业类股票取自 6 家公用事业公司，主要包括电话公司、煤气公司和电力公司等。作为计算道琼斯股价指数的股票类别，公用事业行业直到 1929 年才被确认添加进来。

（四）标准行业分类法

为便于汇总各国的统计资料并进行互相对比，联合国经济和社会事务统计局于 1971 年颁布了《所有经济活动的国际标准产业分类》，建议各国采用。它把国民经济划分为 10 个门类：

（1）农业、狩猎业、林业和渔业。

（2）矿业及采石业。

（3）制造业。

（4）电力、煤气和供水业。

（5）建筑业。

（6）批发与零售业、餐馆与旅店业。

（7）运输业、仓储业和邮电业。

（8）金融业、不动产业、保险业及商业性服务业。

（9）社会团体、社会及个人的服务。

（10）不能分类的其他活动。

对每个门类再划分大类、中类、小类。例如，制造业部门分为食品、饮料和烟草制造业等 9 个大类。食品、饮料和烟草制造业又分为食品业、饮料工业和烟草加工业 3 个中类。食品业中再分为屠宰、肉类加工和保藏业，水果、蔬菜罐头制作和保藏业等 11 个小类。各个类目都进行编码。各个门类用 1 个数字代表，如制造业为 3；各个大类用 2 个数字代表，如食品、饮料和烟草制造业为 31；各个中类用 3 个数字代表，如食品业为 311～312（因食品业有 11 个小类，第三位数不够用，所以占了 2 个代码）；各个小类用 4 个数字代表，如屠宰、肉类加工和保藏业为 3111。根据上述编码原则，在表示某小类的 4 位数代码中，第 1 位数字表示该小类所属的部门，第 1 位和第 2 位数字合起来表示所属大类，前 3 位数字表示所属中类，全部 4 个数字就表示某小类本身。

1985 年，我国国家统计局明确划分三大产业。把农业（包括林业、牧业、渔业等）定义为第一产业；把工业（包括采掘业、制造业、自来水、电力、煤气）和建筑业定义为第二产业；把第一、二产业以外的各行业定义为第三产业，主要是指向全社会提供各种各样劳务的服务性行业，具体包括交通运输业、邮电通信业、仓储业、金融保险业、餐饮业、房地产业、社会服务业等。其中，第三产业的内涵非常丰富，而且随着生产力的发展，它所包括的细分行业也不断增多，因而是个发展性的概念。

为适应社会主义市场经济的发展，正确反映国民经济内部的结构和发展状况，并为国家宏观管理、各级政府部门和行业协会的经济管理以及进行科研、教学、新闻宣传、信息咨询服务等提供统一的行业分类和编码，《国民经济行业分类和代码》（GB/T 4754—94）第一次对我国国民经济行业分类进行了详细的划分。2002 年，从前期准备开始，经历了论证、立项、调研、修订以及专家评审等过程，历时近 4 年的新国家标准《国民经济行业分类》（GB/T 4754—2002）推出。新标准借鉴了联合国的《所有经济活动的国际标准产业分类》（ISIC，Rev.3）的分类原则（按经济活动同质性原则划分行业）和结构框架，根据我国的情况调整了 1994 年标准中与分类原则不相符的内容，大量充实了第三产业的新兴活动，对原采掘业和制造业进行了删减，并为了与国际标准衔接而新增或调整了部分行业类别，增减相抵，比 1994 年的标准新增 4 个门类、3 个大类、28 个中类、67 个小类。经过调整与修改，新标准共有行业门类 20 个，行业大类 95 个，行业中类 396 个，行业小类 913 个，基本反映了我国目前的行业结构状况。

随着社会主义市场经济的深入发展，我国改革开放程度向纵深发展，为了满足国家经济管理和经济全球化的需求，《国民经济行业分类》国家标准于 2011 年第三次修订，2017 年第四次修订。该标准（GB/T 4754—2017）由国家统计局起草，国家质量监督检验检疫总局、国家标准化管理委员会批准发布，于 2017 年 10 月 1 日实施。

最新的《国民经济行业分类》（GB/T 4754—2017）国家标准第 1 号修改单已经国家标准化管理委员会于 2019 年 3 月 25 日批准，自 2019 年 3 月 29 日起实施。

知识拓展

《国民经济行业分类》（GB/T 4754—2017）

1. 范围

本标准规定了全社会经济活动的分类与代码。

本标准适用于在统计、计划、财政、税收、工商等国家宏观管理中，对经济活动的分类，并用于信息处理和信息交换。

2. 术语和定义

下列术语和定义适用于本文件。

2.1 行业 industry

从事相同性质的经济活动的所有单位的集合。

2.2 主要活动 principal activity

当一个单位对外从事两种以上的经济活动时，占其单位增加值份额最大的一种活动称为主要活动。如果无法用增加值确定单位的主要活动，可依据销售收入、营业收入或从业人员确定主要活动。

注：与主要活动相对应的是次要活动和辅助活动。

2.3 次要活动 secondary activity

一个单位对外从事的所有经济活动中，除主要活动以外的经济活动。

2.4 辅助活动 ancillary activity

一个单位的全部活动中，不对外提供货物和服务的活动。

注：辅助活动是为保证本单位主要活动和次要活动正常运转而进行的一种内部活动。

2.5 单位 unit

有效地开展各种经济活动的实体，是划分国民经济行业的载体。

2.6 产业活动单位 establishment

具备下列条件的单位为产业活动单位：

——在一个场所从事一种或主要从事一种经济活动；

——相对独立地组织生产、经营或业务活动；

——能够掌握收入和支出等资料。

注：产业活动单位是法人单位的附属单位。

2.7 法人单位 corporate unit

具备下列条件的单位为法人单位：

——依法成立，有自己的名称、组织机构和场所，能够独立承担负债和其他民事责任；

——独立拥有和使用（或受权使用）资产，有权与其他单位签订合同；

——会计上独立核算，能够编制资产负债表和利润表。

3. 分类的原则和规定

3.1 划分行业的原则

本标准采用经济活动的同质性原则划分国民经济行业。即每一个行业类别按照同一种经济活动的性质划分，而不是依据编制、会计制度或部门管理等划分。

3.2 行业分类的基本单位

参照联合国《所有经济活动的国际标准产业分类》（ISIC，Rev.4），本标准主要以产业活动单位和法人单位作为划分行业的单位。采用产业活动单位划分行业，适合生产统计和其他不以资产负债、财务状况为对象的统计调查；采用法人单位划分行业，适合以资产负债、财务状况为对象的统计调查。

在以法人单位划分行业时，应将由多法人组成的企业集团、集团公司等联合性企业中的每个法人单位区分开，按单个法人单位划分行业。

3.3 确定单位行业归属的原则

本标准按照单位的主要经济活动确定其行业性质。当单位从事一种经济活动时，则按照该经济活动确定单位的行业；当单位从事两种以上的经济活动时，则按照主要活动确定单位的行业。

4. 编码方法和代码结构

4.1 本标准采用线分类法和分层次编码方法，将国民经济行业划分为门类、大类、中类和小类四级。代码由一位拉丁字母和四位阿拉伯数字组成。

门类代码用一位拉丁字母表示，即用字母 A、B、C……T 依次代表不同门类；大类代码用两位阿拉伯数字表示，打破门类界限，从 01 开始按顺序编码；中类代码用三位阿拉伯数字表示，前两位为大类代码，第三位为中类顺序代码；小类代码用四位阿拉伯数字表示，前三位为中类代码，第四位为小类顺序代码。

4.2 本标准的中类和小类，根据需要设立带有“其他”字样的收容项。为了便于识别，原则上规定收容项的代码尾数为“9”。

4.3 当本标准大类、中类不再细分时，代码补“0”直至第四位。

4.4 本标准的代码结构图如下：

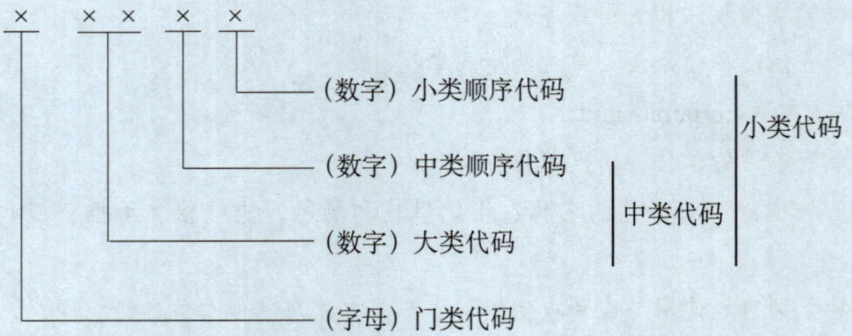

5. 国民经济行业分类和代码表（略）

链接：

《国民经济行业分类》（GB/T 4754—2017）

http://www.stats.gov.cn/tjsj/tjbz/hyflbz/201905/P020190716349644060705.pdf

关于执行国民经济行业分类第 1 号修改单的通知

http://www.stats.gov.cn/tjsj/tjbz/201905/t20190521_1666107.html

三、上市公司分析

（一）公司与上市公司的含义和意义

从经济学角度而言，公司是指依法设立的从事经济活动并以营利为目的的企业法人。从立法角度而言，我国的现行法律并没有对公司作直接的定义。但根据我国《公司法》有关条款所揭示的公司本质特征，我国的公司是指全部资本由股东出资构成，股东以其认缴的出资额或认购的股份为限对公司承担责任，公司以其全部财产对公司债务承担责任的按照《公司法》成立的企业法人。

在证券投资分析中，公司分析的对象主要是指上市公司，但证券分析师对上市公司进行分析的过程中往往还关注一些与上市公司之间存在关联关系或收购行为的非上市公司。

在实际投资活动中，投资者对于上市公司的了解是必要的，否则其收益将面临很大的风险。因此，无论是进行判断投资环境的宏观经济分析，还是进行选择投资领域的中观行业分析，对于具体投资对象的选择最终都将落实在微观层面的上市公司分析上（市场指数投资除外）。

上市公司分析中最重要的是财务状况分析。财务报表通常被认为是最能够获取有关公司信息的工具。在信息披露规范的前提下，已公布的财务报表是上市公司投资价值预测与证券定价的重要信息来源。证券分析师对真实、完整、详细的财务报表的分析，是他们预测公司股东收益和现金流的各项因素的基础，也是他们作出具体投资建议的直接依据之一。此外，就投资者个人而言，宏观层面分析与中观层面分析的难度较大，不具备分析基础，而相对简单、直接且行之有效的就是上市公司分析。

（二）上市公司基本分析

1. 公司行业地位分析

行业地位分析的目的是判断公司在所处行业中的竞争地位，如是否为领导企业，在价格上是否具有影响力，是否有竞争优势，等等。在大多数行业中，无论其行业平均盈利能力如何，总有一些企业比其他企业具有更强的获利能力。企业的行业地位决定了其盈利能力是高于还是低于行业平均水平，决定了其在行业内的竞争地位。衡量公司行业竞争地位的主要指标是行业综合排序和产品的市场占有率。

2. 公司经济区位分析

区位，或者说经济区位，是指地理范畴上的经济增长点及其辐射范围。上市公司的投资价值与区位经济的发展密切相关，如处在经济区位内的上市公司，一般具有较高的投资价值。我们对上市公司进行区位分析，就是将上市公司的价值分析与区位经济的发展联系起来，以便分析上市公司未来发展的前景，确定上市公司的投资价值。具体来讲，可以通过以下几个方面进行上市公司的区位分析：

（1）区位内的自然条件与基础条件。自然条件和基础条件包括矿产资源、水资源、能源、交通、通信设施等，它们在区位经济发展中起着重要作用，也对区位内上市公司的发展起着重要的限制或促进作用。分析区位内的自然条件和基础条件，有利于分析该区位内上市公司的发展前景。如果上市公司所从事的行业与当地的自然和基础条件不符，公司的发展可能会受到很大的制约。

（2）区位内政府的产业政策。为了促进区位经济的发展，当地政府一般都会相应地制定经济发展的战略规划，提出相应的产业政策，确定区位优先发展和扶植的产业，并给予相应的财政、信贷及税收等诸多方面的优惠措施。这些措施有利于引导和推动相应产业的发展，相关产业内的公司将因此受益。如果区位内上市公司的主营业务符合当地政府的产业政策，一般会获得诸多政策支持，对上市公司的进一步发展有利。

（3）区位内的经济特色。经济特色是指区位内经济与区位外经济的联系和互补性、龙头作用及其发展活力与潜力的比较优势。它包括区位的经济发展环境、条件与水平以及经济发展现状等有别于其他区位的特色。特色在某种意义上意味着优势，利用自身的优势发展本区位的经济，无疑在经济发展中找到了很好的切入点。比如，某区位在电脑软件或硬件方面，或在汽车工业方面已经形成了优势和特色，那么该区位内的相关上市公司，在同等条件下与其他区位主营业务相同的上市公司相比，具有更大的竞争优势和发展空间。

（三）上市公司产品分析

1. 产品的竞争能力

（1）成本优势。成本优势是指公司的产品依靠低成本获得高于同行业其他企业的盈利能力。在很多行业中，成本优势是决定竞争优势的关键因素，理想的成本优势往往成为同行业价格竞争的抑制力。如果公司能够创造和维持成本领先地位，并创造出与竞争对手价值相等或近似的产品，那么它只要将价格控制在行业平均或接近平均的水平，就能获取优于平均水平的经营业绩。成本优势的来源各不相同，并取决于行业结构。一般来讲，产品的成本优势可以通过规模经济、专有技术、优惠的原材料、低廉的劳动力、科学的管理、发达的营销网络等实现。其中，由资本的集中程度决定的规模效益是决定产品生产成本的基本因素。当公司达到一定的资本投入或生产能力时，根据规模经济的理论，生产成本和管理费用将会得到有效降低。

（2）技术优势。技术优势是指公司拥有的比同行业其他竞争对手更强的技术实力及其研究与开发新产品的能力。这种能力主要体现在生产的技术水平和产品的技术含量上。在现代经济中，公司新产品的研究与开发能力是决定公司竞争成败的关键因素，因此，公司一般都确定了占销售额一定比例的研究开发费用。这一比例的高低往往能决定公司的新产品开发能力。产品的创新包括：通过新核心技术的研制，开发出一种新产品或提高产品的质量；通过新工艺的研究，降低现有的生产成本，开发出一种新的生产方式；根据细分市场进行产品细分，实行产品差别化生产；通过研究产品组成要素的新组合，获得一种原料或半成品的新的供给来源等。而技术创新则不仅包括产品技术，而且包括人才创新。

（3）质量优势。质量优势是指公司的产品以高于其他公司同类产品的质量赢得市场，从而取得竞争优势。由于公司技术能力及管理等诸多因素的差别，不同公司间相同产品的质量是有差别的。消费者在进行购买选择时，产品的质量始终是影响他们购买倾向的一个重要因素。当一个公司的产品价格溢价超过了它为追求产品的质量优势而附加的额外成本时，该公司就能获得高于它所属行业平均水平的盈利。换句话说，在与竞争对手成本相等或成本近似的情况下，具有质量优势的公司往往在该行业中占据领先地位。

2. 产品的市场占有情况

产品的市场占有情况在衡量公司产品竞争力方面占有重要地位。通常可以从两个方面进行考察。其一，公司产品销售市场的地域分布情况。从这一角度可将公司的销售市场划分为地区型、全国型和世界范围型。市场地域的范围能大致地估计一个公司的经营能力和实力。其二，公司产品在同类产品市场上的占有率。市场占有率是对公司的实力和经营能力的较精确的估计。市场占有率是指一个公司的产品销售量占该类产品整个市场销售总量的比例。市场占有率越高，表示公司的经营能力和竞争力越强，公司的销售和利润水平越好、越稳定。

3. 产品的品牌战略

品牌是一个商品名称和商标的总称，可以用来辨别一个卖者或卖者集团的货物或劳务，以便同竞争者的产品相区别。一个品牌不仅是一种产品的标识，而且是产品质量、性能、满足消费者效用可靠程度的综合体现。品牌竞争是产品竞争的深化和延伸，当产业发展进入成熟阶段，产业竞争充分展开时，品牌就成为产品及企业竞争力的一个越来越重要的因素。品牌具有产品所不具有的开拓市场的多种功能：一是品牌具有创造市场的功能；二是品牌具有联合市场的功能；三是品牌具有巩固市场的功能。

（四）上市公司经营能力分析

1. 公司法人治理结构

公司法人治理结构有狭义和广义两种定义。狭义上的公司法人治理结构是指有关公司董事会的功能、结构和股东的权利等方面的制度安排；广义上的法人治理结构是指有关企业控制权和剩余索取权分配的一整套法律、文化和制度安排，包括人力资源管理、收益分配和激励机制、财务制度、内部制度和管理等。健全的公司法人治理机制至少体现在以下七个方面：

（1）规范的股权结构。股权结构是公司法人治理结构的基础，许多上市公司的治理结构出现问题都与不规范的股权结构有关。规范的股权结构有三层含义：一是降低股权集中度，改变“一股独大”局面；二是流通股股权适度集中，发挥发展机构投资者、战略投资者在公司治理中的积极作用；三是股权的流通性。

（2）有效的股东大会制度。股东大会制度是确保股东充分行使权利的最基础的制度安排，能否建立有效的股东大会制度是上市公司建立健全公司法人治理机制的关键。根据

2018年9月30日中国证券监督管理委员会公告〔2018〕29号颁布的《上市公司治理准则》，有效的股东大会制度应包括：具备规范的召开与表决程序，股东大会应给予每个提案合理的讨论时间，对董事会的授权原则、授权内容应明确具体，股东大会会议时间、地点的选择应有利于让尽可能多的股东参加会议，充分利用现代信息技术手段扩大股东参与股东大会的比例等。

（3）董事会权力的合理界定与约束。董事会作为公司的决策机构，对于公司法人治理机制的完善具有重要作用。股东大会应赋予董事会合理充分的权力，但也要建立对董事会权力的约束机制。根据《上市公司治理准则》，合理的董事会制度应制定规范、透明的董事选聘程序；在董事的选举过程中，应充分反映中小股东的意见，并积极推进累积投票制度；董事应根据公司和全体股东的最大利益，忠实、诚信、勤勉地履行职责；上市公司治理结构应确保董事会能够按照法律法规和公司章程的规定行使职权，公平对待所有股东，并关注公司其他利益相关者的利益；董事会授权董事长在董事会闭会期间行使董事会部分职权，上市公司应在公司章程中明确规定授权原则和授权内容，凡涉及公司重大利益的事项应由董事会集体决策等。

（4）完善的独立董事制度。在董事会中引入独立董事制度，可以加强公司董事会的独立性，有利于董事会对公司的经营决策作出独立判断。2001年8月，中国证监会发布了《关于在上市公司建立独立董事制度的指导意见》，要求上市公司在2002年6月30日之前建立独立董事制度。这对于我国上市公司独立董事制度的建立无疑具有重大的指导意义。

（5）监事会的独立性和监督责任。一方面，应加强监事会的地位和作用，增强监事会的独立性和加强监督的力度，限制大股东提名监事候选人和作为监事会召集人；另一方面，应加大监事会的监督责任。

（6）优秀的职业经理层。优秀的职业经理层是保证公司治理结构规范化、高效化的人才基础。形成高效运作的职业经理层的前提条件是上市公司必须建立和形成一套科学的、市场化、制度化的选聘制度和激励制度。

（7）利益相关者的共同治理。利益相关者包括员工、债权人、供应商和客户等。利益相关者共同参与的共同治理机制可以有效地建立公司外部治理机制，弥补公司内部治理机制的不足。

2. 公司经理层的素质

素质是指一个人的品质、性格、学识、能力、体质等方面特性的总和。在现代企业里，经理人员不仅担负着企业生产经营活动等各项管理职能，而且还要负责或参与对各类非经理人员的选拔、任用与培训工作。因此，经理人员的素质是决定企业能否取得成功的一个重要因素。在某种程度上，是否有卓越的企业经理人员和经理层，直接决定着企业的经营成果。对经理人员的素质分析是公司分析的重要组成部分。一般而言，企业的经理人员应具备如下素质：一是从事管理工作的愿望；二是专业技术能力；三是良好的道德品质修养；四是人际关系协调能力。

3. 公司业务人员的素质和创新能力

公司业务人员的素质也对公司的发展起着很重要的作用。作为公司的员工，公司业务人员应具备如下素质：专业技术能力、对企业的忠诚、责任感、团队合作精神和创新能力等。对员工的素质进行分析，可以判断该公司发展的持久力和创新能力。

（五）上市公司盈利能力和公司成长性分析

1. 公司盈利预测

对公司盈利进行预测，是判断公司估值水平及投资价值的重要基础。盈利预测是建立在对公司深入了解和判断的基础之上的，通过对公司基本面进行分析，进而对公司的预测作出假设。所作假设应与公司、行业和宏观经济环境相符，且与以往年度各项经济指标比率的变化相符。

盈利预测的假设主要包括：

（1）销售收入预测。包括销售收入的历史数据和发展趋势、公司产品的需求变化、市场占有率和销售网络、主要产品的存货情况、销售收入的明细等方面。销售收入预测的准确性也是公司盈利预测中最为关键的因素。

（2）生产成本预测。包括生产成本的结构、主要原材料的价格走势和每年所需原材料的总量、成本变动和销售情况变动、能否将上涨的成本转嫁给下游、毛利率的变化情况等。

（3）管理和销售费用预测。包括销售费用和销售费用占销售收入的比例、管理费用的变化、新市场的拓展、每年的研究和开发费用占销售收入的比例等。

（4）财务费用预测。包括新增长期贷款和短期贷款等。

（5）其他。包括主营业务利润占税前利润的百分比、非经常项目及其他利润占税前利润的比例、到目前为止利润的完成情况等。

2. 公司经营战略分析

经营战略是企业面对激烈的市场变化与严峻挑战，为求得长期生存和不断发展而进行的总体性谋划。它是企业战略思想的集中体现，是企业经营范围的科学规定，同时又是制定规划的基础。经营战略是在符合和保证实现企业使命的条件下，在充分利用环境中存在的各种机会和创造新机会的基础上，确定企业同环境的关系，规定企业从事的经营范围、成长方向，同时制订企业的竞争对策，合理地调整企业结构和分配企业的资源。经营战略具有全局性、长远性和纲领性的特征，它从宏观上规定了公司的成长方向、成长速度及其实现方式。由于经营战略决策直接关系到企业的未来发展，其决策对象是复杂的，所面对的问题常常是突发性的、难以预料的，因此，对公司经营战略的评价比较困难，难以标准化。

3. 公司规模变动特征及扩张潜力分析

公司规模变动特征和扩张潜力一般与其所处的行业发展阶段、市场结构、经营战略密切相关，它是从微观层面对公司成长性的具体考察。

（六）上市公司财务分析

1. 公司主要的财务报表

上市公司必须遵守财务公开的原则，定期公开自己的财务状况，提供有关财务资料，便于投资者查询。上市公司公布的财务资料中，主要是一些财务报表。在这些财务报表中，最为重要的是资产负债表、利润表和现金流量表。

（1）资产负债表。资产负债表是反映企业在某一特定日期财务状况的会计报表，表明权益在某一特定日期所拥有或控制的经济资源、所承担的现有义务和所有者对净资产的要求权。

（2）利润表。利润表是反映企业一定期间生产经营成果的会计报表，表明企业运用所拥有的资产进行获利的能力。利润表把一定期间的营业收入与它同一会计期间相关的营业费用进行配比，以计算企业一定时期的净利润（或净亏损）。

（3）现金流量表。现金流量表反映企业一定期间现金的流入和流出，表明企业获得现金和现金等价物的能力。现金流量表主要反映经营活动、投资活动和筹资活动产生的现金流量。

2. 公司财务报表分析的目的、方法与原则

（1）主要目的。从共性的角度来看，财务报表分析的目的是为有关各方提供可以用来作出决策的信息。但具体而言，公司财务报表的使用主体不同，其分析的目的也不完全相同。

1）公司的经理人员：通过分析财务报表判断公司的现状、可能存在的问题，以便进一步改善经营管理。

2）公司的现有投资者及潜在投资者：主要关心公司的财务状况、盈利能力。通过对财务报表所传递的信息进行分析、加工，得到反映公司发展趋势、竞争能力等方面的信息；计算投资收益率，评价风险，比较该公司和其他公司的风险和收益，决定自己的投资策略。

3）公司的债权人：主要关心自己的债权能否收回。通过密切观察公司有关财务情况，分析财务报表，得出对公司短期偿债能力和长期偿债能力的判断，以决定是否需要追加抵押和担保、是否提前收回债权等。

此外，公司财务报表的使用主体还包括供应商、政府、雇员和工会、中介机构等。其中，专业的财务分析人员（或机构）作为公司财务报表使用人中的特殊群体，不同程度地承担了为各类报表使用人提供专业咨询服务的任务，也逐渐成为推动财务报表分析领域不断扩展的中坚力量。

综上所述，财务报表分析的一般目的可以概括为：评价过去的经营业绩，衡量现在的财务状况，预测未来的发展趋势。

（2）分析方法。财务报表分析的方法有比较分析法和因素分析法两大类。财务报表的比较分析法是指对两个或几个有关的可比数据进行对比，揭示财务指标的差异和变动关

系，是财务报表分析中最基本的方法。财务报表的因素分析法则是依据分析指标和影响因素的关系，从数量上确定各因素对财务指标的影响程度。

进一步细分，比较分析法与因素分析法这两类分析方法又各自包含了不同种类的具体方法。如财务比率分析、结构百分比分析、趋势分析、差额分析、指标分解、连环替代、定基替代等。在实际分析过程中，各种方法往往需要结合使用。其中，最常用的比较分析方法有三种：单个年度的财务比率分析、对公司不同时期的财务报表比较分析、与同行业其他公司之间的财务指标比较分析。

（3）分析原则。

1）坚持全面原则。财务分析可以得出很多比率指标，每个比率指标都从某个角度、某个方面揭示了公司的状况，但任何一个比率都不足以为评价公司提供全面的信息；同时，某一指标的不足可以从其他方面得到补充。因此，分析财务报表要坚持全面原则，将多个指标、比率综合在一起得出对公司全面而客观的评价。

2）坚持考虑个性原则。一个行业的财务平均状况是行业内各公司的共性，但一个行业的各公司在具体经营管理活动中会采取不同的方式，这会在财务报表数据中体现出来。比如，某公司的销售方式以分期收款为主，会使其应收账款周转率表现出差异。又如，某公司本年度后期进行增资扩股，会使本公司的资产收益率、股东权益收益率指标下降，但这并不表示公司经营真正滑坡，这是由资本变动而非经营变动引发的。因此，在对公司进行财务分析时，要考虑公司的特殊性，不能简单地与同行业公司直接比较。

3. 公司财务比率分析

（1）流动比率。流动比率是流动资产除以流动负债的比值。流动比率可以反映公司短期偿债能力。公司能否偿还短期债务，要看有多少债务，以及有多少可变现偿债的资产。流动资产越多，短期债务越少，则偿债能力越强。如果用流动资产偿还全部流动负债，则公司剩余的是营运资金（流动资产 − 流动负债 = 营运资金）。营运资金越多，说明不能偿还的风险越小。因此，营运资金的多少可以反映偿还短期债务的能力。

（2）速动比率。流动比率虽然可以用来评价流动资产总体的变现能力，但人们（特别是短期债权人）还希望获得比流动比率更进一步的有关变现能力的比率指标。这个指标被称为速动比率，也称酸性测试比率。速动比率是从流动资产中扣除存货部分，再除以流动负债的比值。

第四单元 股票投资实战操作策略和技巧

案例导入

价值投资如何挑选个股

曾经有人问巴菲特，如果只能用一种指标去投资，他会选什么？巴菲特毫不犹豫地说："如果非要我选择用一个指标进行选股，我会选择 ROE。公司能够创造并维持高水平的 ROE 是可遇而不可求的，这样的事情实在太少了。因为当公司规模扩大的时候，维持高 ROE 是极其困难的事情。"

ROE 的第一个作用是帮助我们筛选股票。这是因为从长期看一家公司的股价涨幅约等于它的平均净资产收益率。当我们筛选个股的时候即可以先分析公司的 ROE，虽然高 ROE 的公司不一定是好的公司，但是至少给我们提供了一个研究公司的视角，帮助我们判断这个公司是否值得持有。一般来讲，ROE 肯定是越高越好，因为这意味着单位净资产或者说单位股东权益所带来的收益（利润或者说净现金流）越高，这也符合我们价值投资的原则——买公司就是买公司的未来现金流折现。可以说 ROE 是最直观地反映公司赚钱能力的一个指标，而如果我们拉长时间跨度来去衡量的话，一般情况下我们至少要看到 5 至 10 年的一个净资产收益率变化，同时通过 5 年或者 10 年平均净资产收益率（5 年或者 10 年净资产收益率累加除以 5 或者 10）的数据可以更好地看出公司持续的盈利能力。当我们挑选个股的时候可以优先关注净资产收益率在 10% 以上或者 15% 以上的个股。

ROE 的另一个重要作用是帮助我们倒推这家的公司盈利模式从而帮助我们认清公司真实的赚钱能力。让我们拆解一下净资产收益率这个公式：

净资产收益率=（净利润/销售收入）×（销售收入/总资产）×（总资产/净资产）

也就是销售利润率、资产周转率和权益乘数相乘。这也就意味着提高净资产收益率有三种方式：提高销售利润率、提高资产周转率或者提高权益乘数。由此我们也可以通过 ROE 确定三种相对应的商业模式：

第一，高净利润模式，例如茅台。粮食加水、人工、包装基本上就是茅台的主要成本了，但是一瓶茅台在 1 500 元上下，因为净利润很高，使得公司净资产收益率也很高，而且对于茅台来说库存就是黄金，时间越久越值钱。而电子消费品比方说手机就刚好相反，库存就是垃圾，放了一年的话就得降价出售。这意味茅台的净资产收益率不需要考虑资产周转率，况且茅台现在有硬通货属性，根本不愁卖不出去。

第二，高资产周转率模式，例如沃尔玛。沃尔玛的强大在于良好的管理，以及比较高的资产周转效率。在净利润和负债也就是杠杆不变的情况下，也可以有较好的净资产收益率。

第三，高杠杆模式，例如银行或者早年的房地产业。在销售价格（净利润）很难提升的前提下，如果资产周转很难有较大变化，那么使劲发债买地囤地就是获得收入的最佳方式；银行的杠杆模式更好理解，看看几大行的年收入就知道了。

综合以上三种商业模式，我们就可以清楚地知道我们最好找第一种模式也就是高净利润模式，如果再有很好的护城河那就更好了，这样在不需要增加资本投入的前提下每年就能有非常稳定的净利润产生。而对于第二种和第三种模式都有非常明显的上限，毕竟资产周转率和负债（高杠杆）不可能一直无限增加，但是对于稀缺性的消费品来说，由于护城河属性的存在，使得只要有产量的提升就能实实在在地增加净利润。

简单来说，通过 ROE 我们可以直观地看到公司的真正的盈利水平，是一个非常好用的指标。但是一定要注意的是，ROE 指标虽好，但更重要的是思维方式，也就是价值投资的原则往往更重要。

分组讨论：

价值投资应该坚持的基本原则都有哪些？

技术分析是证券投资分析中常用的一种分析方法，各种理论和技术指标都经过几十年甚至上百年的实践检验，在今天看来仍然具有指导或参考意义。

一、技术分析的含义、基本假设与要素

（一）技术分析的含义

技术分析是以证券市场过去和现在的市场行为为分析对象，应用数学和逻辑的方法，探索出一些典型变化规律，并据此预测证券市场未来变化趋势的技术方法。由于技术分析运用了广泛的数据资料，并采用了各种不同的数据处理方法，因此受到了投资者的重视和青睐。技术分析法不但用于证券市场，还广泛应用于外汇、期货和其他金融市场。

（二）技术分析的基本假设

作为一种投资分析工具，技术分析是以一定的假设条件为前提的。这些假设是：市场行为涵盖一切信息，证券价格沿趋势移动，历史会重演。

1. 市场行为涵盖一切信息

这条假设是进行技术分析的基础。其主要思想是：任何一个影响证券市场的因素，最

终都必然体现在股票价格的变动上。外在的、内在的、基础的、政策的和心理的因素，以及其他影响股票价格的所有因素，都已经在市场行为中得到了反映。技术分析人员只需关心这些因素对市场行为的影响效果，而不必关心具体导致这些变化的原因究竟是什么。这一假设有一定的合理性，因为任何因素对证券市场的影响都必然体现在证券价格的变动上，所以它是技术分析的基础。

2. 证券价格沿趋势移动

这一假设是进行技术分析最根本、最核心的条件。其主要思想是：证券价格的变动是有一定规律的，即保持原来运动方向的惯性，而证券价格的运动方向是由供求关系决定的。技术分析法认为证券价格的运动反映了一定时期内供求关系的变化。供求关系一旦确定，证券价格的变化趋势就会一直持续下去。只要供求关系不发生根本改变，证券价格的走势就不会发生反转。这一假设也有一定的合理性，因为供求关系决定价格在市场经济中是普遍存在的。只有承认证券价格遵循一定的规律变动，运用各种方法发现、揭示这些规律并对证券投资活动进行指导的技术分析法才有存在的价值。

3. 历史会重演

这条假设是从人的心理因素方面考虑的。市场中进行具体买卖的是人，是由人决定最终的操作行为。这一行为必然会受到人类心理学中某些规律的制约。在证券市场上，一个人如果在某种情况下按一种方法进行操作取得成功，那么以后遇到相同或相似的情况，就会按同一方法进行操作；如果失败了，那么以后就不会按前一次的方法操作。证券市场的某个市场行为给投资者留下的阴影或快乐是会长期存在的。因此，技术分析法认为，根据历史资料概括出来的规律已经包含未来证券市场的一切变动趋势，也就是说，可以根据历史预测未来。这一假设也有一定的合理性，因为投资者的心理因素会影响投资行为，进而影响证券价格。

技术分析的 3 个假设有合理的一面，也有不合理的一面。例如，第一个假设认为市场行为包括一切信息，但市场行为反映的信息同原始的信息毕竟有一些差异，信息损失是必然的。正因如此，在进行技术分析的同时还应适当进行一些基本分析和其他方面的分析，以弥补不足。又如，一些基本因素的确是通过供求关系来影响证券价格和成交量的，但证券价格最终会受到其内在价值的影响。再如，第三个假设认为历史会重演，但证券市场的市场行为是千变万化的，不可能有完全相同的情况重复出现，总是或多或少地存在差异。技术分析法会因说服力不够强、逻辑关系不够充分而引起不同的看法与争论。

（三）技术分析的要素

证券市场中，成交价、成交量、时间和空间是进行分析的要素。这几个因素的具体情况和相互关系是进行正确分析的基础。

市场行为最基本的表现就是成交价和成交量。过去和现在的成交价、成交量涵盖了过去和现在的市场行为。技术分析就是利用过去和现在的成交价、成交量资料，以图形和指标分析工具来分析、预测未来的市场走势。在某一时点上的价和量反映的是买卖双方在这一时点上共同的市场行为，是双方的暂时均势点。随着时间的变化，均势会不断发生变化。这就是价量关系的变化。一般来说，买卖双方对价格的认同程度通过成交量的大小得到确认。认同程度小，分歧大，则成交量小；认同程度大，分歧小，则成交量大。双方的这种市场行为反映在价、量上就往往呈现出这样一种趋势规律：价升量增，价跌量减。根据这一趋势规律，当价格上升时，成交量不再增加，意味着价格得不到买方确认，价格的上升趋势就会改变；反之，当价格下跌时，成交量萎缩到一定程度就不再萎缩，意味着卖方不再认同价格继续往下降，价格下跌趋势也将会改变。成交价、成交量的这种规律关系是技术分析的合理性所在，因此，价、量是技术分析的基本要素，一切技术分析方法都是以价、量关系为研究对象的，目的就是分析、预测未来的价格趋势，为投资决策提供服务。

在进行行情判断时，时间有着很重要的作用。一个已经形成的趋势在短时间内不会发生根本改变，中途出现的反方向波动，不会对原来的趋势产生大的影响。一个形成了的趋势也不可能永远不变，经过了一定时间又会有新的趋势出现。循环周期理论着重关心的就是时间因素，它强调了时间的重要性。

从某种意义上来讲，空间可以认为是价格的一方面，指的是价格波动能够达到的极限。

二、技术分析的理论基础——道氏理论

（一）形成过程

道氏理论是技术分析的理论基础，许多技术分析方法的基本思想都来自道氏理论。该理论的创始人是美国人查尔斯·亨利·道。为了反映市场总体趋势，他与爱德华·琼斯创立了著名的道琼斯平均指数。他们在《华尔街日报》上发表的有关证券市场的文章，经后人整理，成为我们今天看到的道氏理论。

（二）主要原理

1. 市场价格平均指数可以解释和反映市场的大部分行为

这是道氏理论对证券市场的重大贡献。道氏理论认为收盘价是最重要的价格，并利用收盘价计算平均价格指数。目前，世界上所有的证券交易所计算价格指数的方法大同小异，都源于道氏理论。此外，道氏理论还提出平均价格涵盖一切信息的假设。目前，这仍是技术分析的一个基本假设。

2. 市场波动具有某种趋势

道氏理论认为，价格的波动尽管表现形式不同，但最终可以将它们分为三种趋势：主要趋势、次要趋势和短暂趋势。

主要趋势是那些持续 1 年或 1 年以上的趋势，看起来像大潮；次要趋势是那些持续 3 周～3 个月的趋势，看起来像波浪，是对主要趋势的调整；短暂趋势持续时间不超过 3 周，

看起来像波纹，其波动幅度更小。

3. 主要趋势有三个阶段（以上升趋势为例）

第一个阶段为累积阶段。该阶段中，股价处于横向盘整时期。在这一阶段，聪明的投资者在得到信息并进行分析的基础上开始买入股票。第二个阶段为上涨阶段。在这一阶段，更多的投资者根据财经信息并加以分析，开始参与股市。尽管趋势是上升的，但也存在股价修正和回落。第三个阶段为市场价格达到顶峰后出现的又一个累积期。在这一阶段，市场信息变得更加为众人所知，市场活动更为频繁。第三个阶段结束的标志是下降趋势，并又回到累积期。

4. 两种平均价格指数必须相互加强

道氏理论认为，工业平均指数和运输业平均指数必须在同一方向上运行才可确认某一市场趋势的形成。

5. 趋势必须得到交易量的确认

在确定趋势时，交易量是重要的附加信息，交易量应在主要趋势的方向上放大。

6. 一个趋势形成后将持续，直到趋势出现明显的反转信号

这是趋势分析的基础。然而，确定趋势的反转却不太容易。

（三）道氏理论的应用及应注意的问题

道氏理论从来就不是用来指出应该买卖哪只股票，而是在相关收盘价的基础上确定股票市场的主要趋势，因此，道氏理论对大形势的判断有较大的作用，但对于每日每时都在发生的小波动则显得无能为力。道氏理论甚至对次要趋势的判断作用也不大。道氏理论的另一个不足是它的可操作性较差。一方面，道氏理论的结论落后于价格变化，信号太迟；另一方面，理论本身存在不足，使得一个很优秀的道氏理论分析师在进行行情判断时，也会因得到一些不明确的信号而产生困惑。

尽管道氏理论存在某些缺陷，有的内容对今天的投资者来说已过时，但它仍是许多技术分析的理论基础。近 30 年来，出现了很多新的技术，有相当部分是道氏理论的延伸，这在一定程度上弥补了道氏理论的不足。

三、技术分析方法的分类

在价、量历史资料的基础上进行的统计、数学计算、绘制图表是技术分析方法的主要手段。从这个意义上讲，技术分析方法种类繁多、形式多样。一般来说，可以将技术分析方法分为以下几类：

（一）指标类

指标类是根据价、量的历史资料，通过建立一个数学模型，给出数学上的计算公式，得到一个体现证券市场的某个方面内在实质的指标值。指标反映的内容大多是无法从行情报表中直接看到的，它可为我们的操作行为提供指导。常见的指标有相对强弱指标（RSI）、随机指标（KDJ）、趋向指标（DMI）、平滑异同移动平均线（MACD）、能量潮（OBV）、心理线（PSY）、乖离率（BIAS）等。

（二）切线类

切线类是按一定的方法和原则，在根据股票价格数据所绘制的图表中画出一些直线，然后根据这些直线的情况推测股票价格的未来趋势，为我们的操作行为提供参考。这些直线就叫切线。切线的画法最为重要，其好坏直接影响预测的结果。常见的切线有趋势线、轨道线、黄金分割线、甘氏线、角度线等。

（三）形态类

形态类是根据价格图表中过去一段时间走过的轨迹形态来预测股票价格未来趋势的方法。价格显示的轨迹形态是市场行为的重要部分，从价格轨迹的形态中，我们可以推测出证券市场处在一个什么样的大环境之中，由此对今后的投资给予一定的指导。主要的形态有 M 头、W 底、头肩顶、头肩底等十几种。

（四）K 线类

K 线类是根据若干天的 K 线组合情况，推测证券市场中多空双方力量的对比，进而判断证券市场行情的方法。K 线图是进行各种技术分析的最重要的图表。人们经过不断的经验总结，发现了一些对股票买卖有意义的 K 线组合，而且新的研究结果也正不断地被发现、被运用。

（五）波浪类

波浪理论是把股价的上下变动和不同时期的持续上涨、下跌看成波浪的上下起伏，认为股票的价格运动遵循波浪起伏的规律，数清楚了各个浪就能准确地预见跌势已接近尾声，牛市即将来临，或是牛市已到了强弩之末，熊市即将到来。波浪理论较之别的技术分析流派，最大的区别就是能提前很长时间预见行情的底和顶，而别的流派往往要等到新的趋势已经确立之后才能看到。但是，波浪理论又是公认的较难掌握的技术分析方法。

以上技术分析流派从不同的方面理解和考虑证券市场，有的有相当坚实的理论基础，有的没有很明确的理论基础。在操作上，有的注重长线，有的注重短线；有的注重价格的相对位置，有的注重价格的绝对位置；有的注重时间，有的注重价格。尽管各类分析方法考虑的方式不同，但目的是相同的，彼此并不排斥，在使用上可相互借鉴。

四、应用技术分析方法时应注意的问题

技术分析作为一种证券投资分析工具，在应用时应该注意以下问题：

（一）技术分析必须与基本分析结合起来使用

从理论上看，技术分析法和基本分析法分析股价趋势的基本点是不同的。基本分析法的基点是事先分析，即在基本因素变动对证券市场发生影响之前，投资者已经在分析、判断市场的可能走势，从而作出顺势而为的买卖决策。但是，基本分析法很大程度上依赖于经验判断，它对证券市场的影响力难以数量化、程式化，受投资者主观能力的制约较大。技术分析法的基点是事后分析，以历史预知未来，用数据、图形、统计方法来说明问题，不依赖于人的主观判断，而是根据已有资料作出客观结论。但未来不会简单地重复过去，仅依靠过去和现在的数据预测未来并不可靠。因此，为了提高技术分析的可靠性，投资者只有将技术分析与基本分析结合起来，才能既保留技术分析的优点，又考虑基本因素的影响，提高预测的准确程度。

（二）多种技术分析方法综合研判

技术分析方法多种多样，但每一种方法都有其独特的优势和功能，也有不足和缺陷。没有任何一种方法能概括股价走势的全貌。实践证明，单独使用一种技术分析方法有相当大的局限性和盲目性，甚至会给出错误的买卖信号。为了减少失误，只有将多种技术分析方法结合运用，相互补充、相互印证，才能减少出错的机会，提高决策的准确性。

（三）理论与实践相结合

各种技术分析的理论和方法都是前人或别人在一定的特殊条件和特定环境下得到的。随着环境的变化，别人的成功方法自己在使用时却有可能失败。因此，在使用技术分析方法时，要注意掌握各种分析方法的精髓，并根据实际情况作适当的调整。同时，只有应用于实际并经过实践检验后成功的方法才是好的方法。

五、实战操作策略和技巧

（一）主力吸完筹码后如何拉升

市场中资金和操纵资金的人就像战场上的兵和帅，而所持的筹码就像杀敌的武器。投入这场战争里的人，花的是金钱，斗的是心理；谁在心理上被打败，谁就失去了财富。

股票一旦盘实了底部，就意味着主力吸完了筹码，紧接下来就是拉升战了。在发动拉升战之前，我们常看到股票会突然放量拉升几天，接着陷入死寂，这是主力资金的侦察战试盘，然后我们才会看到激烈的资金对流（拉升）。

这其中的资金对流方式是怎样的？主力和散户两方的心理又是怎样的？

主力资金侦察战中，股票进入拉升前，主力会先用部分资金进行试盘，看看多空双方力量如何。这时候，盘面看到的成交方式是这样的：主力先行挂单，对敲买卖推高股价，在这个过程中产生的量，基本是主力用自身筹码和自身资金在进行活动。如果大多数人采取的是把筹码换成资金，那盘面抛压将很沉重，资金一旦向散户手中流动，主力就会很被动，就像军队没有了后援。

所以，当盘面出现抛压沉重状况时，主力有两种选择：第一种是快速拉高封上涨停板，目的是虚造声势拉抬股价，以减轻抛压（接着几天会让股价慢慢滑落，好让短线客跟进，这样才能达到股票阶段性价格的平衡，为以后的拉升减压）。这时候图形上呈现的是某天股票拉涨停后又恢复下跌，而量能则处于缩量状态；第二种是快速拉高而当天又快速滑落，目的是当天快速收回自身筹码和资金，以保仓位上的平衡（接着几天任由股价飘摇下跌，让其他人进行筹码资金的对流，主力继续实施底部折磨战术）。图形上呈现长阴巨量或长上影巨量，而其中的资金流动主要是散户对散户，也有部分介入的做多力量是短线客，出局的部分是对该股绝望的套牢者。

主力资金侦察战中，主力应保存实力，观察多空双方力量悬殊程度，其最大同盟者是长期套牢该股票的投资者，而“敌人”是那些持股心态不好的投资者。但是，谁也无法与主力在底部共舞，主要原因是大多数投资者没有耐心和恒心忍受这种底部折磨。

主力利用侦察战观察盘面多次后，基本已知道了整个盘面形势，在清楚了大概有多少筹码是不流动的后，也就明白了有多少力量会和它进行财富争夺。拉升前主力将仓位基本部署完毕，也可以说，接下来的股票走势图基本已先期画好，只有在遇到大异动时才会修改方案。筹码是武器，资金是兵，激烈快速的筹码和资金对流——拉升战宣告展开。

主力挂单对敲拉高，每天摆出目空一切的架势，快速拉高价格，制造短线盈利的效应，吸引更多短线客进场买卖，让短线客和短线客之间进行筹码和资金的对流。在此过程中，主力的主要任务是用自身资金和筹码对流，让筹码在股价上涨中升值，而短线客的频繁买卖可以省去主力资金的消耗并解除上涨时获利盘的压力。

每天股票高涨幅、封涨停是拉升战的主要手法，主力力求一气呵成，快速拉高股价远离成本区，其中或是放量拉升，或是缩量拉升。放量拉升的原因有两种：第一，主力大手笔对敲自己的筹码，虚造市场热钱的运动方向，吸引短线客目光；第二，主要成交来自短线客对短线客的对流筹码互换，让短线客为主力做活广告，吸引下批短线客进场。缩量拉升代表筹码锁定性非常牢靠，整个股票群体一边倒，主力几乎可以将整个盘一锅端，在这一致看好的前提下对敲几笔就可以把股价拉高。

（二）庄家出货与震仓的区别

庄家震仓的目的是尽量把心态不坚定的跟风盘甩掉。庄家出货的目的是尽量吸引买盘，通过各种手段稳定其他持股者的信心，而自己却在尽量高的价位上派发手中尽量多的股票。区分两者是十分关键的，这直接关系到投资者在该个股上的获利率。但在实际操作中，许多投资者却把庄家的震仓当出货、出货当震仓，结果卖出的股票一路狂升，死捂住的股票却一跌再跌，深度被套，以至于除了在经济上造成损失外，也对投资心态产生了较大的破坏。

那么，庄家的出货与震仓有哪些区别呢?

1. 盘口方面

庄家出货时在卖盘上是不挂大卖单的，下方买单反而大，显示委比较大，造成买盘多的假象，（或下方也无大买单）但上方某价位却有“吃”不完的货，或成交明细中常有大卖单卖出而买单却很弱，导致价位下沉无法上行。

庄家震仓时在卖盘上挂有大卖单，造成卖盘多的假象。若庄家对倒下挫时分不清是震仓还是出货，但在关键价位，卖盘很大而买盘虽不多却买入（成交）速度很快，笔数很多，股价却不再下挫，多为震仓。

2. K 线形态方面

从日 K 线形态上分析庄家是出货还是震仓更为关键。

庄家震仓其实是仅想甩掉不坚定的跟风盘，并不是要吓跑所有的人，否则庄家就得买更多的筹码。它必须让一部分坚定者仍然看好此股，仍然跟随它，帮它锁定筹码。因此，它在震仓时，某些关键价是不会跌穿的，这些价位往往是上次震仓的起始位置，这是由于上次已洗过盘的价位无须再洗，即不让上次被震出去的人有空头回补的价差。这就使 K 线形态有十分明显的分层现象。

而庄家出货则以卖出手中大量的股票为第一目的，所以关键位是不会守护的，从而导致 K 线价位失控，毫无层次可言，一路下跌。

3. 重心方面

重心是否下移是判断震仓与出货的显著标志。

庄家的震仓是把图形做得难看，但并不想让其他人买到便宜货，所以日 K 线无论收乌云线、大阴线、长上影、十字星等，或连续四五根阴线甚至更多，但重心始终不下移，即价位始终保持。典型的如：0549 湘火炬 1999 年 2 月 4 日连收十根放量阴线，股价却仅跌 9 分钱。又如：000795 太原刚玉 1998 年 5 月 8 日，600086 多佳股份 2000 年 7 月 31 日，0828 福地科技 1999 年 9 月 23 日，等等。

而庄家的出货虽有时把图做得好看些，收许多阳，但重心却一直下移。典型的如：000735 罗牛山 2000 年 10 月 31 日，600790 轻纺城 1998 年 11 月 17 日，0516 陕解放 1998 年 5 月 5 日，等等。

区别庄家震仓与出货是与庄家的斗智斗勇。庄家经常做出经典技术中认为应做空的 K 线、K 线组合、K 线形态来达到震仓的目的，又经常做出经典技术中认为应做多的 K 线、K 线组合、K 线形态来达到出货的目的。但万变不离其宗，只要深刻了解 K 线所反映的市场含义，而不是仅有其形而无其神，就能把握庄家的意图。当然，庄家的震仓与出货方法仍在不断地推陈出新，手法也越来越凶悍。散户能够做的只有在具备扎实基本功的前提下，及时地去研究思考，及时地去适应。

（三）止损（止盈）的原则性与灵活性

1. 止损的原则性

不设止损不进场。在我国这样一个牛短熊长的市场中，没有止损措施是不可能存活下去的，一波较大的调整就可以让你损失过半。因此投资者买入股票的第一件事，不是看它会涨到哪儿，而是看它会跌到哪儿，设定止损位，即便是你认为十拿九稳的股票。因为证券市场是风险莫测的，主力机构也有不得已的时候。设定止损位，即做好最坏的打算，万一发生风险，止损位可以帮助我们把亏损控制在可以接受的幅度之内，减少损失，不至于一败涂地。

止损计划必须严格执行。这个道理谁都明白，但执行起来却颇有难度。卖出后再次上涨的例子会让你的执行变得犹豫。严格执行计划的最好办法是，经常回忆曾经有过的最大失误。对失败案例的痛苦回忆，会坚定你执行计划的决心。证券市场的自由之处在于没有人会领导你、干涉你，但没有约束的地方注定也是犯错误最多的地方。投资者对自己的约束，其重要性超过一切技术。这个道理，涉市越早的人，领悟得越深。

2. 止损的灵活性

有没有一个普遍可以接受的止损位？尽管各类书籍介绍了许多方法，但实战效果却不尽如人意。关键是运用不同的操作方法，应对不同的市场，在不同的盈亏状态中，应使用灵活的、不同的止损位。

运用不同的操作方法。超级短线讲究积少成多，因为一次操作盈利要求不高，故止损位的设置也相当严格。如果你一次操作的平均收益率是 3%，那么最大的损失程度就是 3%，否则资金缩水的速度肯定要快于增长速度。短线操作的关键是寻找热门板块的龙头股，短期内获取暴利。根据对龙头股回调幅度的研究，一般可将高位下跌 6%～10% 作为止损位。超过这个幅度，说明行情性质可能有变，需出局回避。做中线的持股时间较长，股价的波动幅度更大，可以将高位下跌 15% 作为止损位。

应对不同的市场。基本原则上，在强势市场中，止损位应相对窄些，执行上限；在平衡市中，执行中限；在弱市中，执行下限。比如做短线，在 6%～10% 的范围内，强市中选择 6% 作为止损位。因为强市中强势股尤其是热门板块的龙头股，回调超过 6% 的情况比较少见，有 6% 以上的差价，不如另觅战机。在平衡市中，选择 8% 作为止损位。而在弱市中，选择 10% 作为止损位。弱市一般不应买股，但弱市中出现明显的热点时，也可以参与。由于市场较弱，个股回调的幅度也会大些，止损位过窄，可能导致频繁止损。

在不同的盈亏状态中。止损的目的是减少损失、保住利润。因此止损位的设置必须围绕市场价格和盈亏状态合理调整。如果进场当日打平手，那么可以将成本价下跌多少作为止损位。如果一进场就处于盈利状态，则立即提高止损位，将当日最高价向下跌多少作为止损位。以后随着股价的上升，逐步提高止损价格。如此则可以保证亏损最小化、盈利最大化，在风险莫测的证券市场做到步步为“赢”。

3. 止盈的原则性

在止盈止损中，止损很难很重要，止盈比止损更困难。顺势而为的交易不提倡交易者去寻求顶部和底部。顶部和底部是让它自己走出来才算是顶部和底部。

止盈中最重要的心理要求就是要有卖出的决心，当股价出现滞涨或回落时，处于盈利阶段的投资者不可能无动于衷，也不可能不了解止盈的重要性，所缺少的正是止盈的决心。因此，投资者在止盈时不能犹豫不决而贻误时机，一定要进行停止继续盈利的操作。如果说，止盈是保证资金市值稳定增长的基础，那么，决心就是有效实施的基础。

4. 止盈的灵活性

（1）转势止盈。交易者都有一套交易和资金的管理计划，应该有入市价位和盈利目标。当投资者顺势而为的时候，只要有盈利的头寸，就应该持有，趋势不变，头寸不变。当市场价格走到重要的支撑位和阻力位的时候，需要密切关注市场的动向，运用各种方法来分析研究市场是否有转势的征兆。若经过分析认为转势了，就应该止盈。

（2）回调到建仓价位立即止盈。当投资者选好入市时机，按照交易计划入市交易，事实证明投资者是顺势交易，那么应该继续牢牢地持有自己的头寸。但是有一种情况是必须平仓的，那就是当市场价格回调到投资者建仓的价位时，头寸的盈利将近全部吃掉的时候，必须止盈平仓出局。

（3）技术点止盈。当投资者顺势交易，手中持有头寸盈利较为丰厚，且投资者又担心市场会有所调整，或者市场价格走到阻力位或者支撑位的时候，投资者可以采用渐进止盈的办法来回避风险、扩大战果。

（4）回档 30% 止盈，这种止盈是建立在回档到建仓位立即止盈的一种拓展，为避免盈利头寸转化为亏损，可以在止损价位反向设置为 30% 的位置。

（四）通过成交量的变化来挖掘最佳买入点

长线资金大多寻求稳健的投资路径，因此，如何准确地判定一只股票的底部和如何分批投入是一个重要的课题。

下面试从成交量的变化分析一只股票的底部形态，挖掘最佳买入点。

近年来常见的几种底部形态：

1. 打压、下破平台，放量见底

这类股票大多已经累积一定幅度的跌幅了，然后在低位横盘相当一段时间后突然放量下跌突破平台（大多借助大市下跌），在放出巨量后再收一阴，底部形成。

2. 标准下降通道，突然爆发性放量拉高

这类股票大多有标准而漂亮的下降通道，突然在某天放巨量收阳线，底部形成。这类股票有时还能跑出短期黑马来，但大部分拉高后会再作调整。

3. 构筑双底、三底、四底

这类股票筑底手法比较老套，但有一部分庄家的确很喜欢玩这类把戏，每一波浪的底部和顶部有高达 50% 的幅度，每年玩它三四个浪，也是不错的。

4. 在低成交量的水平下，升时放量，跌时缩量，振幅不大，横盘走势

这类股票采用的是一些比较老套的吸货手法，也最折磨人。一般会出现阴阳相隔、两阴夹一阳或两阳夹一阴的走势。这类股票的庄家一般实力不算太强（相对于期货资金来说），但控盘能力很强，坐庄期很长，起码一两年。

5. 期货资金入主，井喷

这类股票看不出底部，庄家就是底部，运气就是底部。这类股票只适合短线资金参与。

超链接：投资宝典

模块小结

股票市场是股票发行和流通的场所，也可以说是对已发行的股票进行买卖和转让的场所。股票的交易都是通过股票市场来实现的。一般来说，股票市场可以分为一级市场、二级市场，一级市场也称股票发行市场，二级市场也称股票交易市场。

我们已经说过，股票是有价证券的一种主要形式。有价证券除股票外，还包括国家债券、公司债券、不动产抵押债券等。国家债券出现较早，是最先投入交易的有价债券。随着商品经济的发展，后来才逐渐出现股票等有价债券。因此，股票交易只是有价债券交易的一个组成部分，股票市场也只是多种有价债券市场中的一种。目前，很少有单一的股票市场，股票市场不过是证券市场中专营股票的地方。

股票市场是上市公司筹集资金的主要途径之一。随着商品经济的发展，公司的规模越来越大，需要大量的长期资本。而如果单靠公司自身的资本化积累，是很难满足生产发展的需求的，必须从外部筹集资金。公司筹集长期资本一般有三种方式：一是向银行借贷；二是发行公司债券；三是发行股票。前两种方式的利息较高，并且有时间限制，不仅会增加公司的经营成本，而且使公司的资本难以稳定，因而有很大的局限性。而利用发行股票的方式来筹集资金，则无须还本付息，只需在利润中划拨一部分出来支付红利即可。把这三种筹资方式综合比较起来，发行股票的方式无疑是最符合经济原则的，对公司来说是最有利的。目前，通过发行股票来筹集资本已成为发展大企业经济的一种重要形式，而股票交易在整个证券交易中也因此而占有相当重要的地位。

股票市场的变化与整个市场经济的发展密切相关，股票市场在市场经济中始终发挥着经济状况晴雨表的作用。

自测练习

1. 如何掌握股票投资的策略和技巧?
2. 通过证券交易模拟系统，熟悉股票交易的常用指标。

模块四　债券市场投资

教学目标

知识目标

- 理解债券的含义
- 了解债券的主要类型、投资品种
- 掌握债券投资的影响因素

能力目标

- 能够对债券市场风险形成合理认知
- 能够根据投资环境变化进行债券投资的选择与操作

素质目标

- 弘扬诚信的社会主义核心价值观
- 培养学生关注时事和经济动态的意识，以及参与经济生活实践的进取精神

第一单元　债券投资概述

案例导入

债券的起源和发展

在有价证券中，债券的历史比股票要悠久，其中最早的债券形式就是在奴隶制时代产生的公债券。据文献记载，古希腊和古罗马在公元前 4 世纪就开始出现国

家向商人、高利贷者和寺院借债的情况。进入封建社会之后，公债得到进一步的发展，许多封建主、帝王和共和国每当遇到财政困难特别是发生战争时，便发行公债。12 世纪末期，在当时经济最发达的意大利城市佛罗伦萨，政府曾向金融业者募集公债。此后，热那亚、威尼斯等城市相继仿效。

债券市场起源于战争融资需要，先于其他证券市场发展起来。15 世纪末 16 世纪初，美洲新大陆被发现，欧洲和印度之间的航路开通，贸易进一步扩大。为争夺海外市场而进行的战争使得荷兰、英国等竞相发行公债，筹措资金。在 1602 年设立的荷兰东印度公司，是世界上最早发行股票的公司，它除了发行股票之外，还发行短期债券，并进行买卖交易。美国在独立战争时期，也曾发行多种中期债券和临时债券，战争结束后，各类战争债、州政府债、社区债，种类繁多，支付货币五花八门，整个金融市场一片混乱。1790 年，33 岁的财政部长亚历山大·汉密尔顿向国会递交了一份债务重组计划，宣布在 1788 年宪法通过之前美国发行的所有债务，包括联邦与地方政府发行的各种战争债、独立战争中军队签的各种借条，全部按原条款由联邦政府全额兑换。为了实现承诺，政府发行三只新债券，头两只债券年息 6%（一只于 1791 年开始付息，另一只于 1801 年才付息），第三只债券付息 3%，简化了新国家的债务局面。1791 年，纽约银行和美国银行股票发行，与这些债券一起形成了美国最初的证券市场。

19 世纪 30 年代后，美国各州大量发行州际债券。19 世纪四五十年代由政府担保的铁路债券迅速增长，有力地推动了美国的铁路建设。19 世纪末 20 世纪初，欧美资本主义国家相继进入垄断阶段，为确保原料来源和产品市场，建立和巩固殖民统治，加速资本的积聚和集中，股份公司发行大量公司债，并不断创造出新的债券种类，这样就逐渐形成了今天多品种、多样化的债券体系。

分组讨论：

发行债券的主要目的有哪些？

一、债券概述

（一）债券的含义

债券是一种有价证券，是社会各类经济主体如政府、企业等为筹措资金而向债券投资者出具的、承诺按一定利率定期支付利息并到期偿还本金的债权债务凭证。

债券是一种重要的信用工具，它所规定的借贷双方的权利义务关系包含四个方面：

第一，发行人，是借入资金的经济主体；

第二，投资者，是出借资金的经济主体；

第三，利用资金的条件，即发行人必须在约定的时间还本付息；

第四，法律关系，即债券反映了发行人和投资者之间的债权债务关系，而且是这一关系的法律凭证。

（二）债券的特征

债券体现的是债券投资者与债券发行人之间的债权债务关系，具有以下特征：

1. 偿还性

偿还性是指债券有规定的偿还期限，债务人必须按期向债权人支付利息和偿还本金。在历史上，债券的偿还性也有例外，英、美等国政府曾发行过无期公债或永久性公债。这种公债无固定偿还期，持券者不能要求政府清偿，只可按期取息。

2. 流动性

流动性是指债券可以在证券市场上转让流通。债券具有流动性，持券人需要现金时可以在证券市场上随时卖出或者到银行以债券作为抵押品取得抵押借款。债券的流动性一般仅次于储蓄存款。

3. 收益性

收益性是指债券持有人可以定期从债券发行者那里获得固定的债券利息。债券的利率通常高于存款利率。

4. 安全性

安全性是指债券持有人的收益相对稳定，不随发行者经营收益的变动而变动，并且可以按期收回本金。为了保护投资者的利益，债券的发行者都要经过严格审查，只有信誉较高的筹资人才被批准发行债券，而且公司发行债券大多需要担保。当发行公司破产或清算时，要优先偿还债券持有者的债券。因此，债券的安全性还是有保障的，比其他的证券投资风险要小得多。

但债券也有可能遭受违约风险及市场风险。违约风险是指债券的发行人不能充分和按时支付利息或偿付本金的风险，这种风险主要取决于发行者的资信程度。一般来说，政府的资信程度最高，其次为金融公司和企业。市场风险是指债券的市场价格随资本市场的利率上涨而下跌，因为债券的价格是与市场利率呈反方向变动的。当市场利率下跌时，债券的市场价格便上涨；当市场利率上升时，债券的市场价格就下跌，且距离债券到期日越远，其价格受利率变动的影响越大。

（三）债券的票面要素

债券作为一种法律凭证，一般以一定格式的票面形式来表现。通常，债券票面上有四个基本要素，即票面价值、到期期限、票面利率和发行者名称。

1. 票面价值

债券的票面价值是债券票面标明的货币价值，是债券发行人承诺在债券到期日偿还给债券持有人的金额。目前，我国发行的债券，一般是每张面额为 100 元。

2. 到期期限

债券的到期期限是指债券从发行之日起至偿清本息之日止的时间，也是债券发行人承诺履行合同义务的全部时间。各种债券有不同的偿还期限，传统的债券到期期限是 20～30 年。自 20 世纪 80 年代以来，债券的到期期限缩短为 7～10 年，短则几个月，长则几十年。一般来说，期限较长的债券流动性差，风险较大，票面利率应该定得高一些；期限较短的债券流动性强，风险较小，票面利率就可以定得低一些。

3. 票面利率

债券的票面利率也称名义利率，是债券年利息与债券票面价值的比率，通常用百分数表示。按照费雪定律，有一个近似的计算公式，实际利率 ≈ 名义利率 – 通胀率（可用 CPI 增长率来代替）。

4. 发行者名称

这一要素指明了债券的债务主体，但债券的所有要素不一定都在票面上印制出来。在许多情况下，债券发行者是以公布条例或公告的形式向社会公开宣布某债券的期限与利率。

此外，债券票面上有时还可能包括其他因素，如还本付息方式等。

二、股票与债券的区别

股票和债券虽然都是有价证券，都可以作为筹资的手段和投资工具，但两者却有明显的区别。

（一）发行主体不同

作为筹资手段，无论是国家、地方公共团体还是企业，都可以发行债券，而股票则只有股份制企业才可以发行。

（二）收益不同

从收益方面来看，债券在购买之前，利率已定，到期就可以获得固定利息，而不管发行债券的公司经营获利与否。股票的股息红利不固定，一般视公司经营情况而定。

（三）期限不同

债券是一种有期证券，期满时可回收本金。股票则无到期之说，股票本金一旦交给公司，就不能再收回，只要公司存在，就永远归公司支配。

（四）权利不同

债券和股票反映不同的经济利益关系。债券所表示的只是对公司的一种债权，它属于公司的负债，持有者无权过问公司的经营管理；股票所表示的则是对公司的所有权，股票持有者是公司的股东，可以直接或间接地参与公司的经营管理。

（五）风险不同

股票风险较大，债券风险较小。

三、债券的分类

债券种类很多，在债券的历史发展过程中出现过许多不同品种的债券，各种债券共同构成了债券体系。债券可以根据不同的标准进行分类。

（一）按发行主体分类

根据发行主体的不同，债券可以分为政府债券、金融债券、企业债券和公司债券。

1. 政府债券

政府债券是政府为筹集资金而发行的债券，主要包括中央政府债券、地方政府债券等。由中央政府发行的债券称为国家债券，简称国债，国债因其信誉好、利率优、风险小而又被称为“金边债券”，它占政府债券的绝大部分。国债又可分为国库券和公债，我国现行的国库券和公债基本一样，而在国外则有所不同，它们最大的区别是期限的长短，前者一般在一年以内，后者一般为一年期以上的中长期债券。

超链接：“金边债券”名称的由来

地方政府债券是指由地方政府的公共机关发行的债券，一般用于交通、通信、住宅、教育、医院和污水处理系统等地方性公共设施的建设。我国的地方政府债券最早出现在中华人民共和国成立初期，之后因历史问题而停止，1995 年 1 月 1 日起施行的《中华人民共和国预算法》明确规定，除法律和国务院另有规定外，地方政府不得发行地方政府债券。2009 年，该禁令逐步松动。地方政府发行债券迄今大致经历了三个阶段：代发代还、自发代还、自发自还。

2. 金融债券

金融债券是指依法在中华人民共和国境内设立的金融机构法人在全国银行间债券市场发行的、按约定还本付息的有价证券。这些金融机构法人包括政策性银行、商业银行、企业集团财务公司及其他金融机构。在英、美等欧美国家，金融机构发行的债券归类于公司债券。在我国及日本等国家，金融机构发行的债券则另列为金融债券。近些年来，我国金融债券市场发展较快，金融债券品种不断增加，主要有以下几种：中央银行票据、政策性金融债券、证券公司债券、财务公司债券、商业银行次级债券、保险公司次级债券、证券公司短期融资债券、混合资本债券等。

3. 企业债券

企业债券诞生于我国，是我国法律规定的一种特殊债券形式。从目前来看，我国企业债券实际上属于政府债券，特指由中央政府部门所属机构、国有独资企业或国有控股企业发行的债券。

4. 公司债券

公司债券是指公司依照法定程序发行、约定在一定期限还本付息的有价证券。2007 年 8 月，中国证监会正式颁布实施《公司债券发行试点办法》，这也标志着我国公司债券发行工作的正式启动。从法律法规角度看，企业债券概念的外延比公司债券概念的外延要大得多，正如企业涵盖公司一样，企业债券也涵盖公司债券，但二者在发行主体、资金用途、信用基础、管制程序、市场功能、发行条件及发行程序等方面存在很大的不同。

（二）按债券形态分类

根据券面形态的不同，债券可以分为实物债券、凭证式债券、记账式债券和电子式储蓄国债。

1. 实物债券

实物债券是一种具有标准格式实物券面的债券（见图 4–1 和图 4–2）。2000 年 5 月，我国最后一期实物债券到期兑付，至此实物债券全面退出流通领域。

图 4–1　实物债券（正面）

图 4–2　实物债券（反面）

2. 凭证式债券

凭证式债券的形式是债权人认购债券的一种收款凭证，而不是债券发行人指定标准格式的债券。我国 1994 年开始发行凭证式国债。我国的凭证式国债通过各银行储蓄网点和财政部门国债服务部面向社会发行，券面上不印制票面金额，而是根据认购者的认购额填写实际的缴款金额，是一种国家储蓄债，可记名、挂失，以凭证式国债收款凭证记录债权，不能上市流通，从购买之日起计息。

3. 记账式债券

记账式债券是无实物形态的债券，利用账户通过电脑系统完成债券发行和交易及其兑付的全过程。我国于 1994 年开始发行。记账式债券可记名，可挂失，可上市流通，安全性好。如果投资者进行记账式债券的买卖，就必须在证券交易所设立账户。

4. 电子式储蓄国债

电子式储蓄国债是指我国财政部在境内发行，以电子方式记录债权的不可流通的人民币债券。认购对象仅限境内的中国公民，不向机构投资者发行；采用实名制，不可流通转让；设立单个账户单期购买上限，同时设有最低持有期限。

（三）按付息方式分类

根据债券发行条款中是否规定在约定期限向债券持有人支付利息，债券可以分为零息债券、贴现债券、附息债券。

1. 零息债券

零息债券也称到期付息债券，是指债券到期时和本金一次性支付、利随本清的债券。

2. 贴现债券

贴现债券是指票面上不规定利率，发行时按规定的折扣率，以低于债券面值的价格发行，到期按面值支付本息的债券。贴现债券的发行价格与其面值的差额即债券的利息。

3. 附息债券

附息债券是指券面上附有息票的债券，是按照债券票面载明的利率及支付方式支付利息的债券。其中，附息国债的利息支付方式一般是在偿还期内按期付息，如每半年或一年付息一次。

（四）按利率确定方式分类

根据债券利率的确定方式，债券可以分为固定利率债券和浮动利率债券。

1. 固定利率债券

固定利率债券是指在发行时规定利率在整个偿还期内不变的债券。

2. 浮动利率债券

浮动利率债券是与固定利率债券相对应的一种债券，是指发行时规定债券利率随市场利率定期浮动的债券，其利率通常根据市场基准利率加上一定的利差来确定。

（五）按是否可转换分类

根据债券是否可转换，债券可以分为可转换债券和不可转换债券。可转换债券是能按一定条件转换为其他金融工具的债券，而不可转换债券则是不能转化为其他金融工具的债券。

可转换债券一般是指可转换公司债券，简称可转债，即可以转换为公司股票的债券，通常具有较低的票面利率。本质上讲，可转换债券是在发行公司债券的基础上，附加了一份期权，允许购买人在规定的时间内将自己购买的债券转换成指定公司的股票。

分离交易可转债属于附认股权证公司债的范畴。附认股权证公司债是指公司债券附有认股权证，持有人依法享有在一定期间内按约定价格（执行价格）认购公司股票的权利，也就是债券加上认股权证的产品组合。因此，可以简单地将分离交易可转债理解成“买债券送权证”的创新品种。

第二单元　债券市场交易

案例导入

推进债券市场高水平对外开放

2022年，我国经济保持恢复态势，但需求收缩、供给冲击、预期转弱三重压力仍然较大，同时，外部环境动荡不安，对我国经济的影响进一步加深。在此背景下，监管部门出台多项举措，支持民营、创新品种债券发行，进一步完善债市体制机制，推动信用评级行业高质量发展，推进债券市场高水平对外开放，持续加强债券市场信用风险管控。总体来看，我国债券市场高质量发展和高水平对外开放稳步推进，市场化、法治化、国际化水平显著提升。

便利境外机构投资者投资我国债券市场

2022年5月27日，人民银行、证监会、外汇局发布联合公告〔2022〕第4号《关于进一步便利境外机构投资者投资中国债券市场有关事宜》(以下简称4号文)，统筹同步推进银行间和交易所债券市场对外开放。公告指出，获准入市的境外机构投资者范围没有变化，但程序进一步简化，可投资范围扩展到交易所债券市场。为进一步落实4号文，2022年11月18日，人民银行、国家外管局发布《境外机构投资者投资中国债券市场资金管理规定》，统一了境外机构投资者资金跨境的管理，一是统一规范境外机构投资者投资中国债券市场所涉及的资金账户、资金收付和汇兑、统计监测等管理规则；二是完善即期结售汇管理；三是优化外汇风险管理政策；四是优化汇出入币种匹配管理；五是明确主权类机构外汇管理要求。上述政策有助于进一步便利境外机构投资者投资中国债券市场，推进我国债券市场高水平对外开放。

推出“互换通”

2022年7月4日，人民银行、香港证券及期货事务监察委员会、香港金融管理局发布联合公告同意中国外汇交易中心、银行间市场清算所和香港场外结算有限公司开展香港与内地利率互换市场互联互通合作(简称“互换通”)，“互换通”指境内外投资者通过香港与内地基础设施机构连接，参与两个金融衍生品市场的机制安排。初期先开通“北向通”，即香港及其他国家和地区的境外投资者经由香港与内地基础设施机构之间在交易、清算、结算等方面互联互通的机制安排，参与内地银行间金融衍生品市场。未来将适时扩展至“南向通”。“互换通”的推出有助于便利境外投资者使用利率互换管理风险，减少利率波动对其持有债券价值的影响，有助于进一步推动债券市场对外开放。

设立大湾区债券平台

2022年12月16日，深交所发布《大湾区债券平台跨境债券挂牌业务试点指引》，明确启动大湾区债券平台跨境债券产品挂牌服务试点工作。大湾区债券平台定位于跨境债券的信息披露及相关服务，试点范围为在中国香港地区面向专业机构投资者发行的离岸人民币债券产品，且发行人应为中国政府类发行人以及优质企业类发行人。试点阶段，挂牌债券发行人将通过平台进行持续信息披露，平台还将为发行人等用户提供线上路演及线上会谈等相关服务支持。

优化熊猫债发行机制

2022年7月26日，交易商协会发布《关于开展熊猫债注册发行机制优化试点的通知》，优化熊猫债发行机制，一是扩大统一注册模式使用范围，允许境外基础层企业试点采用统一注册模式；二是统一非金融企业发行熊猫债的信息披露要求；三是允许国际开发机构和外国政府类机构对原债券进行增发；四是为境外发行人发行熊猫债引入“常发行计划”，允许境外发行人在基础募集说明书框架下，后续注册发行采用续发募集说明书进行简便信息披露。2022年11月23日，人民银行、国家外管局发布《关于境外机构境内发行债券资金管理有关事宜的通知》，完善熊猫债资金管理要求，一是统一银行间和交易所市场熊猫债资金管理规则；二是规范登记及账户开立流程；三是完善熊猫债外汇风险管理；四是明确发债募集资金可留存境内。上述政策的发布有助于进一步便利熊猫债的发行，推动熊猫债市场高质量发展，进一步推动债券市场高水平对外开放。

给予境外机构投资者税收支持

2022年6月1日，国家税务总局发布《稳外贸稳外资税收政策指引》，指出支持金融市场对外开放，对境外机构投资境内债券利息收入暂免征收增值税，对境外机构投资境内债券利息收入暂免征收企业所得税，有助于鼓励境外机构投资者投资我国债券市场，提升我国债券市场对外开放水平。

支持评级行业“走出去”

2022年3月29日，中共中央办公厅、国务院办公厅印发《关于推进社会信用体系建设高质量发展促进形成新发展格局的意见》，指出培育专业信用服务机构，在确保安全前提下，各级有关部门以及公共信用服务机构依法开放数据，支持评级等市场化信用服务机构发展；此外，意见还指出加快征信业市场化改革步伐，培育具有国际竞争力的信用评级机构。2022年7月13日，人民银行营业管理部印发《全面推动北京征信体系高质量发展促进形成新发展格局行动方案》，指出鼓励辖内地方政府平台、金融机构以及发债企业在境外融资时使用本土评级机构的评级服务，在中资美元债备案环节，鼓励发行人至少选聘一家本土评级机构，逐步提高本土评级机构在国际资本市场的话语权。上述政策的发布有助于进一步提升评级机构的评级质量，推动国内评级机构“走出去”。

分组讨论：

如何推动我国债券市场的国际化发展？

一、债券市场概述

债券市场是发行和买卖债券的场所，是一国金融体系中不可或缺的部分。一个统一、成熟的债券市场可以为全社会的投资者和筹资者提供低风险的投融资工具。债券的收益率曲线是社会经济中一切金融商品收益水平的基准，因此债券市场也是传导中央银行货币政策的重要载体。可以说，统一、成熟的债券市场构成了一个国家金融市场的基础。我国债券市场的分布如图 4-3 所示。

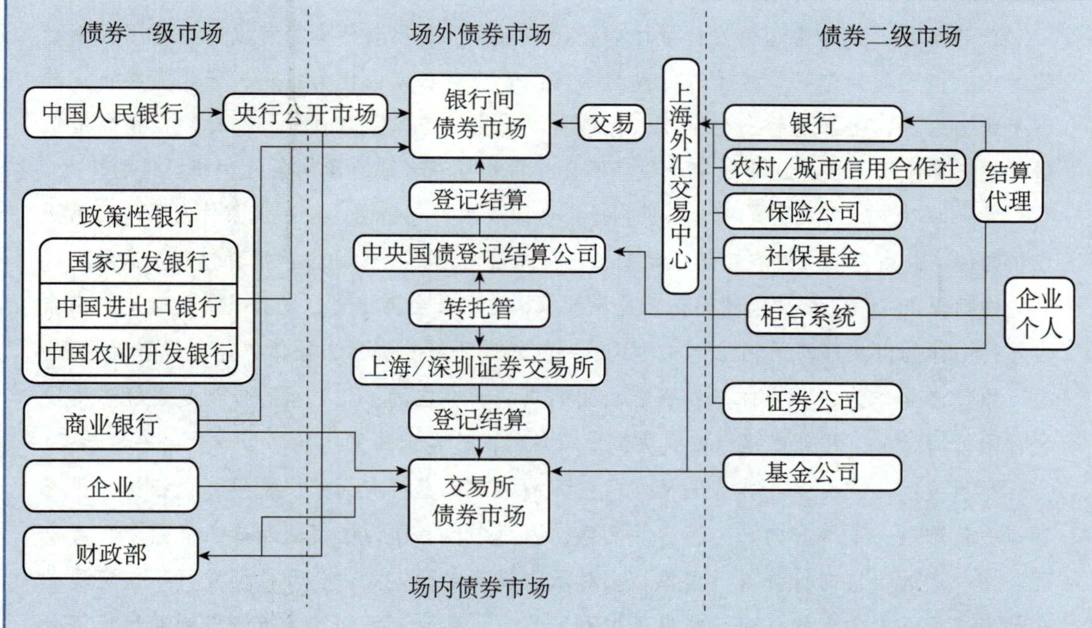

图 4-3　我国债券市场的分布

根据不同的分类标准，债券市场可分为不同的类别。

（一）按市场功能划分

1. 债券发行市场

债券发行市场又称一级市场，是指发行单位初次出售新债券的市场，主要由发行者、认购者和委托承销机构组成。委托承销机构就是代发行人办理债券发行和销售业务的中介人，主要有投资银行、证券公司、商业银行和信托投资公司等。债券的发行方式有公募发行、私募发行和承购包销三种。

根据发行价格和票面面额的关系，可以将证券发行分为溢价发行、平价发行和折价发行三种形式。

知识拓展

国债直接发行与间接发行

国债发行按是否有金融中介机构参与，可分为直接发行与间接发行，其中间接发行又包括代销、承购包销、招标发行和拍卖发行四种方式。

直接发行，一般是指作为发行体的财政部直接将国债定向发行给特定的机构投资者，也称定向私募发行，采取这种推销方式发行的国债数额一般不太大。而作为财政部，其每次发行的国债数额较大，如美国每星期仅中长期国债就发行 100 亿美元，我国每次发行的国债至少也达上百亿元，仅靠发行主体直接推销巨额国债有一定的难度，因此使用该种发行方式较为少见。

代销方式，是指由国债发行主体委托代销者向社会出售债券，可以充分利用代销者的网点。但因代销者只是按预订的发行条件，于约定日期内代为推销，代销期终止，若有未销出余额，全部退给发行主体，代销者不承担任何风险与责任。因此，代销方式仅适用于证券市场不发达、金融市场秩序不良、机构投资者缺乏承销条件和积极性的情况。

承购包销发行方式，是指大宗机构投资者组成承购包销团，按一定条件向财政部承购包销国债，并由他们负责在市场上转售，任何未能售出的余额均由承销者包购。这种发行方式的特征是：（1）承购包销的初衷是要求承销者向社会再出售，发行条件的确定，由作为发行主体的财政部与承销团达成协议，一切承购手续完成后，国债方能与投资者见面，因而承销者是作为发行主体与投资者之间的媒介而存在的；（2）承购包销是用经济手段发行国债的标志，并可用招标方式决定发行条件，这是国债发行转向市场化的一种形式。

招标发行方式，是指作为国债发行主体的财政部直接向大宗机构投资者招标，投资者中标认购后，不再有向社会销售的义务，因而中标者即为国债认购者，当然中标者也可以按一定的价格向社会再行出售。相对承购包销发行方式，公开招标发行不仅实现了发行者与投资者的直接见面，减少了中间环节，而且使竞争和其他市场机制通过投资者对发行条件的自主选择投标而得以充分体现，有利于形成公平合理的发行条件，也有利于缩短发行期限，提高市场效率，降低发行主体的发行成本，这是国债发行方式市场化的进一步加深。

拍卖发行方式，是指在拍卖市场上，按照例行的经常性的拍卖方式和程序，由发行主体主持，公开向投资者拍卖国债，完全由市场决定国债发行价格与利率。国债的拍卖发行实际是在公开招标发行基础上更加市场化的做法，是国债发行市场高度发展的标志。由于该种发行方式更加科学、合理、高效，因此目前西方发达国家的国债发行多采用这种形式。

2. 债券流通市场

债券流通市场又称二级市场，是指已发行债券买卖转让的市场。

（二）按市场组织形式划分

根据市场组织形式，债券流通市场又可进一步分为场内交易市场和场外交易市场。

1. 场内交易市场

在证券交易所内买卖债券所形成的市场，就是场内交易市场，这种市场组织形式是债券流通市场的较为规范的形式。证券交易所是专门进行证券买卖的场所，如我国的上海证券交易所和深圳证券交易所。交易所作为债券交易的组织者，本身不参与债券的买卖和价格的决定，只是为债券买卖双方创造条件，提供服务并进行监管。

2. 场外交易市场

场外交易市场又称柜台交易市场，是指在证券交易所以外进行证券交易的市场。许多证券经营机构都设有专门的证券柜台，通过柜台进行债券买卖。在柜台交易市场中，证券经营机构既是交易的组织者，又是交易的参与者。此外，场外交易市场还包括银行间交易市场，以及一些机构投资者通过电话、电脑等通信手段形成的市场等。

目前，我国债券流通市场由三部分组成，即沪深北证券交易所市场、银行间交易市场和证券经营机构柜台交易市场。

二、债券交易

我国不同类型国债的异同点如图 4–4 所示。

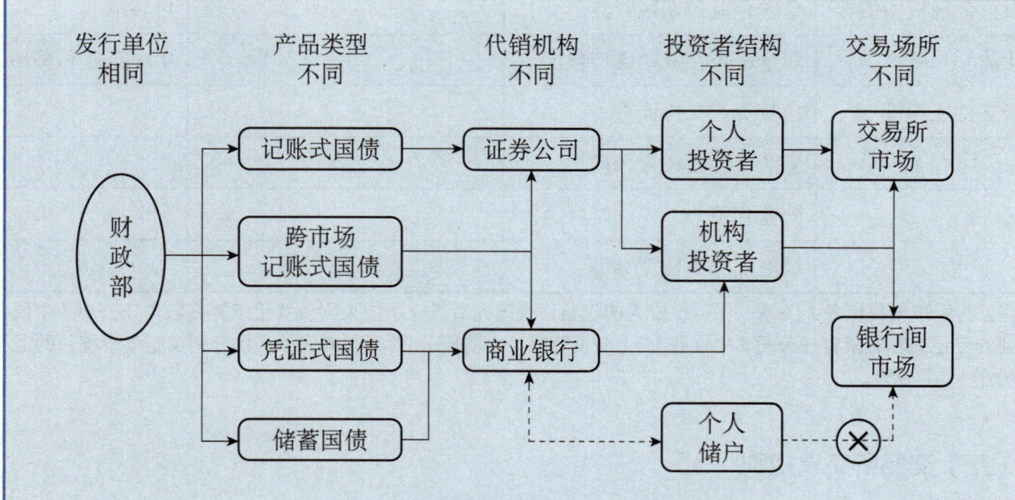

图 4–4　我国不同类型国债的异同点

（一）交易品种

1. 证券经营机构柜台

记账式国债、凭证式国债、电子式储蓄国债。

2. 银行间交易市场

央票回购交易、记账式国债、政策性金融债等。参与者是各种经批准的机构，债券交易以询价方式进行，自主谈判，逐笔成交。

3. 交易所市场

可进行记账式国债，上市地方债、企业债、公司债，可转债、可分离转债，以及债券回购等交易。

按不同的登记托管单位统计，我国债券市场发行的主要券种如表 4–1 所示。

表 4–1　我国债券市场发行的主要券种——按不同的登记托管单位统计

银行间交易市场		柜台交易市场	交易所市场
中债登	上清所	中债登	中证登
政府债券	短期融资券	记账式国债	国债
政策性银行债	超短期融资券	国家开发银行债券	地方债
政府支持机构债券	中期票据	政策性银行债券	政策性金融债
商业银行债券	区域集优中小企业集合票据	中国铁路总公司等政府支持机构债券	企业债
资本工具	非公开定向债务融资工具		公司债
非银行金融机构债券	金融企业短期融资券		可转债
企业债	非金融企业资产支持票据		中小企业私募债等
资产支持证券等	信贷资产支持证券		
	资产管理公司金融债		
	同业存单		
	政府支持机构债券等		

注：为明晰债权债务人关系、保障投资人的权益，我国先后成立了中央国债登记结算有限责任公司（中债登）、中国证券登记结算有限责任公司（中证登）、上海清算所（上清所），对不同的债券市场分别实施集中统一的证券登记、托管、结算制度。

（二）交易所交易规则

1. 上交所交易规则

（1）普通竞价交易。

1）现券申报数量为 1 手或其整数倍，单笔申报最大数量不超过 10 万手；回购交易申报数量为 100 手或其整数倍，单笔申报最大数量不超过 10 万手。

2）现券申报价格最小变动单位为 0.01 元，回购交易为 0.005 元。

3）现券按净价交易（除可转债以外）。

4）当日买入债券当日可以卖出；当日买入的债券可用于质押券申报，并可以进行回购交易；当日申报转回的债券当日可以卖出。

（2）大宗交易（竞价交易）。

1）大宗交易成交申报在 15:00—15:30 操作。

2）现券及回购单笔申报数量应当不低于 1 000 手，或者交易金额不低于 100 万元（有规定，但大宗平台上目前没有开展回购交易）。

3）成交申报应包括以下内容：证券代码、数量、价格、股东账号、交易单元、营业部代码（基金公司没有营业部代码的，输入：000000）、对手方交易单元和约定号（与交易对手方协商得到的 6 位数字）。

4）大宗交易的成交申报和结果一经确认，不得撤销或变更。

（3）固定收益平台。交易前准备工作：以首席交易员的账户进行账户维护，输入席位代码和股东账号进行新增（股东账号要先在该席位上办理过指定交易）。

1）交易时间：9:30—11:30，13:00—14:00。

2）收盘：15:00，闭市：18:00（无法登录）。

3）交易方式：询价交易，只发送成交数量，不输入价格，由对方输入价格后确认成交；每次询价交易要求在 20 分钟内完成。

债券交易、清算、结算与托管的基本过程如图 4-5 所示。

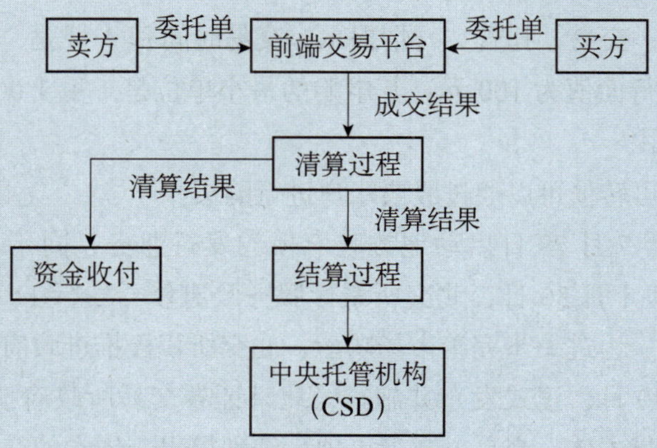

图 4-5　债券交易、清算、结算与托管的基本过程

2. 深交所交易规则

（1）竞价交易。

1）现券及回购申报数量 10 张及其整数倍，单笔不超过 100 万张（1 亿元）。

2）现券及回购申报价格最小变动单位均为 0.001 元。

（2）大宗交易。

1）现券及回购交易单笔不低于 5 000 张或金额不低于 50 万元。

2）多只债券合计单向买入或卖出交易金额不低于 100 万元，且其中单只债券的交易数量不低于 2 000 张。

3）分为协议大宗和盘后定价大宗，常用的是协议大宗（深圳市场为在线网址，上交所为独立软件）。

4）成交申报指令包括证券账户号、证券代码、买卖方向、价格、数量、对手方交易单元号和约定号。

需要注意的是：

（1）通过竞价交易买入的债券，当日可以通过竞价交易或者大宗交易卖出；通过大宗交易买入的债券，当日可通过大宗交易方式卖出，次一交易日可通过竞价交易卖出（已经收盘了）。

（2）通过竞价交易买入的债券，当日可申报作为质押券；当日通过大宗交易方式买入的债券，次一交易日可申报作为质押券；当日提交的质押券，在确认质押成功后，当日可用于回购交易；当日申报解除质押的债券，当日可以通过竞价交易或者大宗交易卖出。

3. 北交所交易规则

2021 年 10 月 30 日，北交所发布《北京证券交易所上市公司向特定对象发行可转换公司债券业务细则》，自 2021 年 11 月 15 日起施行。北交所可转债交易规则主要有以下几点：

（1）T+0 交易制度，即可以支持用户当期买进当日卖出。

（2）无涨跌幅限制，波动会可能比较大。

（3）可转债委托、交易、托管、行情揭示、交易时间和 A 股是一致。

（4）可转债的发行面值为 100 元，其申购的最小单位是 1 手 1 000 元，每个账户申购数量的上限为 5 000 手。

（5）购买途径：可转债可以通过股票账户进行购买。

北交所于 2022 年 7 月 29 日启动地方政府债券发行业务，同年 9 月 2 日启动国债发行业务。截至 2023 年 1 月 30 日，北交所累计服务政府债券发行 11 422.38 亿元，实现了政府债券常态化发行。为进一步完善市场功能，北交所积极推进政府债券二级市场建设工作，于 2023 年 1 月 30 日，正式发布并施行《北京证券交易所政府债券交易细则》，明确了交易债券范围、参与主体、交易方式等事项。细则提出，债券的交易时间为每个交易日的 9:00 至 12:00、13:30 至 20:00；债券交易采取实时逐笔全额结算方式；投资者可以选择结算周期，债券现券交易结算日可以为交易当日（T+0）或交易当日的次一交易日（T+1）。

（三）交易所交易程序

债券的交易程序有五个步骤：开户，委托，成交，清算和交割，过户。

（1）投资者要参与证券交易所债券交易，首先必须选择一家证券经纪公司或证券营业部，并在该公司办理开户手续后方可进行交易。

（2）投资者在证券公司开立账户以后，要想真正上市交易，还必须与证券公司办理证券交易委托关系。

（3）投资者通过证券公司营业部柜台或电话委托等方式进行委托交易。

（4）投资者可通过柜台或电话委托的方式查询成交情况。

（5）清算交割过户：T+1 日，完成国债交易的清算交割与过户。

知识拓展

全价交易与净价交易

在全价交易方式下，国债价格中包含持有期内的应计利息，即国债价格是含息价格，且随着时间的推移不断变化。在净价交易方式下，把成交价格与应计利息分解，即成交价格不再含有应计利息，只反映市场对国债面值成交价格的波动情况，应计利息只取决于持有天数，其应计利息额每天都能计算出来。因此，不含息价格有利于真实反映国债价格的走势，也更有利于投资者作出正确的投资判断。目前，净价交易方式在国际债券市场上已被广泛应用。自 2002 年上交所开始试行国债净价交易以来，目前可实行净价交易的债券品种，也从之前的全部国债以及代码以 122 开头的上海公司债券，扩展到所有在深交所挂牌交易的国债、公司债、企业债以及分离交易的可转换公司债等纯债券类品种。

三、债券信用评级

债券信用评级是指以企业或经济主体发行的债券为对象进行的信用评级。投资者购买债券是要承担一定风险的，如果发行者到期不能偿还本息，投资者就会蒙受损失，这种风险称为信用风险。对广大投资者尤其是中小投资者来说，事先了解债券的信用等级是非常重要的。与其他金融市场一样，债券市场上也存在信息不对称的问题，信息不对称将会产生逆向选择、道德风险等问题。如果信息不对称问题非常严重，则将会妨碍债券市场的正常运行。因此，需要专业机构对准备发行的债券还本付息的可靠程度，进行客观、公正和权威的评定，也就是进行债券信用评级，以方便投资者作出决策。

（一）国际三大评级机构

目前，国际上公认的最具权威性的信用评级机构主要有美国标准普尔评级服务公司、美国穆迪投资者服务公司、法国惠誉国际信用评级有限公司，三家机构长期合计占有全球评级市场份额的 90% 以上。

1. 美国标准普尔评级服务公司

美国标准普尔评级服务公司（Standard and Poor’s），简称标准普尔，是麦格劳－希尔集团的子公司，总部位于美国纽约市，公司历史可追溯到 1860 年。它专为全球资本市场提供独立信用评级、指数服务、风险评估、投资研究和数据服务，在业内一向处于领先地位。公司办事处目前在 34 个国家设立了 320 多个办事处，拥有超过 1 万名员工。标准普尔投资技巧的核心是其超过 1 250 人的分析师队伍，世界上许多最重要的经济学家都在这支经验丰富的分析师队伍中。标准普尔是全球金融基础架构的重要一员，160 多年来一直发挥着领导者的角色，为投资者提供独立的参考指南，成为投资和财务决策的信心保证。标准普尔早在 1993 年就开始在中国市场开展业务，通过跨境信用评级帮助中国企业、银行和保险公司在国际资本市场发行债券。

（1）长期债务评级标准：长期债务评级标准共设 10 个等级，分别为 AAA、AA、A、BBB、BB、B、CCC、CC、SD/D 和 NP，其中 AA 至 CCC 级可用“+”和“–”号进行微调（见表 4–2）。

表 4–2　标准普尔长期债务评级标准

级别	评定
AAA	最高评级。偿还债务能力极强。
AA	偿还债务能力很强，与最高评级差别很小。
A	偿还债务能力较强，但相对于较高评级的债务 / 发债人，其偿债能力较易受外在环境及经济状况变动的不利因素的影响。
BBB	目前有足够偿债能力，但在恶劣的经济条件或外在环境下其偿债能力可能较脆弱。
BB	相对于其他投机级评级，违约的可能性最低。但持续的重大不稳定情况或恶劣的商业、金融、经济条件可能令发债人没有足够能力偿还债务。
B	违约可能性较 BB 级高，发债人目前仍有能力偿还债务，但恶劣的商业、金融或经济情况可能削弱发债人偿还债务的能力和意愿。
CCC	目前有可能违约，发债人须倚赖良好的商业、金融或经济条件才有能力偿还债务。如果商业、金融、经济条件恶化，发债人可能会违约。
CC	目前违约的可能性较高。由于其财务状况，目前正在受监察。在受监察期内，监管机构有权审定某一债务较其他债务有优先偿付权。
SD/D	当债务到期而发债人未能按期偿还债务时，纵使宽限期未满，标准普尔亦会给予 D 评级，除非标准普尔相信债款可于宽限期内偿还。此外，如正在申请破产或已作出类似行动以致债务的偿付受阻，标准普尔亦会给予 D 评级。当发债人有选择地对某些或某类债务违约时，标准普尔会给予 SD 评级（选择性违约）。
NP	发债人未获得评级。

注：（1）前四个级别的债券信誉高，履约风险小，是“投资级债券”，第五级开始的债券信誉低，是“投机级债券”。

（2）加号（+）和减号（–）：AA 级至 CCC 级可加上加号和减号，表示评级在各主要评级分类中的相对强度。

（3）公开信息评级“pi”：评级符号后标有“pi”表示该类评级是使用已公开的财务资料或其他公开信息作为分析的依据，即标准普尔并未与该机构的管理层进行深入的讨论或全面考虑其重要的非公开资料，所以这类评级所依据的资料不及全面的评级齐全。公开信息评级每年根据财务报告审核一次，但当有重大事情发生而可能影响发债人的信用质素时，标准普尔也会实时对评级加以审核。公开信息评级没有评级展望，不附有“+”或“–”号。但如果评级受到主权评级的上限限制，“+”或“–”号有可能被使用。

（2）短期信用评级标准：短期信用评级标准共设 6 个等级，分别为 A–1、A–2、A–3、B、C 和 SD/D（见表 4–3）。

表 4–3　标准普尔短期信用评级标准

级别	评定
A–1	偿还债务能力较强，为标准普尔给予的最高评级。此评级可另加“+”号，以表示发债人偿还债务的能力极强。
A–2	偿还债务的能力令人满意。不过相对于最高的评级，则其偿债能力较易受外在环境或经济状况变动的不利影响。
A–3	目前有足够能力偿还债务。但若经济条件恶化或外在因素改变，则其偿债能力可能较脆弱。
B	偿还债务能力脆弱且投机成分相当高。发债人目前仍有能力偿还债务，但持续的重大不稳定因素可能会令发债人没有足够能力偿还债务。
C	目前有可能违约，发债人须依赖良好的商业、金融或经济条件才有能力偿还债务。由于其财务状况，目前正在受监察。在受监察期内，监管机构有权审定某一债务较其他债务有优先权。
SD/D	当债务到期而发债人未能按期偿还债务时，即使宽限期未满，标准普尔亦会给予 D 评级，除非标准普尔相信债务可于宽限期内偿还。此外，如正在申请破产或已作出类似行动以致债务的付款受阻，标准普尔亦会给予 D 评级。当发债人有选择地对某些或某类债务违约时，标准普尔会给予 SD 评级（选择性违约）。

2. 美国穆迪投资者服务公司

美国穆迪投资者服务公司（Moody’s Investors Service）由约翰·穆迪于 1909 年创立，主要对铁路债券进行信用评级。1913 年，穆迪开始对公用事业和工业债券进行信用评级。穆迪公司的总部设在美国纽约，其股票在纽约证券交易所上市（代码 MCO）。穆迪公司是国际权威投资信用评估机构，同时也是著名的金融信息出版公司。穆迪投资者服务公司投资信用评估对象遍布全球，高级雇员总数达 1 500 人，其中有 680 余人为专业评估分析师。穆迪公司于 2001 年 7 月在北京设立代表办事处，开拓中国业务。

（1）长期评级：穆迪长期债权投资评级对象是一年期或以上的固定利率债券，旨在评估它们的偿债能力，预测发生违约的可能性及由此带来财产损失的概率（见表 4–4）。

表 4–4　穆迪长期评级标准

级别	评定
Aaa	信用质量最高，信用风险最低。
Aa	信用质量很高，只有极低的信用风险。
A	中上等级，有低信用风险。
Baa	有中等信用风险。这些债务属于中等评级，因此有某些投机特征。

续表

级别	评定
Ba	有投机成分，信用风险较高。
B	投机性债务，信用风险高。
Caa	信用状况很差，信用风险极高。
Ca	投机性很高，可能或极有可能违约，只有些许收回本金及利息的希望。
C	最低债券等级，通常都是违约，收回本金及利息的机会微乎其微。

注：修正数字 1、2 及 3 可用于 Aa 至 Caa 各级评级。修正数字 1 表示该债务在所属同类评级中排位较高；修正数字 2 表示排位在中间；修正数字 3 则表示该债务在所属同类评级中排位较低。WR 表示撤回评级（Withdrawn Rating）；NR 表示尚未评级（Not Rated）；P 表示临时评级（Provisional）。

（2）短期评级：穆迪短期评级是有关发行人短期融资债务偿付能力的意见（见表 4-5）。此类评级适用于发行人、短期计划或个别短期债务工具。除非明确声明，否则此类债务的原始到期日一般不超过 13 个月。

表 4-5　穆迪短期评级标准

级别	评定
P-1	短期债务偿付能力最强。
P-2	发行人（或相关机构）短期债务偿付能力较强。
P-3	短期债务偿付能力尚可。
NP	不在任何 Prime 评级类别之列。

3. 法国惠誉国际信用评级有限公司

惠誉国际（Fitch）是全球三大国际评级机构中唯一的欧资国际评级机构，总部设在纽约和伦敦，在全球设有 40 多个分支机构，拥有 1 100 多名分析师。1913 年，惠誉国际由约翰·惠誉（John K.Fitch）创办，1997 年底并购英国 IBCA 公司，又于 2000 年收购了 Duff &Phelps 和 Thomson Bank Watch。如今，公司 97% 的股权由法国 Fimalac 公司控制，美国 Hearst 公司于 2006 年并购了惠誉集团 20% 的股份。惠誉国际在美国市场上的规模要比其他两家评级公司小，但在全球市场上，尤其在新兴市场上，惠誉国际的敏感度较高，视野比较国际化。2000 年，惠誉国际正式进入中国市场，并于 2003 年 6 月在北京成立了代表处，主要从事资料的搜集、研究、报告、宣传等工作。

总之，三家国际评级机构各有侧重，标准普尔侧重于企业评级方面，穆迪侧重于机构融资方面，而惠誉国际则更侧重于金融机构的评级。

超链接：对全球三大国际评级机构的评价

（二）我国的评级机构

我国的信用评级行业最初是为企业发行债券和银行发放贷款服务的。随着市场经济的发展壮大，信用评级行业在很多领域也融入了激烈的市场竞争，运作模式逐步市场化。从当前的发展情况来看，以中诚信国际信用评级有限责任公司、大公国际资信评估有限公司、上海远东资信评估有限公司和联合资信评估有限公司等为代表的一些独立的评级机构已初步奠定了行业内的领先地位，表现出较好的发展前景，其行业龙头作用初步显现。

第三单元　我国债券市场投资

案例导入

2022 年中国债券市场违约回顾与展望

2022 年，在宏观经济承压、融资环境宽松但需求减弱的背景下，我国债券市场信用风险暴露形式从实质性违约向展期转变。具体来看，债券市场新增 8 家违约发行人，共涉及期违约债券 45 期，到期违约金额合计约 232.62 亿元，同比均大幅减少；与此同时，展期成为延缓违约的常态化形式，新增展期数量远超违约数量。具体来看，首次展期发行人 28 家，涉及展期债券 95 期，展期规模 843.77 亿元，较 2021 年均大幅增加。2022 年，我国信用债市场高等级违约情况明显改善，级别倒挂问题有所缓和，但高等级主体展期频发；评级稳定性有所上升，信用等级和展望调降数量仍远超调升数量；违约和展期主体以民营房企为主，国有企业违约水平处于历史低位；违约企业行业集中度明显提升，房地产行业风险加速释放；监管延续严控新增隐性债务基调，城投企业信用风险事件持续发生。

从全市场债务到期规模来看，考虑超短融的发行与到期，信用债回售行权等因素，2023 年主要信用债偿债规模将在 12.60 万亿元左右。从偿债节奏来看，3 月、4 月单月的偿债量在 1.20 万亿元以上，偿债压力相对较大。

从全市场信用债发行人信用状况来看，2022 年全市场信用债发行人信用资质有所下降，信用风险呈上升趋势。贵州、山东等省份城投企业以及建筑与工程、房地产管理和开发等行业产业债发行人信用风险上升家数较多。

展望 2023 年，债券市场信用风险仍将持续暴露，但整体可控，在中央经济工作会议提出的稳健货币政策精准有力、支持房地产企业合理融资政策和支持民企融资政策不断发力的情况下，信用风险水平或有所下降。城投企业经营环境整体保持稳定，关注弱区域和区县级城投企业信用风险；关注房地产产业链相关行业企业的信用风险；适当关注西南、西北和江浙等区域的信用风险。

分组讨论：

完善发达的市场经济，债权文化是基石。所谓债权文化，就是信用至上，越是经济发达的国家，债券市场就越繁荣，比如美国的债券市场的规模远远大于股市。谈一谈你对债权文化的认识和理解。

一、我国债券市场的发展历史

新中国债券市场的历史可追溯到 1950 年，经过七十余年的发展，债券市场已经成为我国金融市场的重要支柱，也逐渐在国际市场上占有一席之地。这期间，债券市场的交易由以柜台交易为主发展到以银行间市场交易为主；债券的发行主体由以国家、政府、大型国企、金融机构为主扩展到民营企业、中外合资企业、外资企业；债券的交易主体由以银行为主覆盖到其他金融机构、非金融机构；债券的品种由以国债为主拓宽到地方政府债、企业债、公司债、金融债等；债券规模也由几亿元增长到现在的 40 多万亿元，仅次于美国和日本，位列世界第三。

（一）第一阶段（1949—1980 年）：前市场期

1950 年，为支援解放战争，迅速统一全国，安定民生，恢复和发展经济，我国发行了一种以实物为计算标准的公债——人民胜利折实公债。到 1956 年 11 月底，一期本息全部偿清。

之后，为了加速国家经济建设，逐步提高人民物质生活水平和文化生活水平，1954—1958 年，我国连续五次发行“国家经济建设公债”。国家经济建设公债的发行对于实现社会主义改造，巩固和加强社会主义经济的物质基础，起了良好的作用。

1958 年，国家的经济秩序由于“大跃进”“浮夸风”被打乱，国债被迫暂停。1959—1980 年，为“空白期”，没有国债发行。

（二）第二阶段（1981—1991 年）：以场外柜台交易为主

1981 年 1 月，我国颁布了《中华人民共和国国库券条例》，财政部开始发行国债。国债恢复发行之初，主要采取行政摊派方式，由财政部门直接向认购人（主要是企业和居民个人）出售国债，带有半摊派的性质。但恢复发行之后，经历了长达 7 年的有债无市的历史过程。

1988 年前后，为应对各方面改革和建设的资金需求，政府除发行国库券外，还发行了 5 个品种的国债，并尝试通过商业银行和邮政储蓄的柜台销售方式发行实物国债，开始出现了国债一级市场。同年，为了使先后发行的大规模国债能够得到流通变现，财政部在全国 61 个城市进行国债流通转让的试点，这是银行柜台现券的场外交易，中国国债二级市场（柜台交易市场）也初步形成。

1990 年 12 月，上海证券交易所成立，开始接受实物债券的托管，并在交易所开户后进行记账式债券交易，首次形成了场内和场外两个交易市场并存的格局。

1991 年初，我国将国债流通转让范围扩大到全国 400 个地市级及以上城市，以场外柜台交易市场为主、场内集中交易市场为辅的国债二级市场格局基本形成。发行方式逐步由柜台销售、承购包销过渡到公开招标。期限品种基本上以 3 年期和 5 年期为主。

（三）第三阶段（1992 至 1997 年上半年）：以交易所交易为主

随着交易所的成立，债券的交易重心逐渐向交易所转移，形成了场内和场外交易并存的市场格局，但场内市场尚不成熟。此时，发行利率仍为行政确定。直到 1995 年，国债招标发行试点成功，国债发行利率才开始实行市场化，这标志着我国债券发行的市场化正式开始。

到了 1996 年，记账式国债开始在上海和深圳两大证券交易所大量发行。同时，随着债券回购交易的展开，初步形成了交易所债券市场体系。

1997 年上半年，随着股市的大涨，上海和深圳两大证券交易所先后开办了国债现券交易、国债期货和回购交易，以及企业债现货交易，极大地丰富了我国债券市场的交易品种和交易方式。在监管结构上，建立了中国证券监督管理委员会，以及中国国债协会和中国证券业协会两家自律监管机构；在基础设施建设上，建立了全国性的国债登记托管机构和交易所电子交易系统。

这一阶段，我国债券市场不断正规化，交易品种逐渐丰富，交易方式也不断创新，但发行与交易目的却不匹配。发行目的仍然是宏观经济管理，交易主体却是为了满足自己的融资需求，或为了逐利。

（四）第四阶段（1997 年下半年至 2001 年）：以银行间市场交易为主

为了解决交易所市场发展产生的问题，1997 年 6 月，全国银行间债券市场启动。从 1999 年开始，随着银行间债券市场规模的扩大，场外债券市场已逐渐演变为中国债券市场的主导力量。1999 年，银行间债券市场债券回购成交量迅速放大，直至 2000 年 8 月，中央银行公开市场业务开展双向操作之后，银行间债券市场日成交量稳定在 200 亿元左右，远远超过了交易所债券市场。到了 2001 年 8 月，中国工商银行、中国农业银行、中国建设银行等 9 家商业银行获准成为双边报价商，我国银行间债券市场的做市商制度正式确立。

银行间债券市场快速而平稳的发展，为中央银行公开市场业务操作奠定了基础，并使之逐渐成为央行实现货币政策的主要手段，同时也为央行推动利率市场化进程打下了基础。

（五）第五阶段（2002 年至今）：多层次债券市场体系形成

2002 年，我国债券市场体系基本确立。在交易主体方面，将银行间债券市场准入由核准制改为备案制，先后扩充了非金融机构法人和个人（通过间接方式）。在市场统一性方面，首次实现跨市场同时发行国债，使得债券品种开始能够在多个市场发行流通；允许商业银行承办记账式国债柜台业务，从而联通了银行间债券市场和柜台债券市场；允许保险公司、基金公司、证券公司等非银行金融机构在银行间债券市场和交易所债券市场交易，从而联通了这两个债券市场。至此，我国统一的、多层次的、以银行间市场为主的债券市场体系基本形成。

这期间，债券市场主体不断丰富，机构投资者类型更加多元化。我国债券市场发行主体从政府、大型国企、金融机构拓展到民营企业、中外合资企业、外资企业。债券市场投资主体已涵盖银行、券商、基金、保险、信用社、企业等各类机构。我国债券市场参与主体范围不断扩大，机构投资者已成为债券市场的主要力量。市场运行机制不断健全；市场化定价程度逐步提高；市场约束与激励机制逐渐发挥作用，信息披露制度对相关利益主体的约束力持续强化；推出了信用风险管理工具，提供市场化的风险分散和转移手段。债券市场的快速发展，推动自身在我国金融市场体系的地位大大提升，功能不断深化。我国债券市场为货币政策和财政政策的实施提供了重要平台。公司信用债券的推出，拓宽了企业融资渠道，改善了融资结构。债券市场还成为金融机构投融资管理和流动性管理的平台，在促进金融机构改革方面发挥了重要作用。我国债券市场初步形成分层有序的市场体系，基础设施建设日趋完备。我国已初步形成面向机构投资者、场外大宗交易的银行间市场为主体的市场架构。实行场外询价、大宗交易的银行间市场是债券市场的主体，主要满足机构投资者的需求；实行场内撮合、零售交易的交易所市场是补充，主要满足中小投资者和个人需求。银行间市场建立了规范的电子交易平台，以及相应的债券托管、清算、结算制度。银行间与交易所市场间互联互通初见成效，跨市场发行、交易、转托管均已实现，上市商业银行进入交易所进行债券交易试点工作也在逐步推进中。

党的十九大以来，在党中央、国务院的正确领导下，人民银行会同相关部门，遵循债券市场客观规律，坚持以机构投资者、大宗交易为主的发展模式，坚持市场化、法治化、国际化改革方向，加强债券市场统筹规划和体制机制改革，持续提升债券市场功能，完善市场化运行机制，稳步提高对外开放水平，增强服务实体经济能力，推动我国债券市场进入高质量发展的新阶段。

2022 年，我国经济保持恢复态势，但需求收缩、供给冲击、预期转弱三重压力仍然较大，同时，外部环境动荡不安，对我国经济的影响进一步加深。在此背景下，监管部门出台多项举措，支持民营、创新品种债券发行，进一步完善债市体制机制，推动信用评级行业高质量发展，推进债券市场高水平对外开放，持续加强债券市场信用风险管控。总体来看，我国债券市场高质量发展和高水平对外开放稳步推进，市场化、法治化、国际化水平显著提升。

二、我国债券市场投资现状

随着全球债券市场的继续成长，未来将会产生更多的债券品种，例如近些年热门的绿色债券、资产支持类债券等，并且当前金融科技在债券产品设计、存续期管理和风控等各个环节已经开始有应用场景，将会通过产品和技术的更迭创新来提高债券市场活跃度。我国债券市场场外市场交易量占到交易总额的 80% 以上，是投资者交易的最主要场所。主要的交易参与者是各类金融机构，集中度较高，投资者结构不够多元化。当前，我国债券市场券种创新不断，国际化程度进一步加深，发展态势良好，但信用债违约问题不容小觑。

（一）我国债券的交易市场及主要参与者

我国债券的交易市场分为场外市场和场内市场。场外市场包括银行间市场和银行柜台市场，场内市场包括上海证券交易所和深圳证券交易所，北京证券交易所则是场内市场和场外市场的结合。银行间债券市场的主要参与者是我国的各类机构投资者，属于大宗交易市场（批发市场）。银行柜台交易市场（俗称 OTC 市场）的主要参与者是个人和部分机构投资者，一般由交易双方协商交易价格。交易所市场则为投资者提供线上交易在上交所、深交所及北交所上市的各类债券品种。其中，上交所交易的债券总额占到了场内交易市场总量的 90% 以上，是国内最为主要的场内交易市场。

（二）我国债券市场的登记、托管、结算制度

为明晰债权债务人关系、保障投资人的权益，我国先后成立了中央国债登记结算有限责任公司（中债登）、中国证券登记结算有限责任公司（中证登）、上海清算所（上清所），对不同的债券市场分别实施集中而统一的证券登记、托管、结算制度。

中债登与上清所共同负责银行间债券市场债券品种的发行、托管与结算业务。此外，中债登也是商业银行柜台市场的债券业务的一级托管人和交易所托管的国债的总托管人。中证登则承接了原来隶属于上海证券交易所和深圳证券交易所的全部登记结算业务，施行“中央登记、二级托管”的制度。

我国债券市场的发行结构、发行及托管规模分别如图 4-6 和图 4-7 所示。

中债登是全部利率债和银行间资产证券化产品的托管人，同时也有一部分信用债在中债登进行登记结算，如银行债券、非银金融机构债券、中票和企业债；上清所主要是银行间市场中交易商协会注册的债券品种的登记结算，典型的如短融、超短融、PPN（非公开定向债务融资工具）等，上清所和中债登还是有一部分重叠的，这也是一个市场两家登记结算机构不可避免的问题；中证登就是为在交易所市场上市交易或者挂牌转让的债券提供登记结算服务的，包括公司债、企业债和资产证券化。

总之，中债登的托管范围是最大的，中债登是国债、地方政府债和企业债的总托管人，同时也与上清所和中证登存在一定的重合。

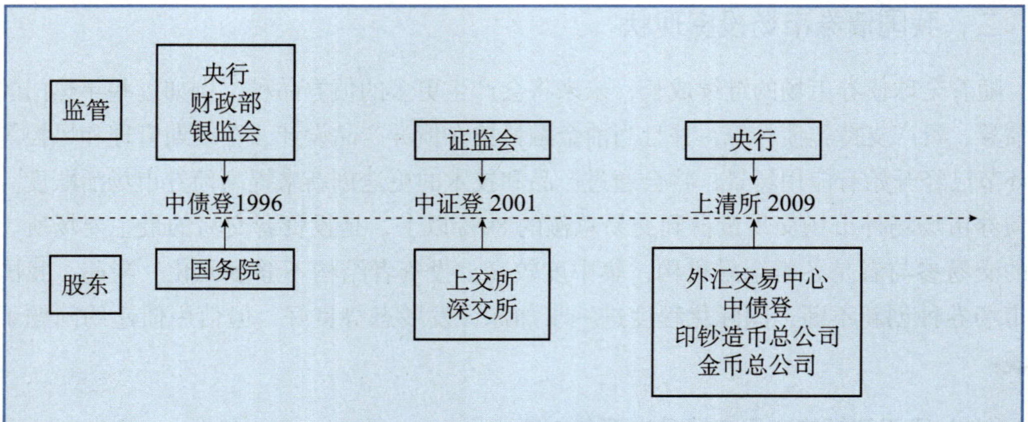

图 4-6　三大机构监管及股东情况

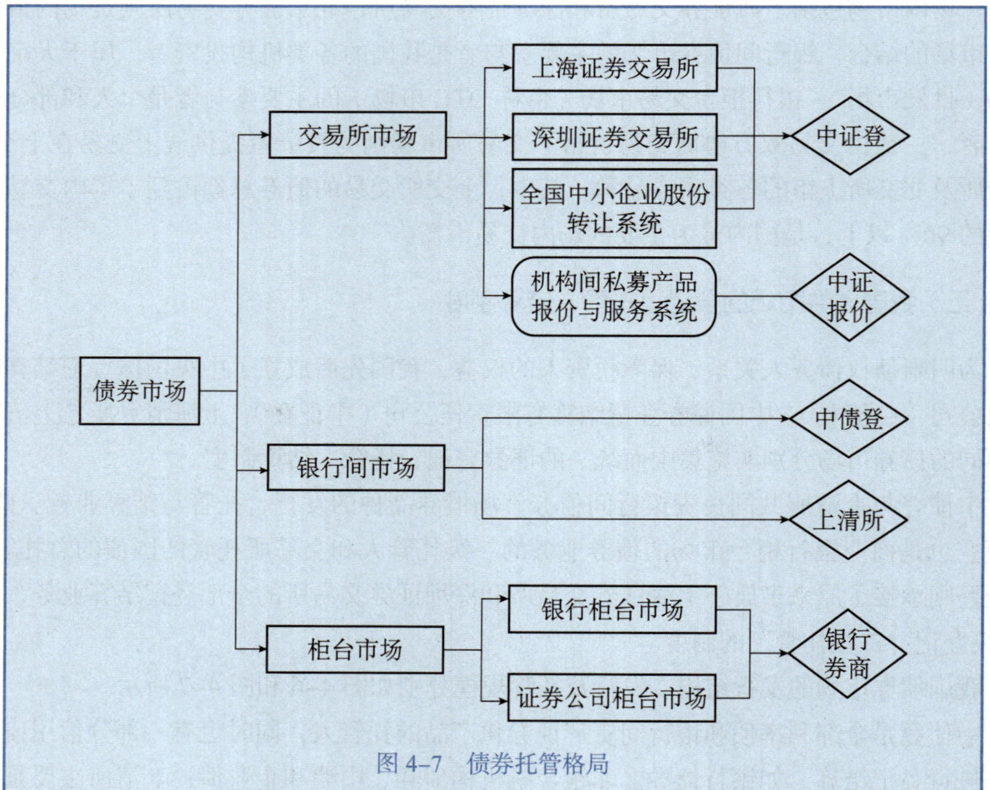

图 4-7　债券托管格局

（三）债券市场存量规模稳定增长，现券交易持续活跃

1. 债券市场存量规模稳定增长，地方债成为第一大存量债

作为直接融资的渠道之一，债券融资规模的增长能为实体经济提供更多资金支持。截至 2022 年末，全国债券市场存量规模达 141.36 万亿元，同比增长 8.46%，保持稳定增长

的势头，但增幅较 2021 年的 14.09% 有所下降。

从存量结构看，存量券种结构稍有变化，2022 年地方债存量余额首次超越金融债，成为债市第一大品种。截至年末，地方债、金融债、非金融企业债、国债为存量余额前四的主要券种，年末余额分别为 34.88 万亿元、33.74 万亿元、26.73 万亿元、25.59 万亿元，占全市场的比重分别为 24.67%、23.86%、18.91%、18.10%，四大券种占比合计达 85.55%。

从存量同比增速看，除资产支持证券外，其余券种的同比增速均为正增长。其中，地方债的存量余额同比增速最快，国债次之，金融债第三，分别为 15.12%、11.19%、10.53%；非金融企业债、同业存单的同比增速较低，分别为 4.52%、1.50%；而资产支持证券则表现为同比下降 14.63%。如图 4–8 所示。

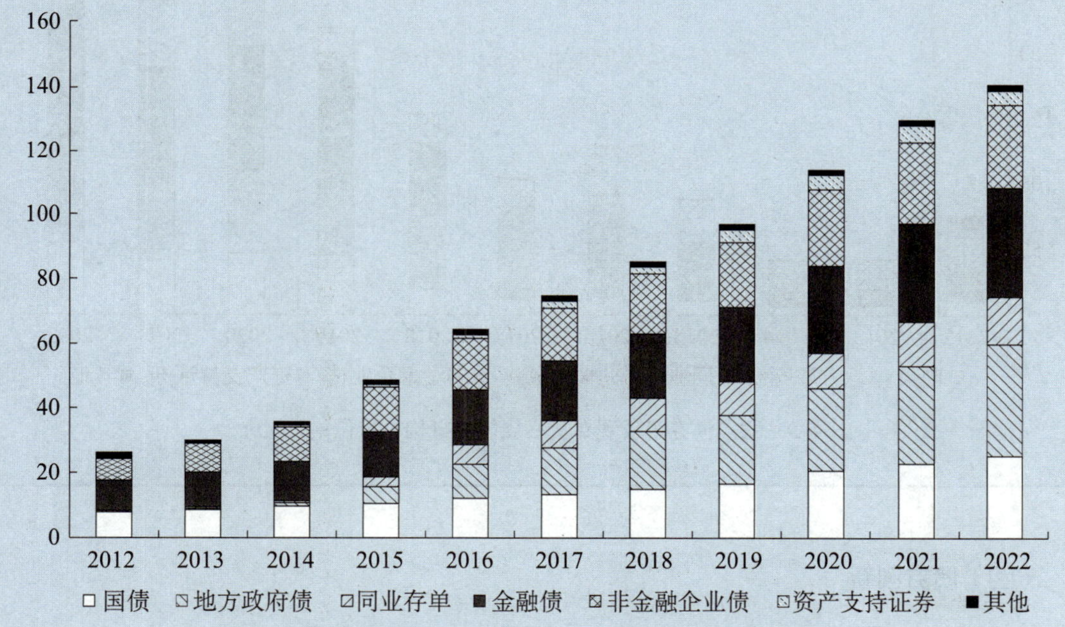

图 4–8　我国债券市场存量规模及机构（单位：万亿元）

2. 现券交易规模稳步增长，交易持续活跃

2022 年，银行间和交易所市场债券结算量为 2 178.13 万亿元，同比增长 25.69%。其中，现券结算量 307.16 万亿元，交易占比 14.10%，同比增长 26.18%；回购结算量 1 783.36 万亿元，交易占比 81.88%，创历年新高；同业拆借结算量 87.61 万亿元，交易占比 4.02%。

从现券交易的结构来看，2022 年，现券交易最活跃的是银行间债券市场，其成交量约占总交易量的 87.42%。从现券成交量来看，自 2012 年来，我国债券市场现券成交量呈震荡上升趋势。2022 年，我国债券市场现券成交量再创历年新高；除资产支持证券、其他类型债券出现同比负增长外，其余券种现券交易额均实现同比正增长。在现券交易中，金融债交易较为活跃，2022年金融债成交量为120.75万亿元，同比增长25.64%，成交额占比达40%；非金融企业债的成交量次之，全年现券结算额为63.12万亿元，同比增长24.31%，成交额占比达21%；而第一大存量债地方债2022年全年现券成交额仅9.76万亿元，交易整体表现活跃度不高、流动性较差。与此同时，受经济下行冲击最为严重的资产支持证券，2022年现券交易额仅为2.43万亿元，同比大幅下降38%。如图4–9所示。

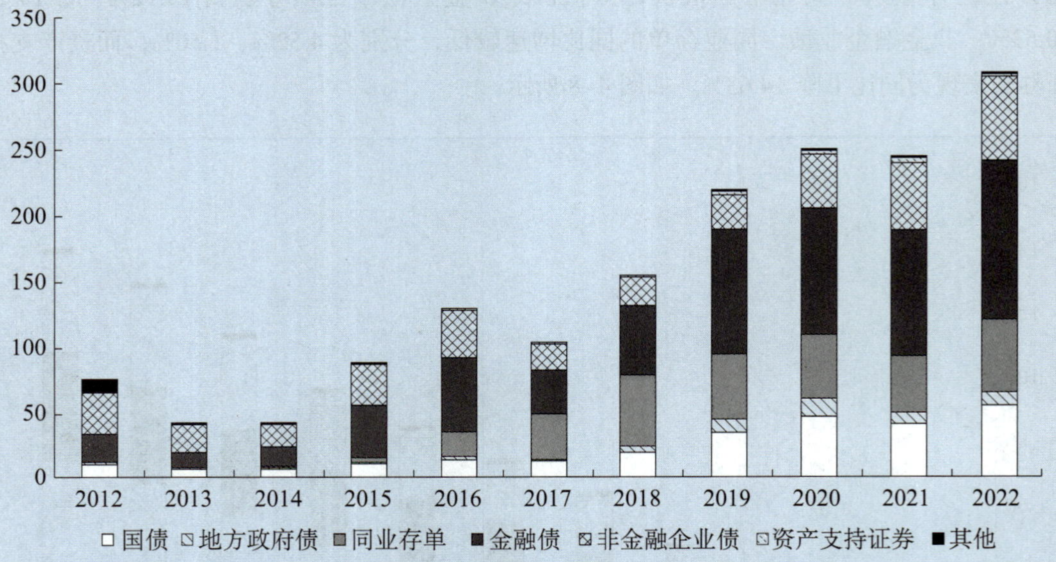

图4–9　我国债券市场现券交易规模及机构（单位：万亿元）

（四）债券创新

自2014年以来，债券创新品种呈现井喷式增长态势。商业银行同业存单、人民币定向债务融资工具、项目收益票据、资产支持票据、并购票据、碳收益票据、非公开定向可转债融资工具、供应链票据、永续债等多个债市创新产品相继出现，进一步满足了企业的多元化融资需求，降低了企业的融资成本，同时满足了投资者投资多元化的需求。2014年12月底，在上交所发行上市的我国证券市场第一单公开发行的可交换公司债券，更是引来了投资者的高度追捧，上市首日涨幅达18.2%，为推动企业盘活存量资产起到了里程碑式的作用。不可否认的是，在相关政策的支持下，未来债券市场创新产品的发展不可限量。

（五）债券违约

2014年成为中国债券违约元年，自“11超日债”开始，中国债市刚性兑付时代结束。

从企业性质来看，尽管民营企业占比较大，但 2015 年 4 月“11 天威 MTN2”开创国企首单债券违约先河，这一趋势于 2016 年 4 月开始向央企蔓延。

2018 年呈现爆发式增长，此后债券违约规模逐年上升。2020 年以来债券违约金额再创新高，并且国企债券违约的金额大幅上升。2022 年，“稳增长”政策效果显现以及监管机构对发行人信用风险管控力度加强，债券违约形势有所缓和，违约主体数和违约规模有所下降。从整体违约情况来看，与 2021 年相比，2022 年境内债券市场违约主体数量下降 12.35%，违约债券数量下降 4.24%，而违约规模下降 10.14%，整体信用违约风险有所收敛。但是，债券展期规模显著上升，侧面显示信用风险的暴露形式从过去的实质性违约逐渐转向为各种形式的债务重组。如图 4–10 所示。

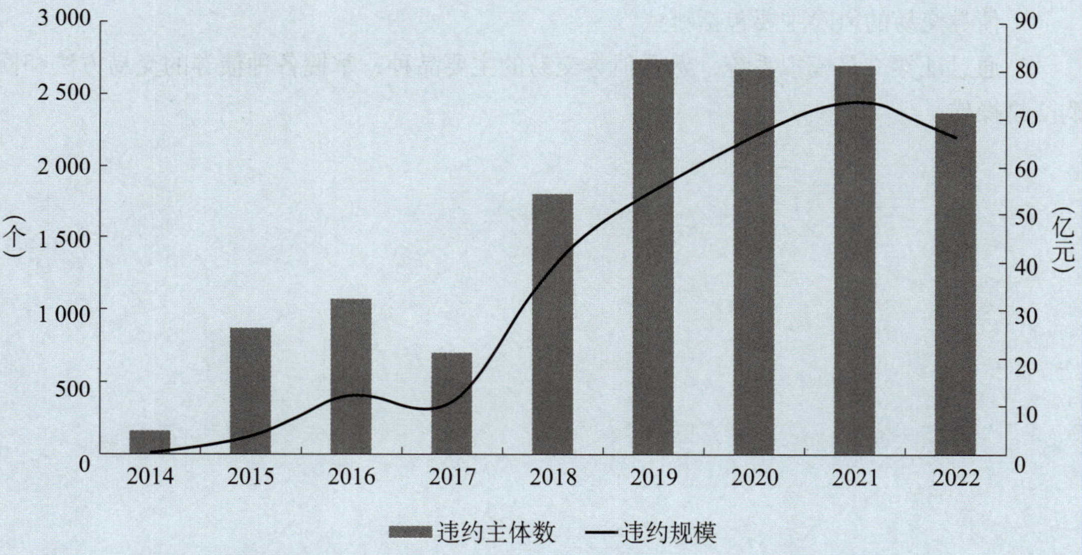

图 4–10　我国债券市场违约企业数量及违约金额规模（单位：个、亿元）

超链接：债券的投资策略

模块小结

我国现代意义上的债券市场从 1981 年国家恢复发行国债开始起步，经过四十余年的发展，统一的、多层次的、以银行间市场为主的债券市场体系基本形成。我国债券市场发行主体从政府、大型国企、金融机构拓展到民营企业、中外合资企业、外资企业。债券市场投资主体已涵盖银行、券商、基金、保险、信用社、企业等各类机构。我国已初步形成面向机构投资者、场外大宗交易的银行间市场为主体的市场架构。实行场外询价、大宗交易的银行间市场是债券市场的主体，主要满足机构投资者需求；实行场内撮合、零售交易的交易所市场是补充，主要满足中小投资者和个人需求。但受金融危机等一系列因素的影响，2014 年以来，我国债券违约事件逐渐浮出水面，并呈现出常态化趋势，信用风险成为债券投资的主要风险。

自测练习

1. 债券交易的风险主要包括哪些？

2. 通过证券交易模拟系统，熟悉债券交易的主要品种，掌握各种债券的交易方法和回购交易操作。

模块五　基金市场投资

教学目标

知识目标

- 理解基金的含义
- 了解基金的主要类型和投资品种
- 掌握基金投资的影响因素与投资方法

能力目标

- 能够对基金市场风险形成合理认知
- 能够根据投资环境变化进行基金投资的选择与操作

素质目标

- 培育深入人心的合规意识、服务意识，培养学生忠于职守的契约精神、职业精神

第一单元　投资基金概述

案例导入

2022 年一季度公募基金运行情况简报

2022 年一季度，A 股市场较为震荡，不少主动权益基金收益告负，受此影响，和去年年底相比，公募基金总规模有所缩减，但仍然接近 25 万亿元。从权益基金申购赎回情况来看，同样较为平稳，其中指数基金较受青睐，一季度净申购份额超

过千亿份。此外，部分业绩表现亮眼以及明星基金经理管理的基金持续吸金。

天相投资顾问有限公司（简称天相投顾）数据显示，截至 2022 年 3 月底，9 000 多只基金（统计样本为已披露 2022 年一季报的 9 103 只基金及未披露 2022 年一季报的 420 只基金）合计规模达 24.98 万亿元，较 2021 年 12 月底减少近 6 000 亿元。

从不同基金类型来看，2022 年一季度，权益基金缩水超 1 万亿元，主要与市场震荡，基金净值下跌有关。但从基金申购赎回情况来看，权益基金并未遭遇大规模赎回，具体来看，股票型基金获净申购 1 030.18 亿份，混合型基金遭净赎回 1 114.55 亿份。

值得注意的是，指数基金较受青睐，一季度获净申购 1 077.3 亿份，其中素有基金界“网红”之称的招商中证白酒指数基金获净申购超 80 亿份，华夏科创 50ETF、华安创业板 50ETF、华宝券商 ETF、国泰证券 ETF、华夏芯片 ETF 等份额净增长均在 30 亿份以上。

在震荡的市场环境中，以稳健著称的债券基金、货币基金也成为资金避风港。和 2021 年底相比，一季度债券基金规模增长 562.75 亿元，货币基金规模增长 5 313.09 亿元。

此外，和 2021 年底相比，QDII 基金规模也实现了正增长，一季度获净申购 634.72 亿份。其中，互联网板块相关 ETF（QDII）份额大幅增长。例如，华夏恒生互联网科技业 ETF（QDII）份额增长 162.58 亿份，易方达中证海外中国互联网 50 联接（QDII-ETF）、华夏恒生科技 ETF（QDII）份额增长也超 50 亿份。

除了 ETF，也有不少投资者布局联接基金。例如，在严格限购措施下，一季度易方达中证海外中国互联网 50 联接（QDII-ETF）人民币 A 份额增长仍超 10 亿份。

截至 2022 年 4 月末，我国境内共有基金管理公司 138 家，其中，外商投资基金管理公司 45 家，内资基金管理公司 93 家；取得公募基金管理资格的证券公司或证券公司资产管理子公司 12 家、保险资产管理公司 2 家。

分组讨论：

在各种媒体报道中，我们听到过很多有关基金的称呼，如宋庆龄基金会、中国青少年基金会、中国扶贫基金、中华环保基金，以及全国社保基金、理财基金，等等。结合自己的理解，谈一谈这些基金有哪些区别。

一、基金概述

基金有资金和组织两方面的含义：

从资金上讲，基金是用于特定目的并独立核算的资金。其中，既包括各国共有的养老保险基金、退休基金、救济基金、教育奖励基金等，也包括中国特有的财政专项基金、职工集体福利基金、能源交通重点建设基金、预算调节基金等。

从组织上讲，基金是为特定目标而专门管理和运作资金的机构或组织。这种基金组织，可以是非法人机构，如财政专项基金、高校中的教育奖励基金、保险基金等；可以是事业性法人机构，如中国的宋庆龄基金会、孙冶方经济科学基金会、茅盾文学奖基金会等；也可以是公司性法人机构。

在证券投资中，我们所说的基金通常是指证券投资基金。

（一）基金的含义

证券投资基金（Securities Investment Fund，以下简称基金）是指通过公开发售基金份额募集资金，由基金托管人托管，由基金管理人管理和运作资金，为基金份额持有人的利益，以资产组合方式进行证券投资的一种利益共享、风险共担的集合投资方式。

在不同的国家或地区，基金的称谓有所区别。英国和中国香港称之为“单位信托基金”，美国称之为“共同基金”，日本和中国台湾则称之为“证券投资信托基金”，这些不同的称谓在内涵和运作上并无太大区别。基金在西方国家早已成为一种重要的融资、投资手段。20 世纪 60 年代以来，一些发展中国家积极仿效，越来越多地运用基金这一形式吸收国内外资金，促进本国经济的发展。目前，基金业已经与银行业、证券业、保险业并驾齐驱，成为现代金融体系的四大支柱之一。

知识拓展

基金的起源

对“最早的基金究竟诞生于何时何地”并没有一致的看法。有人认为，1822 年由荷兰国王威廉一世所创立的私人信托投资基金可能是最早的。还有人认为，1774 年荷兰商人凯特威士最早已经付诸实践，创办了第一只信托基金。

一般认为基金起源于英国，是在 18 世纪末 19 世纪初工业革命的推动下出现的，而后兴盛于美国，风靡于全世界。1868 年英国的“海外及殖民地政府信托基金”是世界上第一只基金（封闭基金），而 1924 年诞生于美国的“马萨诸塞投资信托基金”是世界上的第一只开放式基金。

（二）基金的特点

根据基金的含义，我们可以看出其特点体现在以下几个方面：

1. 基金是一种金融中介机构

基金存在于投资者与投资对象之间，起着把投资者的资金转换成金融资产，通过专门机构在金融市场上再投资，从而使货币资产增值的作用。基金的管理者对投资者所投入的资金负有经营、管理的职责，而且必须按照合同（或契约）的要求确定资金投向，保证投资者的资金安全和收益最大化。

2. 基金是一种信托投资方式

基金与一般金融信托关系一样，主要有委托人、受托人、受益人三个关系人，其中受托人与委托人之间订有信托契约。但基金作为金融信托业务的一种形式，又有自己的特点。如从事有价证券投资的主要当事人中还有一个不可缺少的托管机构，它不能与受托人（基金管理公司）由同一机构担任，而且基金托管人一般是法人。

知识拓展

基金参与主体

基金参与主体一般包括三类，即基金当事人、市场服务机构、行业监管自律组织。

（1）基金当事人：份额持有人（即投资者）、基金管理人（基金公司）、基金托管人（一般为商业银行）。

（2）市场服务机构：基金销售机构、基金注册登记机构、律师事务所和会计师事务所。

（3）行业监管自律组织：基金监管机构（证监会）、基金自律机构（基金业协会）。

3. 基金是一种集合投资制度

基金是一种积少成多的整体组合投资方式，基金公司通过发行基金单位（或称基金份额）从广大投资者那里募集资金，但基金管理人并不对每个投资者的资金都分别加以运用，而是将投资者的资金集合起来，组建投资管理公司进行专业化管理和经营。在这种制度下，投资者共享投资收益、共担投资风险，资金的运作受到多重监督。

4. 基金是一种专业化理财

基金实行专家管理制度，这些专业管理人员都经过专门训练，具有丰富的证券投资和其他项目投资经验。他们善于利用基金与金融市场的密切联系，运用先进的技术手段分析各种信息资料，能对金融市场上各种品种的价格变动趋势作出比较正确的预测，最大限度地避免投资决策的失误，提高投资成功率。对于那些没有时间，或者对市场不太熟悉、没有能力专门研究投资决策的中小投资者来说，投资于基金，实际上可以获得专家们在市场信息、投资经验、金融知识和操作技术等方面所拥有的优势，从而尽可能地避免盲目投资带来的失败。

（三）基金与股票、债券的区别

1. 反映的经济关系不同

股票反映的是所有权关系，债券反映的是债权债务关系，而基金反映的则是信托关系，但公司型基金除外。

2. 筹集资金的投向不同

股票和债券是直接投资工具，筹集的资金主要投向实业，而基金是间接投资工具，筹集的资金主要投向有价证券等金融工具。

3. 风险水平不同

股票的直接收益取决于发行公司的经营效益，不确定性强，投资于股票有较大的风险。债券的直接收益取决于债券利率，而债券利率一般是事先确定的，投资风险较小。基金主要投资于有价证券，投资选择灵活多样，从而使基金的收益有可能高于债券，投资风险又可能小于股票。因此，基金能满足那些不能或不宜直接参与股票、债券投资的个人或机构的需要。

二、基金的分类

（一）按基金运作方式分类

1. 封闭式基金

又称固定型投资基金，是指基金的发起人在设立基金时，限定了基金单位的发行总额，筹集到这个总额后，基金即宣告成立，并进行封闭，在一定时期内不再接受新的投资。封闭式基金的期限是指基金的存续期，即基金从成立起到终止之间的时间。基金单位的流通采取在证券交易所上市的办法，投资者日后买卖基金单位都必须通过证券经纪商在二级市场上进行竞价交易。

2. 开放式基金

开放式基金是指基金管理公司在设立基金时，发行基金单位的总份额不固定，可视投资者的需求追加发行。投资者也可根据市场状况和各自的投资决策，或者要求发行机构按现期净资产值扣除手续费后赎回基金份额，或者增持基金单位份额。为了应对投资者中途抽回资金，实现变现的要求，开放式基金一般都从所筹资金中拨出一定的比例，以现金形式保持这部分资产。

根据能不能在证券交易所挂牌交易，开放式基金可分为上市交易型开放式基金和契约型开放式基金。上市交易型开放式基金，是指基金单位在证券交易所挂牌交易的证券投资基金，这类基金的交易双方是各个投资者，比如交易型开放式指数基金、上市开放式基金。契约型开放式基金，是指基金单位不能在证券交易所挂牌交易的证券投资基金，这类基金虽然不能在证券交易所挂牌交易，但可以通过“申购”“赎回”来进行交易，这类基金的交易双方是投资者和基金公司。

从发达国家金融市场来看，开放式基金已成为世界投资基金的主流，世界基金发展史从某种意义上说就是从封闭式基金走向开放式基金的历史。1998 年 3 月 27 日，传统封基——基金开元和基金金泰宣告成立，正式拉开了公募基金发展的序幕；2001 年 9 月华安基金发行的华安创新成长混合基金打响了开放式基金第一枪；2006 年 8 月，市场出现了首只转型的传统封闭式基金——基金兴业，自此存量传统封闭式基金开启了到期转型的大潮；2017 年 7 月 26 日，公募基金市场上最后一只传统封闭式基金——基金银丰结束了长达 15 年的封闭期，标志着传统封闭式基金正式退出历史舞台。目前市场上已经发行的很多创新型封闭式基金，封闭期一两年或定期开放债基，为资金提供进入、退出途径，其实也是对传统封闭式基金的一种改进。

知识拓展

房地产信托投资基金

在海外成熟市场，房地产信托投资基金（REITs）已被投资者视为股票、债券、现金之外的第四类资产，发展潜力巨大。而在国内，REITs 市场尚处于萌芽期，公募基金涉足 REITs 投资领域此前主要通过海外资本市场进行。资料显示，2011 年，诺安基金发行全球收益不动产证券投资基金，投资海外不动产，广发、嘉实、鹏华等基金公司陆续发行投资 REITs 的 QDII 产品。

鹏华前海万科 REITs 是中国首只封闭式混合型发起式投资 REITs 项目的公募基金，侧重债权性质，于 2015 年 6 月 8 日正式获批并完成注册，6 月 26 日限量发行。鹏华前海万科 REITs 的发行，意味着公募基金投资范围将拓展到不动产领域。鹏华前海万科 REITs 是在中国证监会、深圳证监局和深圳市金融办的大力支持和指导下，由前海金控牵头，联合鹏华基金、前海投控、万科等单位，发行规模上限为 30 亿元，投资位于深圳前海的万科企业公馆，以项目未来八年的租金收益权作为产品收益。作为创新型产品，鹏华前海万科 REITs 的投资门槛要高于普通的股票或债券基金，其首次认购金额最低为 10 万元，二级市场最小买入单位为 1 万份。

（二）按基金投资标的分类

1. 债券基金

债券基金是一种以债券为主要投资对象的基金。在我国，根据《证券投资基金运作管理办法》的规定，80% 以上的基金投资于债券的，为债券基金。理财型基金是一种有一定封闭期的定期开放式纯债基金，最低投资额度为 1 000 元，具有投资门槛低、期限短、收益稳、风险小的特点，运作期限主要包括 7 天、14 天、28 天、30 天、60 天、90 天等。

2. 股票基金

股票基金是指以上市股票为主要投资对象的基金。股票基金还可以细分为多种类型，其中较有代表性的是按投资目标分类，分为价值型股票基金、成长型股票基金和平衡型股票基金。价值型基金主要投资于收益稳定、价值被低估、安全性较高的股票；成长型基金主要投资于收益增长速度快、未来发展潜力大的股票；同时投资于价值型股票和成长型股票的基金是平衡型基金，它是既注重资本增值又注重当期收入的一类基金。一般而言，成长型基金的风险大、收益高；价值型基金的风险小、收益也较低；平衡型基金的风险、收益则介于成长型基金与价值型基金之间。在我国，根据《证券投资基金运作管理办法》的规定，80% 以上的基金投资于股票的，为股票基金。

3. 货币市场基金

货币市场基金是以货币市场工具为投资对象的一种基金，其投资对象期限较短，一般在 1 年以内。货币市场基金的优点是资本安全性高、购买限额低、流动性强、收益较高，管理费用低，有些还不收取赎回费用。因此，货币市场基金通常被认为是低风险的投资工具。目前市面上流行的“宝通”类产品，如余额宝、理财通等，均属于货币市场基金。

交易型货币市场基金又称货币 ETF，是指符合交易所上市条件并在交易所交易系统中以竞价方式进行交易，以基金净值申购或者赎回的货币市场基金，基金份额总额不固定且永久存续。交易型基金有两种交易方式：一种是在一级市场的申购或赎回，另一种是在二级市场的买入或卖出。如果投资者选择的是在一级市场申购 / 赎回交易型货币基金的话，其赎回的流程与普通基金是一样的。而在场内基金的交易中，主要是以选择不同的基金代码来确定不同的交易模式，以华宝添益为例，投资者输入基金代码 511991，表示进行的是一级市场的申购或赎回；输入基金代码 511990，表示进行的是在二级市场的买入或卖出。

超链接：货币 ETF

4. 衍生证券投资基金

衍生证券投资基金以衍生证券为投资对象的基金，主要包括期货基金、期权基金、认股权证基金等。这种基金风险大，因为衍生证券一般是高风险的投资品种。

（三）按基金的投资理念分类

1. 主动型基金

主动型基金是指基金经理自己挑选适合的股票或者债券来买入，以寻求取得超越市场的业绩表现为目标的一种基金，当前市场中的股票型基金、混合型基金、债券型基金，都属于主动型基金的范畴。

2. 被动型基金

被动型基金又称指数基金，一般选取特定的指数成份股作为投资的对象，不主动寻求超越市场的表现，而是试图复制指数的表现，如 ETF 基金。

（四）按基金的募集方式分类

1. 公募基金

公募基金是指可以面向社会公众公开发售的基金。这些基金在法律的严格监管下，有着信息披露、利润分配、运行受限等行业规范。

2. 私募基金

私募基金是指向特定的投资者发售的基金。私募基金不能进行公开发售和宣传推广，只能采取非公开方式发行；基金份额的投资金额较高，风险较大，监管机构对投资者的资格和人数会加以限制；基金的投资范围较广，在基金运作和信息披露方面所受的限制和约束较少。

（五）创新型基金

1. ETF 基金

交易所交易基金（Exchange Traded Funds，ETF），是一种在交易所上市交易的、基金份额可变的开放式基金。交易所交易基金属于开放式基金的一种特殊类型，常见的有货币 ETF、指数 ETF 等，它结合了封闭式基金和开放式基金的运作特点，投资者既可以向基金管理公司申购或赎回基金份额，又可以像封闭式基金一样在二级市场上按市场价格买入或卖出 ETF 份额。不过，指数 ETF 申购或赎回必须以一篮子股票换取基金份额或者以基金份额换回一篮子股票。由于同时存在证券市场交易和申购赎回机制，投资者可以在 ETF 市场价格与基金单位净值之间存在差价时进行套利交易。套利机制的存在，使得 ETF 避免了封闭式基金普遍存在的折价问题。

2. LOF 基金

上市开放式基金（Listed Open-ended Funds，LOF），是一种既可通过证券交易所发行认购和集中交易，也可通过基金管理人、银行及其他代销机构认购、申购和赎回，并通过份额转托管机制将场外市场与场内市场有机联系在一起的开放式基金。

3. QDII 基金

合格境内机构投资者（Qualified Domestic Institutional Investors，QDII）基金，是指在一国境内设立，经该国有关部门批准从事境外证券市场的股票、债券等有价证券投资的基金，它为国内投资者参与国际市场投资提供了便利。2007 年，我国推出了首批 QDII 基金。

4. 分级基金

分级基金（Structured Fund）又称结构型基金，是指在一个投资组合下，通过对基金收益或净资产的分解，形成两级（或多级）风险收益表现有一定差异化基金份额的基金品种。通常所谈到的分级基金是将母基金产品分为 A、B 两类份额，分别给予不同的收益分配，A 类份额投资者每年获得固定的约定收益，B 类份额投资者在支付 A 类份额的约定收益后，享受剩余收益或承担剩余风险。分级基金设置下折条款，即当分级 B 下跌至某一个水平时，分级基金整体会触发下折，大部分股票分级的 B 份额净值小于 0.25 时进行下折，下折之后由于资产净值保持恒定，投资者账户份额会相应缩减。

5. 对冲基金

对冲基金（Hedge Fund），也称避险基金或套期保值基金，是采用对冲交易手段的基金，是指金融期货和金融期权等金融衍生工具与金融工具结合后以营利为目的的金融基金。人们把金融期货和金融期权称为金融衍生工具，它们通常在金融市场中被作为套期保值、规避风险的手段。随着时间的推移，在金融市场上，部分基金组织利用金融衍生工具采取多种以营利为目的的投资策略，这些基金组织便被称为对冲基金。对冲基金早已失去风险对冲的内涵，相反地，现在人们普遍认为对冲基金实际是基于最新的投资理论和极其复杂的金融市场操作技巧，充分利用各种金融衍生产品的杠杆效应，承担高风险、追求高收益的投资模式。为了保护投资者，北美的证券管理机构将其列入高风险投资品种行列，严格限制普通投资者介入。

知识拓展

对冲基金的由来

最早的对冲基金是哪一只，这还不确定。在 20 世纪 20 年代美国的大牛市时期，这种专门面向富人的投资工具数不胜数。其中最有名的是本杰明·格雷厄姆（Benjamin Graham）和杰瑞·纽曼（Jerry Newman）创立的 Graham–Newman Partnership 基金。

1923 年的小说《股票作手回忆录》在记载杰西·利弗莫尔（Jesse Livermore）的辉煌成就时，描写了一种被称为“资产池”的投机工具，和日后所谓的“对冲基金”在形式和功能上极其相似。在利弗莫尔之前，伯纳德·巴鲁克（Bernard M. Baruch）也经营过“资产池”，他后来另立门户，大发其财，被称为“华尔街孤狼”，还成了政治家。

2006 年，沃伦·巴菲特在一封致美国金融博物馆（Museum of American Finance）的信中宣称，20 世纪 20 年代的 Graham–Newman Partnership 基金是其所知最早的对冲基金，但其他基金也有可能更早出现。

社会学家、作家、财经记者阿尔弗雷德·琼斯（Alfred W. Jones）创造了“对冲基金”一词，1949 年，他还第一次确立了对冲基金的结构，为此广受赞誉。为了中和市场总体的波动，琼斯采用买入看涨资产、卖空看跌资产的方法来避险，并把这种管理市场总体波动的风险敞口的操作称为“对冲”。而这种资产组合就是对冲基金。琼斯也是第一位采用资金杠杆和风险分散的对冲投资策略并获取业绩报酬的基金经理。1966 年，《财富》杂志报道称，尽管琼斯收取的管理费高达 20%，但是其麾下的基金比最好的共同基金业绩还要好。

20 世纪 90 年代的大牛市造就了一批新富阶层，对冲基金遍地开花。交易员和投资者更加关注对冲基金，是因为其强调利益一致的收益分配模式和“跑赢大盘”的投资方法。接下来的十年中，对冲基金的投资策略更加层出不穷，包括信用套利、垃圾债券、固定收益证券、量化投资、多策略投资等。21 世纪的前十年，对冲基金再次风靡全球。

6. FOF 基金

FOF（Fund of Funds）基金是一种专门投资于其他证券投资基金的基金。FOF 并不直接投资股票或债券，其投资范围仅限于其他基金，通过持有其他证券投资基金而间接持有股票、债券等证券资产。它是结合基金产品创新和销售渠道创新的基金新品种。

7. 保本型基金

保本型基金（Principal Guaranteed Fund）是指在一定投资期限内（如 3 年或 5 年），对投资者所投资的本金提供 100% 或者更高保证的基金。保本型基金所提供的归还本金保证只有在基金到期时才能兑现，若投资人提前解约赎回，不但无法享有保本保证，通常还必须负担赎回费用。不过目前新发行的保本型基金大都约定有定期赎回的机制，最常见的有以季或月来开放赎回。

第二单元 基金交易

案例导入

基金交易最常用的八个策略

一、适合新手投资者的三类策略

1. 持续持有策略

这是最简单的基金交易策略，从字面我们就可以了解这类策略，选择合适的基金之后买入，并坚持持有就是这个策略的核心。

持续持有策略利用的理论依据就是时间创造的价值。只要选择到一支好的基金标的，随着时间推移，基金内在价值逐步提升，反映为基金净值的增长，最终的表现就是投资者获利。要运用好这种策略就要克服频繁交易的心态。设定好收益目标，坚持持有，直到获利了结。

2. 基金定投策略

这应该是我们听到次数最多的策略了，基金定投就是选定基金之后，设置定投计划，包括设定固定的扣款时间、扣款周期和扣款金额。同样，在开始定投之前要先设定好预期收益目标。

基金定投省事省力，现在绝大部分可以进行基金交易的渠道都是可以设置定投计划的，操作简单。基金定投最大的优点在于分散投资，省时省力。

3. 核心卫星策略

该策略也是一个基金组合策略，组合中以收益稳健的基金作为核心资产，比如债券基金，然后以行业主题基金等作为卫星构成一个平衡的基金组合。核心和卫星的部分可以根据自己风险承受能力进行一定的调整。

这类策略可以很好地做到风险的平衡，攻守兼备，但是也需要投资者对各类基金有比较清晰深入的了解和一定的研判能力。

二、适合有一定投资经验的基民的策略

1. 再平衡策略

再平衡策略是基金组合构建好，运行一段时间之后，将组合中权益类资产和非权益类资产的比值恢复到初始状态的策略。

首先基民要确定初始的股债投资比例，然后设定好再平衡的调整值，再严格遵守投资纪律并执行。再平衡策略意味着投资者需要坚持同样的投资策略，可能会错过市场极端高估与低估时候的收益。同时需要经过较长时间的验证。

2. 美林时钟策略

美林时钟策略其实就是大类资产配置策略，根据市场周期的轮动，在不同的市场配置不同类的资产。

通过判断经济周期和通胀水平，选择代表不同资产的优质基金投资。这种策略要求投资者对市场变化比较敏感，运用得好，能够通过市场周期的变化，把握住股票债券等市场的投资机会。

3. 逆向投资策略

逆向投资策略通过挖掘市场的错误认知或关注盲点，以较低的价格逆向买入资产，耐心等待相关资产重新受到市场关注或者被市场正确定价。

逆向投资策略是比较逆人性的操作，主要考验基民的投资心理，首先要找到被市场错误定价的公司、行业或因子，筛选出基本面变化不大，但不受市场关注的标的，在价格极低或关注度极低时逆向买入并耐心持有。

三、适合经验比较丰富的想要获取更高收益的基民的策略

1. 风险平价策略

风险平价策略是对投资组合中不同资产分配相同的风险权重的一种资产配置理念。具体操作方法为：在掌握主要指数与国债收益率波动区间的前提下，计算股债资产潜在回撤和收益，再给出股债投资比例。这类策略适合基民或者机构进行大资金的投资配置。

2. 全天候策略

全天候策略是基于资产配置类别的风险平价策略。首先，选择能代表相关大类资产的优质基金；其次，计算每一类资产的波动率贡献；最后，完成资产配置并定期再平衡。

相比于前面提到的策略，这两类更加的专业化，也更难掌握，但是，如果运用得好，效果也是非常显著的。

分组讨论：

谈一谈你所了解的基金交易渠道及交易方式都有哪些。

一、基金交易市场

（一）基金交易市场的分类

根据交易场地的不同，基金可以分为场内基金和场外基金。场内基金是指在证券公司开户后，通过证券公司交易软件买卖基金；场外基金是指通过银行柜台、网银、证券公司柜台、基金公司网站等渠道申购或赎回基金。

二者的区别：

（1）交易渠道不同。如上所述。

（2）交易对象不同。场内能买卖的是 LOF 基金、ETF 基金和封闭式基金，不能做定投，不能进行转换；场外可以申购或赎回全部开放式基金，包括 LOF 基金和部分 ETF 基金，且基金大多数可以做定投和进行转换。

（3）交易费率不同。场内买卖单向交易费率最高不超过 0.3%；场外申购费率一般为 0.6%～1.5%，赎回费率一般为 0.5%。

（4）到账时间不同。场内基金购买后 T+1 个工作日可卖出，资金 T+1 个工作日到账；场外基金申购后 T+2 个工作日可赎回，资金 T+1 个工作日到账。

（5）交易价格不同。场内基金买卖是按股票交易方式进行，根据供求关系，以适时撮合价交易，价格在交易日的不同交易时间是不同的；场外申购是未知价，以净值为价格进行交易，每天只有一个价格。

（6）分红方式不同。场内基金的分红方式只有现金分红；场外基金的分红方式有现金分红和红利再投资。

证券投资基金运作如图 5-1 所示。

（二）几个概念

1. 基金面值

基金面值即基金份额初始面值，是指基金份额发行时的票面价值，我国新基金发行时的面值通常为每份 1 元。

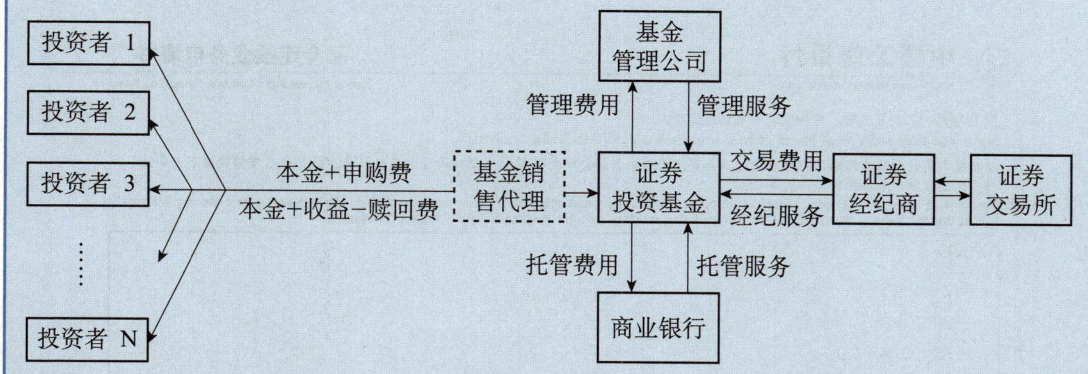

图 5-1　证券投资基金运作示意图

2. 基金单位净值

基金单位净值即每份基金的净资产价值，等于基金的总资产减去总负债后的余额再除以基金全部发行的单位份额总数。开放式基金的申购或赎回都以这个价格进行，但申购或赎回行为发生时尚未确知，只有当日收市后才可计算并于下一交易日公告。

3. 基金认购

基金认购是指在开放式基金募集期内，投资者通过上证所“上证基金通”或上证所以外的系统购买基金份额的行为。基金募集期即发行期，是指基金合同和招募说明书中载明，并经中国证监会核准的基金份额募集期限，自基金份额发售之日起，一般为 1～3 个月，最长不超过 3 个月。

4. 基金申购

基金申购是指在开放式基金的存续期内，投资者购买基金份额的行为。基金募集期结束后就进入基金的封闭期，在基金封闭期，投资者不能对基金进行申购或赎回。在基金封闭期的后期一般也是先开放基金申购，投资无法立刻将基金变现。基金封闭期一般也不超过 3 个月，基金封闭期结束后，投资者就可以对基金进行正常的买入或卖出，也就是基金的存续期。

5. 基金赎回

基金赎回是指基金份额持有人按基金合同规定的条件要求基金管理人购回基金份额的行为。

6. 基金定投

基金定投是定期定额投资基金的简称，是指在固定的时间（如每月 8 日）以固定的金额（如 500 元）投资到指定的开放式基金中，类似于银行的零存整取方式。图 5-2 为银行基金定投业务申请书范例。

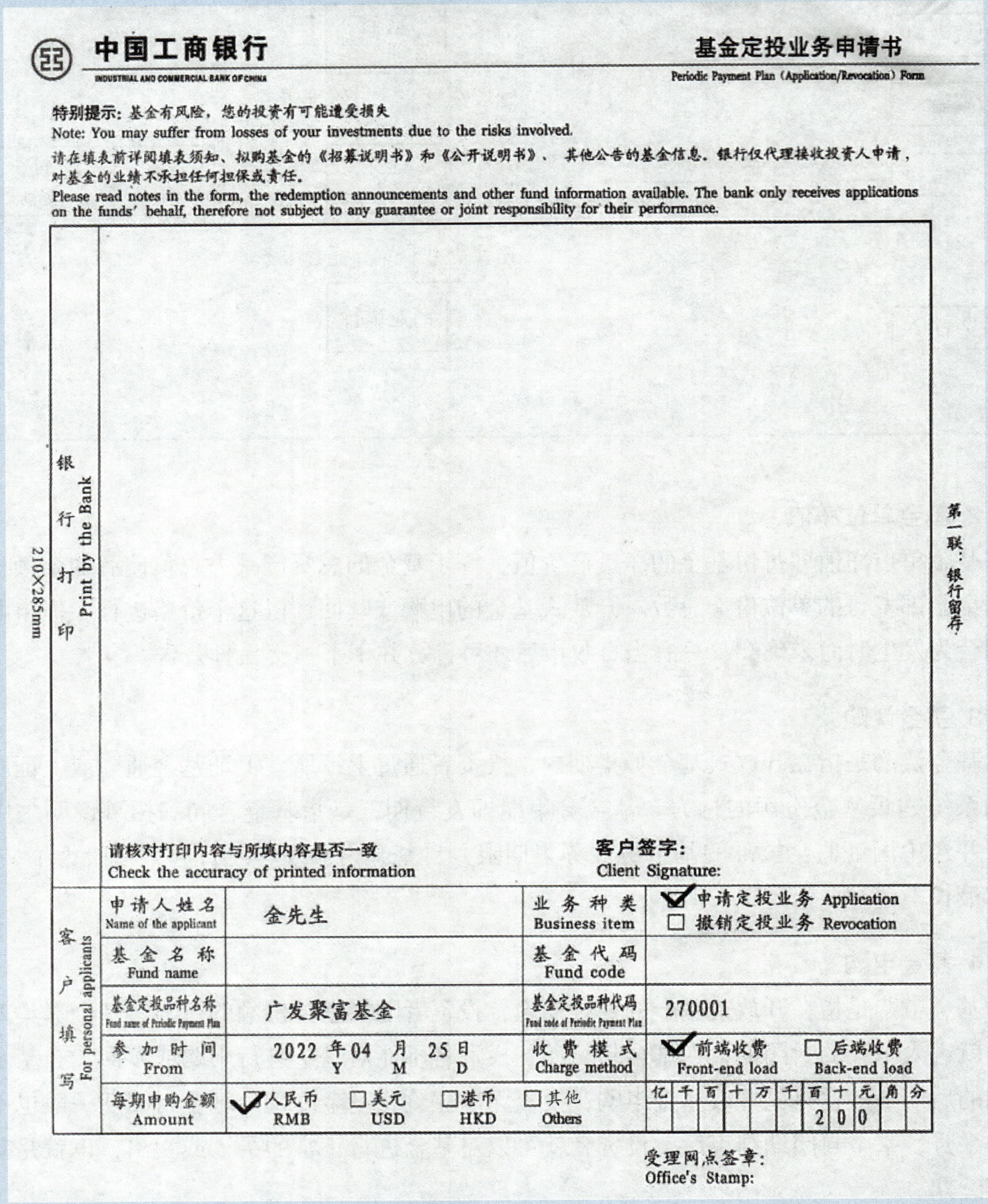

中国工商银行
INDUSTRIAL AND COMMERCIAL BANK OF CHINA

基金定投业务申请书
Periodic Payment Plan (Application/Revocation) Form

特别提示：基金有风险，您的投资有可能遭受损失
Note: You may suffer from losses of your investments due to the risks involved.
请在填表前详阅填表须知、拟购基金的《招募说明书》和《公开说明书》、其他公告的基金信息。银行仅代理接收投资人申请，对基金的业绩不承担任何担保或责任。
Please read notes in the form, the redemption announcements and other fund information available. The bank only receives applications on the funds' behalf, therefore not subject to any guarantee or joint responsibility for their performance.

210×285mm

银行打印 Print by the Bank

第一联：银行留存

请核对打印内容与所填内容是否一致
Check the accuracy of printed information

客户签字：
Client Signature:

客户填写 For personal applicants

申请人姓名 Name of the applicant	金先生	业务种类 Business item	☑申请定投业务 Application ☐撤销定投业务 Revocation
基金名称 Fund name		基金代码 Fund code	
基金定投品种名称 Fund name of Periodic Payment Plan	广发聚富基金	基金定投品种代码 Fund code of Periodic Payment Plan	270001
参加时间 From	2022 年 Y 04 月 M 25 日 D	收费模式 Charge method	☑前端收费 Front-end load ☐后端收费 Back-end load
每期申购金额 Amount	☑人民币 RMB ☐美元 USD ☐港币 HKD ☐其他 Others		亿 千 百 十 万 千 百 十 元 角 分: 2 0 0

受理网点签章：
Office's Stamp:

图 5-2　银行基金定投业务申请书范例

7. 红利再投资

红利再投资俗称利滚利，是指基金进行现金分红时，基金持有人将分红所得的现金以当天基金价格直接用于购买该基金，增加原先持有基金的份额。对基金管理人来说，红利再投资没有发生现金流出，因此，红利再投资通常是不收申购费用的。

8. 前端收费与后端收费

前端收费是指在购买开放式基金时就支付申购费的付费方式。后端收费则是指在购买开放式基金时并不支付申购费，等到卖出时才支付的付费方式。后端收费的设计目的是鼓励投资者长期持有基金，因此，后端收费的费率一般会随着持有基金时间的增加而递减。

二、基金交易渠道

目前，基金的交易主要通过以下几种渠道，其费用也不尽相同。一般而言，通过各种渠道购买货币基金都是免申购、赎回费用的；股票型基金的申购费一般是 1.5%；债券型基金的申购费一般是 0.8%。

（一）银行柜台——种类较多，申购费昂贵

购买基金可以携带身份证和银行卡，直接去银行柜台开户，由于各大银行都会代理发行多种基金产品，因此银行柜台可供购买的基金种类较多。在银行柜台柜面购买基金产品的优势在于，线下网点众多，方便中老年人购买理财产品。缺点是，申购费没有优惠，而且较昂贵，只能在银行上班时间进行。图 5-3 为银行代销基金交易业务申请表范例。

（二）网上银行——操作方便，种类不全

通过网上银行购买基金比较方便，只要登录网上银行，然后绑定银行卡，就可以购买该银行旗下代销的所有基金。通过网上银行购买基金的好处是，手续费较低，最低可打 4 折，股票型基金约为 0.6%。此外，申购或赎回均可在网上实现，操作较方便。但不足之处是，基金种类不丰富，大银行代销的产品多一些，小银行代销的产品较少，投资者很可能买不到想要的基金。

图 5-4 和图 5-5 为网上购买基金的相关操作。

（三）基金官网——费率较低，产品单一

和银行网上销售基金类似，投资者还可以直接在基金公司官网购买。需要提醒的是，大多数基金公司会要求以指定银行的银行卡办理开户，此外用户需要开通网银。这种购买方式的好处是，手续费便宜，一般为 4 折优惠，甚至部分产品会免除申购费；在基金公司直销平台上购买，还可以低成本甚至零成本转换同一平台的基金。不足之处是只能购买这一个基金公司的产品，如果要买不同基金公司的基金，必须分别到每家基金公司的网站注册。图 5-6 为基金公司直销交易范例。

（四）场内基金交易——费率低，需要开户

场内基金交易费率低，仅收取与股票交易相同的佣金，且没有印花税，一次买卖交易的费用大概为 0.2%，相比于普通基金交易约 1.1% 的交易费用（0.6% 的申购费和 0.5% 的

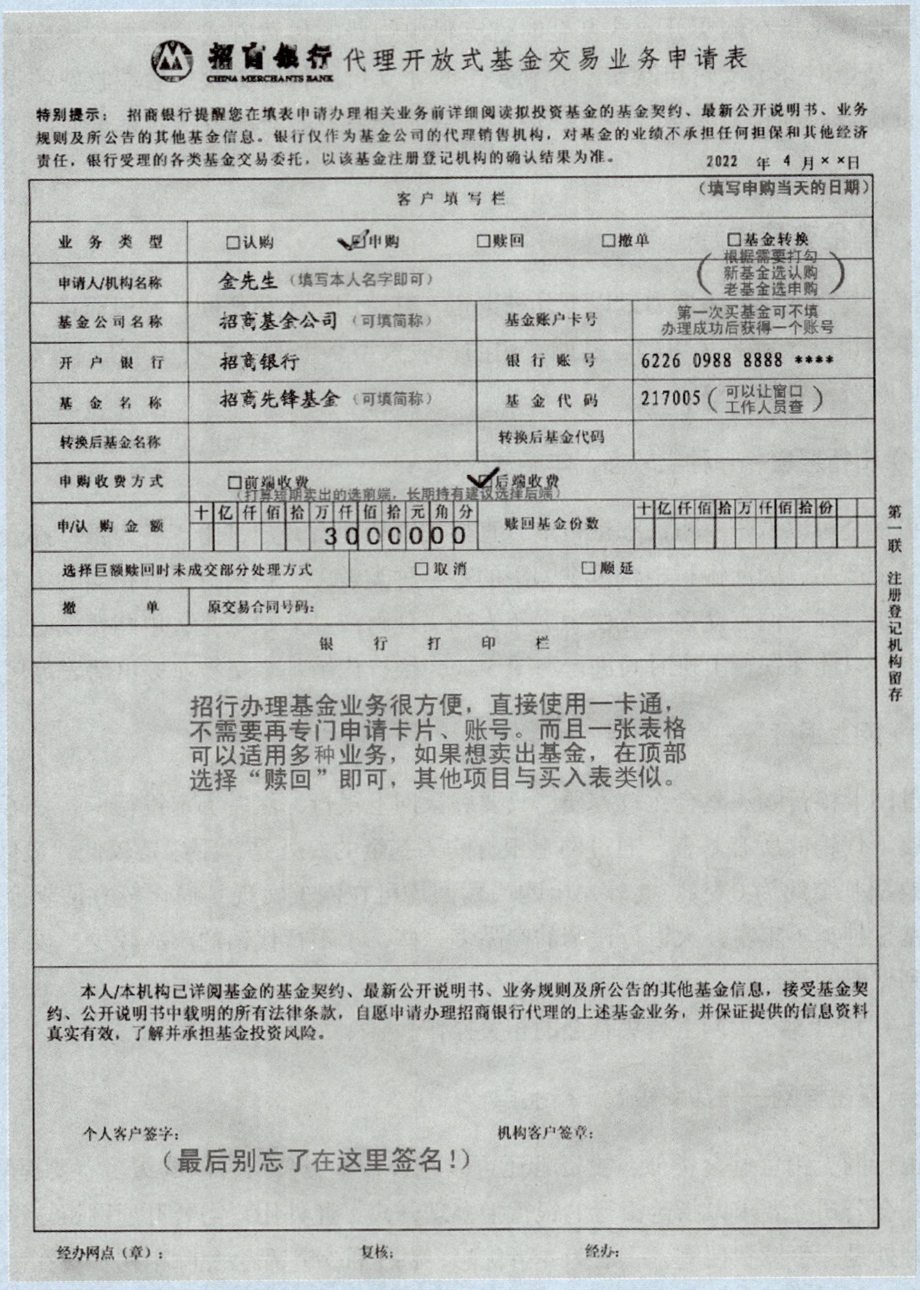

招商银行 CHINA MERCHANTS BANK 代理开放式基金交易业务申请表

特别提示：招商银行提醒您在填表申请办理相关业务前详细阅读拟投资基金的基金契约、最新公开说明书、业务规则及所公告的其他基金信息。银行仅作为基金公司的代理销售机构，对基金的业绩不承担任何担保和其他经济责任，银行受理的各类基金交易委托，以该基金注册登记机构的确认结果为准。

2022 年 4 月××日（填写申购当天的日期）

客户填写栏			
业务类型	□认购 ☑申购 □赎回 □撤单 □基金转换（根据需要打勾 新基金选认购 老基金选申购）		
申请人/机构名称	金先生（填写本人名字即可）		
基金公司名称	招商基金公司（可填简称）	基金账户卡号	第一次买基金可不填 办理成功后获得一个账号
开户银行	招商银行	银行账号	6226 0988 8888 ****
基金名称	招商先锋基金（可填简称）	基金代码	217005（可以让窗口工作人员查）
转换后基金名称		转换后基金代码	
申购收费方式	□前端收费 ☑后端收费（打算短期卖出的选前端，长期持有建议选择后端）		
申/认购金额	十亿仟佰拾万仟佰拾元角分：3000000	赎回基金份数	十亿仟佰拾万仟佰拾份
选择巨额赎回时未成交部分处理方式	□取消 □顺延		
撤单	原交易合同号码：		
银行打印栏			

招行办理基金业务很方便，直接使用一卡通，不需要再专门申请卡片、账号。而且一张表格可以适用多种业务，如果想卖出基金，在顶部选择“赎回”即可，其他项目与买入表类似。

本人/本机构已详阅基金的基金契约、最新公开说明书、业务规则及所公告的其他基金信息，接受基金契约、公开说明书中载明的所有法律条款，自愿申请办理招商银行代理的上述基金业务，并保证提供的信息资料真实有效，了解并承担基金投资风险。

个人客户签字：（最后别忘了在这里签名！） 机构客户签章：

经办网点（章）： 复核： 经办：

第一联 注册登记机构留存

图 5-3 银行代销基金交易业务申请表范例

赎回费）要低不少。交易为实时交易，不会出现因“巨额赎回”而产生延迟赎回的情况，无须等待。其本质和炒股已没有多大区别，只是炒股是操作一只股票，而场内基金交易是操作一篮子股票。它的缺点就在于需要先开设证券交易账户，交易价格相比于净值会产生溢价，且无法定投。图 5-7 为证券账户基金交易范例。

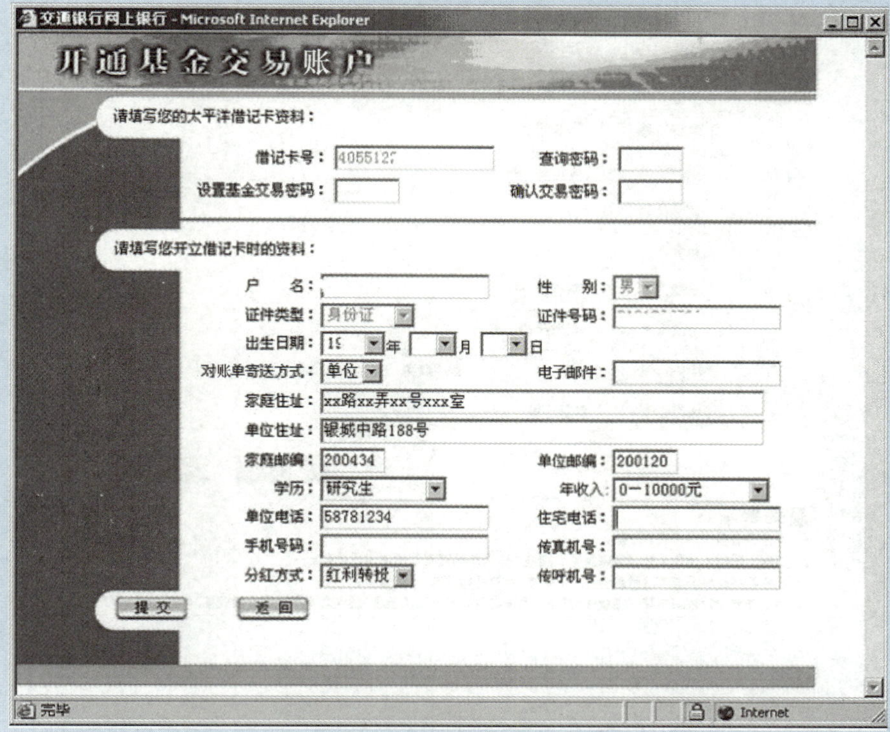

图 5-4　网上银行基金交易开户范例

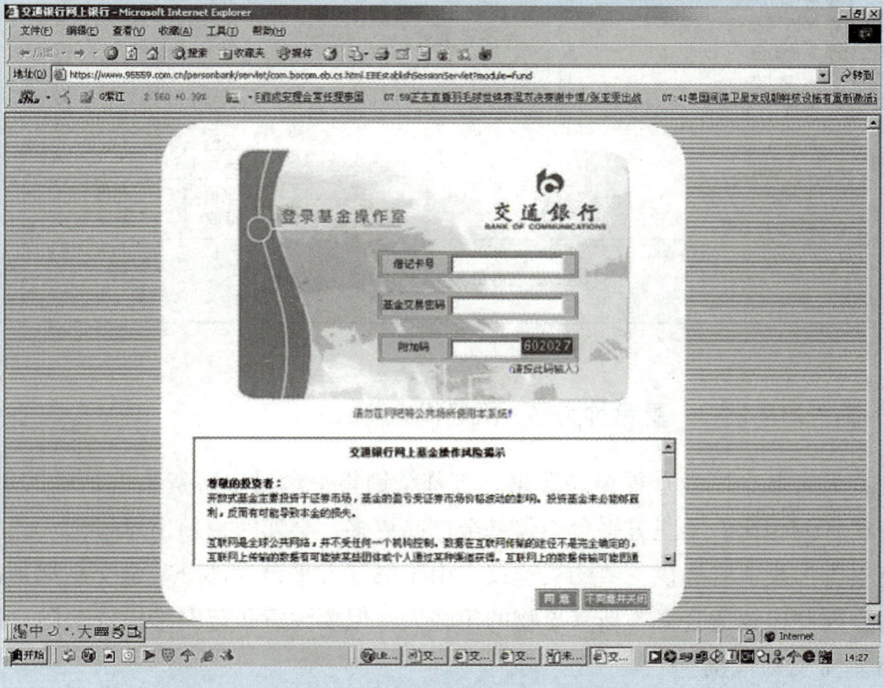

图 5-5　网上银行基金交易登录范例

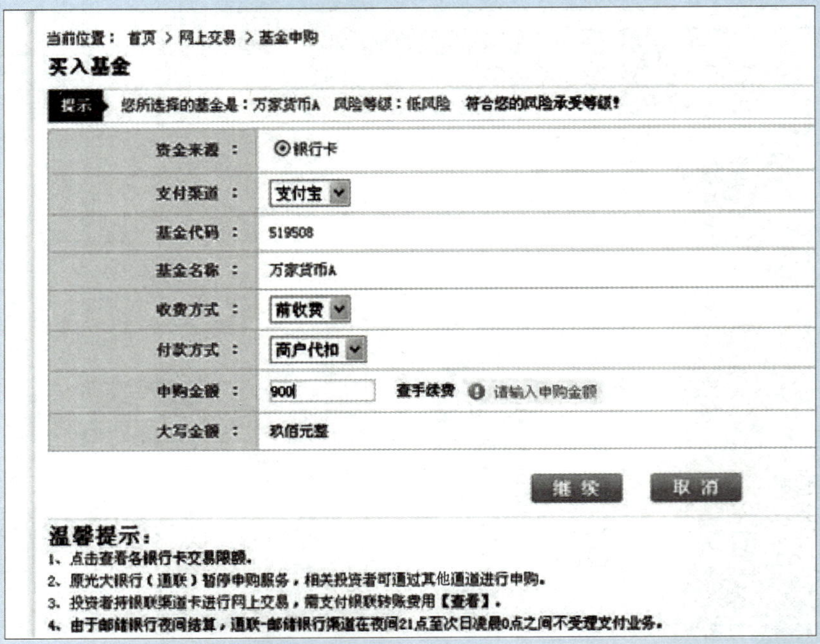

图 5-6　基金公司直销交易范例

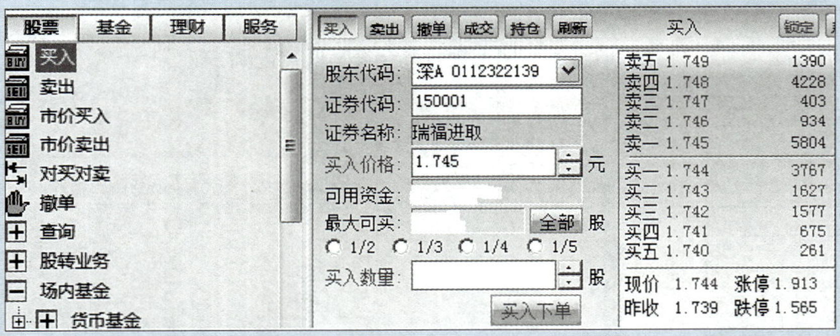

图 5-7　证券账户基金交易范例

（五）第三方平台——基金种类多，服务优

目前，天天基金网、众禄金融等第三方基金销售平台对申购费率也是提供 4 折优惠。与基金公司官网相比，第三方平台不仅基金产品更多，会实时更新市场行情，还能基于公司的研究报告为投资者提供一些购买建议。由于第三方平台大部分基金交易都是在网上完成操作的，因此比较适合喜欢新兴事物的年轻人，但要注意防范网络投资骗局。图 5-8 为手机 App 基金交易范例。

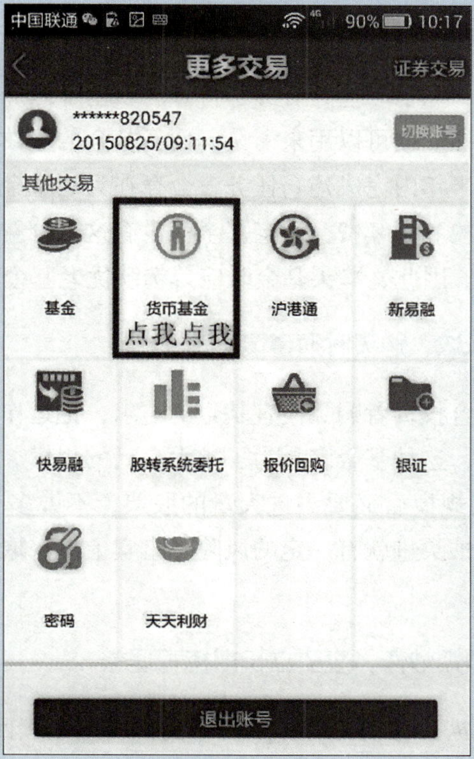

图 5-8　手机 App 基金交易范例

三、基金交易的注意事项

（一）正确认识基金风险，购买适合的基金品种

作为一个投资产品，基金也是风险和收益并存的。投资者在享受基金上涨收益的同时，也要承担基金净值下跌的风险。虽然基金投资可以通过组合投资的方式分散风险，但这并不意味着基金投资就不存在风险。投资者应测试自己的风险偏好程度，选择购买适合自己风险承受能力的基金品种。

（二）选择基金不能贪便宜，而要看基金收益率

有很多投资者在购买基金时会选择价格较低的基金，这是一种错误的选择。例如，A 基金和 B 基金同时成立并运作，一年以后，A 基金单位净值达到了 2.00 元 / 份，而 B 基金单位净值却只有 1.20 元 / 份，按此收益率，再过一年，A 基金单位净值将达到 4.00 元 / 份，可 B 基金单位净值只能是 1.44 元 / 份。如果你在第一年时贪便宜买了 B 基金，收益就会比购买 A 基金少很多。所以，在购买基金时，一定要看基金的收益率，而不是看价格的高低。

（三）新基金不一定最好，绩优老基金更值得关注

我国不少投资者只购买新发基金，以为只有新发基金是以 1 元面值发行的，是最便宜的。其实，从现实角度看，除了一些具有鲜明特点的新基金之外，老基金比新基金更具有优势。首先，老基金有过往业绩可以用来衡量，而新基金的业绩考量则具有很大的不确定性；其次，新基金均要在半年内完成建仓任务，会存在为老基金抬轿的行为；再次，新基金在建仓时还要缴纳印花税和手续费，而老基金就没有这部分费用；最后，老基金的研究团队一般也比新基金成熟。因此，购买基金时应首选绩优老基金。

（四）基金拆分营销味浓，购买时须谨慎投资

有些基金经理为了迎合投资者购买便宜基金的需求，把运作一段时间业绩较好的基金进行拆分，使其净值归一，这种基金多是为了扩大自己的规模。试想在基金归一前要卖出其持有的部分股票，扩大规模后又要买进大量的股票，不说多交了多少买卖股票的手续费，单是扩大规模后的匆忙买进就有一定的风险。事实上，采取这种营销方式的基金业绩多不如意。

（五）基金投资不宜短期炒作，应树立长期持有理念

投资者买入好的基金需要长期持有。虽说在高位将基金赎回而在低位时再将它买入，这个操作的原则非常正确，但问题是投资者很难次次都判断准确。如果判断有误，把“高抛低吸”变成了“低抛高吸”，再加上手续费，几次下来一年的收益就会损失不少。因此，建议基金投资者树立基金长期持有的理念。

（六）基金投资不宜全仓押入，“金字塔式”投资更科学

目前，股市的不确定性较强，针对这种情况，建议对于手中有一笔资金的基民来说，与其一次全仓押入，不如尝试“金字塔式”的投资策略。无论后市涨跌如何，都可以进退有度。例如：第一次先以 1/4 的资金申购某基金；之后，如果净值下跌 10%，再以 1/3 的资金量补仓；而后在净值下跌的过程中，不断追加买入，每一次投资的金额比前一次增加一定比例，直至建仓完毕。这样开始买得不多，越跌就买得越多，从而拉低了总体申购成本。

（七）通过正规渠道购买基金，防范金融诈骗

近年来，市场上时有不法分子冒用基金公司及旗下基金的名义从事非法证券买卖活动，给基金投资者造成了不必要的损失。基金投资者在购买基金时一定要注意通过正规渠道进行投资，如基金公司的官方网站、银行渠道等。注意识别基金公司网站、客服热线、手机短信等网络信息的真伪，同时要了解基金公司绝不会向公众开展代理个股买卖或股票投资咨询等业务的常识。对于有疑虑的投资信息，投资者可以及时向监管机构或当地公安

部门进行咨询、报案等。

（八）了解金融诈骗动态，提高识骗防骗能力

除了通过正规渠道购买基金外，投资者还应该多了解一下金融诈骗的常用手段和伎俩，提高自己识骗防骗的能力。例如二维码流行后，二维码成为金融骗子们新的诈骗工具，拿手机“扫一扫”之后，得到的可能是促销折扣，也很可能会落入骗局，见码就扫很容易会中钓鱼网站的招。除此之外，以盗取信用卡等账户信息的挂马网页，伪装成金融机构销售理财、基金产品的钓鱼网站，以零风险、高收益、小额低息无抵押贷款为诱饵冒充金融机构的虚假网站最为猖獗。以骗取保证金、验证金、预收利息等小额财产为目的的欺诈手段也令很多互联网用户防不胜防。

第三单元　投资基金的绩效评估与选择

案例导入

资管新规冲击公募产品

2018 年 4 月 27 日，中国人民银行、中国银保监会①、中国证监会、国家外汇管理局联合印发《关于规范金融机构资产管理业务的指导意见》(即“资管新规”)。伴随近 3 年过渡期的结束，资管新规于 2022 年开始实施，中国金融生态由此正式进入新发展阶段。从 13 万亿元到超 25 万亿元，三年多的时间里，公募基金行业的资产管理规模实现了近乎翻倍的增长。在这期间，告别了基金子公司的野蛮生长，告别了保本基金，而固收 +、FOF 基金、绝对收益型产品迅速崛起。此外，在净值化转型的浪潮中，基金投顾业务成为主要抓手，银行、券商、基金公司争相入局，各个机构向着财富管理高地迈进。

嘉实基金增强风格投资总监刘斌认为，资管新规为基金行业带来的变化可以用一个词来概括——绝对收益。资管新规发布后，原本按产品成本计价的银行理财产品面临净值化转型，理财收益下移趋势明显，波动性提升。在这样的背景下，原本倾向于配置银行理财的部分投资者开始从其他的标准化产品中寻找机会。

“当然，公募基金产品就是好的替代品。这些投资者转向基金后不会立刻选择高风险、高波动的权益类资产，而是寻求安全边际更高的一类资产。同时，银行理

① 2023 年 3 月，中共中央、国务院印发了《党和国家机构改革方案》。在中国银行保险监督管理委员会基础上组建国家金融监督管理总局，不再保留中国银行保险监督管理委员会。5 月 18 日，国家金融监督管理总局正式揭牌。这意味着，银保监会正式退出历史舞台。

财子公司也越来越重视标准化的产品投资，在底层资产中不断加大对公募基金的投资配置比例。”刘斌说。

在此背景下，固收 +、FOF、绝对收益型产品在诸多公募基金产品中脱颖而出。三类公募资产的规模增速明显，以固收 + 产品为例，其总规模已逼近 2 万亿元。同时，FOF 产品的总规模也突破 2 200 亿元。绝对收益型产品受市场环境、投资难度等因素的影响，规模增速虽然不如前两种产品快，但整体也在增加。

在这样的规模增速下，刘斌明显感知到，投资者或投资机构对公募基金产品的净值波动及回撤方面提出的要求更高了。“在我看来，其实这三类产品的投资难度比传统股票型产品要大。因为股票基金在管理过程中的主要目的是相对收益和排名，而上述三类产品奔着绝对收益的目标出发，在考核方面基于两大方面，一是能否达到客户的预期收益，二是满足客户对回撤和波动的需求。这对我们而言是一个比较大的挑战。”刘斌说。

在被问及资管新规发布以来印象最深刻的事情时，刘斌谈到，伴随着机构投资力量的增大以及大量以绝对收益为目的的投资者的出现，使得市场的定价效率得到了较大提升。当前，大家普遍感到投资变得更加困难，投资的难度再次加大。这就是投资的常态，未来市场的常态。

对于资管新规过渡期后行业的走向，刘斌认为，公募基金现有的低风险产品实际上是在和银行理财子公司争夺未来的低风险客户。从这些产品的风险收益特征来看，并没有明显弱于银行理财子公司的地方。这也意味着，如果大家都做标准化的产品，基金公司可以提供的产品较多，也能够满足银行客户的配置需求。而从长期来看，基金公司也越来越重视这些低风险绝对收益型的产品的布局以及未来的研发。因此，未来伴随着居民收入的持续增加，资金不断流入银行理财、公私募基金等投资产品中，各家之间的竞争将持续下去。至于谁的增速更快，则取决于谁能提供出风险收益特征更好的产品。

分组讨论：

基金投资具有风险分散、专家理财等特点，因此在发达国家的资本市场投资中更受青睐。但投资有风险，任何一种投资产品的市场表现也都良莠不齐。谈一谈你认为该如何挑选基金进行投资。

一、基金投资范围

《中华人民共和国证券投资基金法》（2015 年修订）规定，基金管理人运用基金财产进行证券投资，除国务院证券监督管理机构另有规定外，应当采用资产组合的方式。基金财产应当用于下列投资：第一，上市交易的股票、债券；第二，国务院证券监督管理机构规定的其他证券及其衍生品种。

目前，我国的基金主要投资于国内依法公开发行上市的股票、非公开发行的股票、国债、地方债、企业债券和金融债券、公司债券、货币市场工具、资产支持证券、权证、股指期货、黄金 ETF、国债期货等。图 5-9 为基金公司投资管理流程图。

基金公司的投资管理流程如图 5-9 所示。

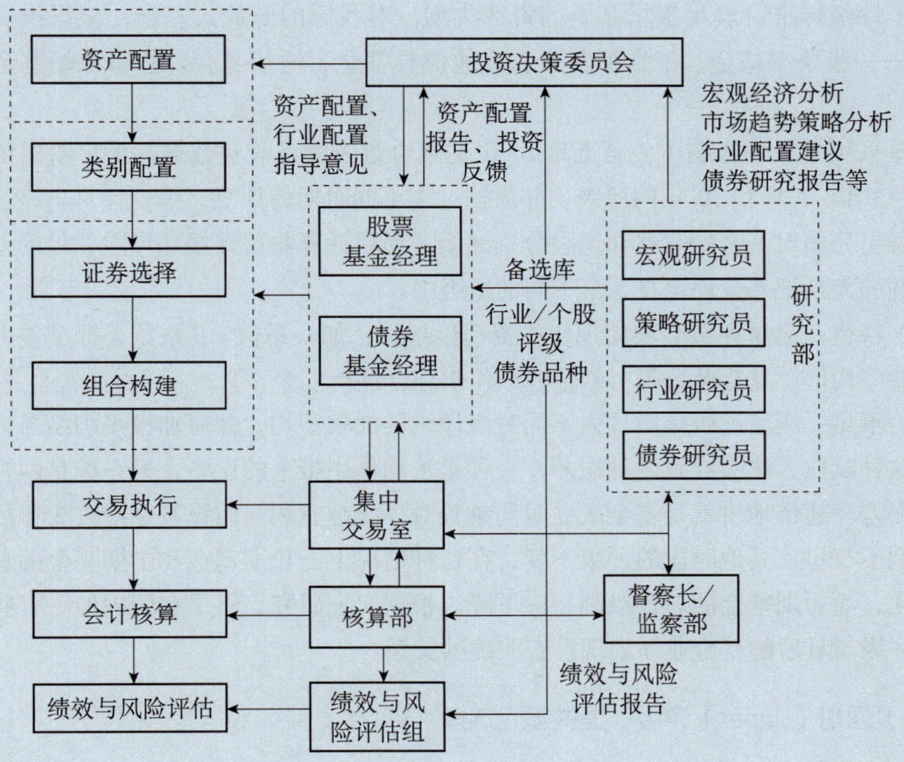

图 5-9 基金公司投资管理流程图

二、基金评级

基金评级是指由基金评级机构收集有关信息，通过科学的定性、定量分析，依据一定的标准，对投资者投资于某一种基金后所需要承担的风险，以及能够获得的回报进行预期，并根据对收益和风险的预期进行基金排序。

目前市场上较为主流的基金评级机构分为两大类：第一类是外资评级机构，以晨星、理柏为代表，评级结果在大多数财经网站都能看到，具有较高的权威性；第二类是国内评级机构，以银河证券基金评级、济安金信评级、天相投顾评级等为代表，市场影响力逐步凸显。

（一）晨星（Morning Star）评级：重风险、质化分析

晨星是目前美国最主要的投资研究机构之一，是国际基金评级的权威机构。2003 年 2 月进入中国市场，在我国基金评级中具有权威地位。

（1）评级原理：按规模与成长价值属性（用 P/E、P/B 衡量）对基金进行两维风格分析。

（2）评级标准：晨星根据基金的资产类型，对我国的开放式基金，根据投资风格进行划分——股票型基金、配置型基金、普通债券基金、短债基金、货币市场基金和保本基金。

晨星采用星级评级制（一至五星）。根据基金过去的月收益数据，晨星给出该基金过去 1 年、3 年、5 年和 10 年的评级。并根据过去不同时期的评级，综合计算出该基金的总评级。晨星公司对基金的收益和风险分别评级，而后计算收益评级和风险评级的差额，并根据差额的大小把基金评定在 5 个不同的星级中。

（3）特色：晨星评级会利用现代投资理论指标，如 α 系数、β 系数、标准差、决定系数、收益率均值、夏普系数等对基金业绩作出综合评价。

（4）不足：晨星评级是对过去不同时段评级的加权平均，并对加权平均结果进行四舍五入。这种赋权方法会导致两种误差，一种是平均作用带来的误差，另一种是四舍五入制导致的误差。通俗地讲就是基金成立时间越长对评级越有利。假设基金过去 3 年的评级从四星降到了三星，其他时段的评级不变，在这种情况下，长期基金和中期基金的总评级未发生变化，而短期基金的总评级则相应下降。根据实证研究，晨星在国内似乎有些水土不服，其评级与日后的基金业绩表现没有明确的关系。

（二）理柏（Lipper）评级：提供多元选择

理柏是路透旗下的全资子公司，专为资产管理公司及媒体机构提供独立性全球集合投资信息，包括共同基金、退休基金、对冲基金、基金费用及开支。理柏认为，基金评级应以投资者不同的投资需求为出发点，帮助不同的投资者根据特定的投资目标进行筛选，从而避免购买不合适的基金，使挑选基金的过程更有针对性。

（1）评级原理：同类型基金中，领先 20% 的基金为第 5 级，被授予“优”的称号，之后均以 20% 为标准再作区分。

（2）评级标准：理柏基金评级在中国所推出的评估标准有总回报、稳定回报、保本能力和费用四种。在总回报上获“优”的基金，反映在自身所属类别中有较高的总收益；在稳定回报上获“优”的基金，反映在自身所属类别中有较好的稳定性和风险调整收益；在保本能力上获“优”的基金，反映在自身所属资产类别（股票、混合资产或债券）中证明本身拥有较高的保本能力；在费用上获“优”的基金，反映在自身所属类别中拥有较低的总体费用率。理柏认为，投资者的投资需求就是追求绝对收益，他们往往把总回报作为主要的参考，因此设计了总回报这样一个指标。

（3）特色：理柏考虑的是在过去的一个时期里各个时间段的风险调整收益，而不会像一般的风险指标只考虑单一期间。理柏会以过去 4 年里每个月、每个季度、每半年或每一年作为持有期来计算稳定回报指标。而保本能力旨在为不同风险程度的投资者提供独特的单一量度下跌风险的指标。

（4）不足：理柏评级涉及基金公司内部未公开的数据，而中国基金公司都不愿公开，这会直接导致理柏中国评级的权威性和公正性。

（三）银河证券基金评级：立足于单个基金的评价

2001 年 6 月，中国银河证券基金研究中心成立后向专业媒体推出了“基金净值增长率排行榜”等指标，旨在对国内证券投资基金的绩效表现进行动态跟踪。

（1）评级原理：与晨星基本相似，也同样以 5 个不同的星级来评定优秀基金，只是在参数侧重点和基金分类标准上略有不同。主要还是采用收益评价指标、风险评价指标和风险调整后收益指标这三大项来衡量。

（2）评级标准：在收益评价指标上，综合考虑基金在评价期内的净值增长率、平均季度净值增长率以及平均月度净值增长率，并将基金在每个阶段的净值增长率转换为标准分。合计标准分越高，基金的收益越好。在风险评价指标上，将月度净值增长率的标准差转化为标准分的形式进行评价。对风险调整后的收益指标，银河证券则综合考虑基金的收益评价和风险评价，将收益评价的得分减去风险评价的得分，即为风险调整收益标准分。风险调整收益标准分越高，基金整体表现越好。

（3）特色：银河证券基金评级主要采用两种方式：客观评价和主观评价。客观评价的主要原则以公开披露的信息为准，在分类的基础上进行评级，指数及增强指数型基金不参与评级，采用风险调整收益指标，不但考虑最终收益，而且注重对收益过程的考察，以滚动收益率作为计算的基础数据，有 1 年、2 年、3 年、5 年等多个时间长度的评级，市场有多久，评价就有多长。主观评价考虑的因素主要包括基金公司的过往业绩、行业配置、个股配置等。

（4）不足：银河证券基金评级只立足于对单个基金的评价，并没有对基金之间的相关关系作出分析，因此在构造基金组合时，以高星级基金构成的投资组合未必是一个有效组合。

三、投资风险能力测试

（一）测试题

（1）选择最符合的你对投资理念的描述。

A. 我的主要目标是得到最高的长期回报，即使我不得不忍受一些非常巨大的短期损失

B. 我希望得到很稳定的资产增值，即使这意味着比较低的总回报

C. 我希望在长期回报最大化和波动最小化之间进行平衡

（2）当你购买股票或者基金的时候，请对下列因素分别进行回答：A—非常重要；B—有些重要；C—不重要。

1）资产升值的短期潜力 ________

2）资产升值的长期潜力 ________

3）对于股票，这个公司被其他人收购的可能性 ________

4）过去6个月的盈余或亏损的情况 ________

5）过去5年的盈余或亏损的情况 ________

6）朋友或者同事的推荐 ________

7）股价或净值下跌的危险性 ________

8）分红的可能性 ________

（3）你会把5 000元投入下面的项目中吗？

1）有70%的可能性你的资产翻一倍到10 000元，但有30%的可能性把5 000元都输光。

2）有80%的可能性你的资产翻一倍到10 000元，但有20%的可能性把5 000元都输光。

3）有60%的可能性你的资产翻一倍到10 000元，但有40%的可能性把5 000元都输光。

（4）假设你要在下面两只基金中作选择，你会选哪只？每只基金都含有6只不同种类的股票，在过去12个月中，以下显示了每只股票的收益情况。

基金甲		基金乙	
股票	收益	股票	收益
A	15%	H	7%
B	−8%	I	6%
C	25%	J	5%
D	12%	K	4%
E	8%	L	6%
F	−8%	M	2%

（5）如果你的10 000元的投资亏了2 000元，你会怎么办？

A. 割肉，卖掉基金

B. 保留着，有50%的机会反弹，有50%的机会再损失2 000元

C. 不知道

（6）假设你在一只基金上投资了10 000元，但一个星期中亏了15%。你看不出是什么原因，大盘也没有跌这么多，你会怎么办？

A. 补仓

B. 清仓，然后投资一只波动小的基金

C. 卖掉一半

D. 等着价格反弹再卖掉
E. 什么都不做（觉得这是正常的）
（7）下面是两只基金在过去两年中每季度的收益情况，你选择买哪只？

基金甲	基金乙
8%	4%
-3%	7%
13%	0%
13%	3%
-12%	3%
24%	1%
-5%	3%
9%	5%

（8）作为一个投资者，和其他人相比，你怎么评估你的投资经验？
A. 非常有经验
B. 比平均水平高
C. 平均水平
D. 比平均水平低
E. 基本上没有经验评分

（二）参考分值

（1）A—15，B—0，C—7
（2）1）选项：A—0，B—1，C—2
2）～5）选项：A—2，B—1，C—0
6）～8）选项：A—0，B—1，C—2
（3）会—5，不会—0
（4）甲—10，乙—0
（5）A—0，B—10，C—10
（6）A—15，B—0，C—5，D—0，E—10
（7）甲—10，乙—0
（8）A—20，B—15，C—10，D—5，E—0

（三）评语

0～11 分：请避免风险，买货币基金吧！
12～33 分：低风险债券。
34～55 分：高风险债券。
56～77 分：股票债券混合式基金、大盘股、蓝筹股。
78～99 分：股票和股票基金。低分的话，买大盘价值型股票，高分的话买小盘或者大盘成长股。

100 分：你就是股神！

四、如何选择基金

投资人在选择证券投资基金作为投资理财工具的时候，首先需要做到五个了解：

（1）了解证券投资基金。基金投资者共享投资收益，共担投资风险，因此，投资者在投资前，首先要留足日常生活费用，再做好预防性保险。

（2）了解自己。应对自己的投资目的、投资目标和投资效果有清醒的认识，做好投资的自我评估。

（3）了解市场。投资者要知道基金的盈利模式。

（4）了解基金发展历史。应该清醒地认识到，没有只涨不跌的资本市场，也没有稳赚不赔的金融投资产品。

（5）了解基金管理公司。一个合格的基金管理公司至少应该具备三个方面的管理系统：科学的投资决策系统、系统交易体系和公平交易体系。

选择基金的步骤：

第一步：选各阶段都排名靠前的基金。

查看近 3 年、1 年、6 个月、3 个月排名前 100 的基金，整理成 Excel 表，选出（全部）重复的基金。这里主要记住一点，不要选近期很火、升得很快的基金，要看过往表现，因为基金是适合长期持有的，并不适合短进短出，而且低买高卖也是赚钱之道。

第二步：为两个以上进排名的基金公司加分。

好的基金公司的特征是：管理的资产规模大、创新能力强、产品线齐全、口碑好、业绩好的基金多。尤其强调一点，在基金大排行中，前 1/3 梯队里名字出现最频繁的基金公司是上上之选。在第一步筛选出的 30 多个基金里，将同基金公司的基金优先放在前面考虑；如果是基金官网或者其他渠道主推的明星级基金产品，也可以优先考虑。

第三步：根据一些指标筛选。

上面两步只是缩小范围，下面根据一些指标来进一步确认：基金成立时长为 3～5 年；基金规模为 10 亿～50 亿元；评级一般选 3 星以上的；基金的投资机构者比例控制在 30%～50% 为最佳；业绩波动性小。一般性指标有 2～3 个没达标的就淘汰掉。

第四步：基金经理综合评定。

一般从三个角度观察，基金经理的从业经验、过往管理业绩、投资操作风格。

第五步：选择投资时机。

如果我们遇到中等增长低通货，经济温和增长，物价水平比较稳定，利率比较低，在这种情况下可结合自己的风险承受能力适当增加股票型基金、债券型基金的投资，分享证券市场带来的高收益；如果说我们遇到高通胀，经济继续增长，同时物价上升，利率开始上升，则可降低股票型基金的比重，增加货币基金和短期债券可以规避利率上升带来的风险；当遇到通货紧缩时，阶段性物价走低，利率水平也下降，经济也放缓，这时候增加长期债券和银行定期存款，对资产可以有一定的保障作用。

超链接：巴菲特六大投资建议：买指数型基金

模块小结

与直接投资不同，证券投资基金是一种间接投资工具，与股票、债券等投资工具在经济关系、资金投向、收益风险等方面有很大的区别。但随着投资理财工具的多样化、复杂化，基金组合投资、分散风险、专家理财等特点也越来越被人们熟悉，以余额宝、理财通等为代表的货币基金、理财基金、保本基金、债券基金、股票基金不断创新，在满足不同群体投资需求方面扮演着越来越重要的角色。同时，私募基金发展中出现的各种乱象也提醒我们，基金投资也不是一劳永逸的，需要我们熟悉市场交易规则，适时调整自己的持仓内容，从而更好地规避风险，实现资产的保值和增值。

自测练习

1. 基金交易的风险主要包括哪些？如何根据客户自身的风险偏好构建基金投资组合？
2. 通过证券交易模拟系统，熟悉基金交易的主要品种，掌握各种基金的交易方法。

模块六　保险市场投资

教学目标

知识目标

- 了解保险的含义、价值及意义
- 了解保险的主要类型，熟悉保险的基本原则
- 掌握保险理财规划的方法

能力目标

- 能够理解保险的功用及社会价值
- 能够根据客户需要进行家庭或企业保险规划

素质目标

- 弘扬社会主义核心价值观中的“爱国”“诚信”与“法治”
- 建立起学生的职业道德观念，树立职业荣誉感、文化自信、行业自信，用保险专业知识为经济建设、社会生活保驾护航

第一单元　保险概述

案例导入

保险公司驰援河南

655 亿元，网信郑州发布的这则数据，是郑州这次极端天气截至目前可能导致的直接经济损失。随着灾情统计的开展，超 4 万公顷的受灾农作物和 8 万多辆泡水

车，让“保险”成为热议的话题。

灾情就是命令。在暴雨之后的70多个小时里，中国各大保险企业纷纷启动应急预案，前线出动救援队，中后台开启绿色理赔通道，同时为灾区捐钱捐物支持重建。据中国银行保险报报道，截至7月23日12时，河南保险业就已经累计接到报案17.69万件，估损金额达到58.27亿元。其中，车险占报案量比例接近95%，有16.75万件，估损47.11亿元，占比81%。除此之外，还有企财产险1 863件，估损8亿元；工程险中郑州地铁1.66亿元；农险6 112件，估损1.05亿元。这些数字对整个保险行业来说都很意外，但对保险企业来说，当前最要紧的只有两件事——应急和救援。

“平时感觉保险没用，当风险来临时，还得保险给你遮风挡雨，河南加油。”在中国平安的评论中也可以感受到，这次河南的极端天气再次表明，有温度的保险服务何等重要。

有数据显示，2011—2019年，我国车险保费收入从3 505亿元增长到8 188亿元，共增长了4 683亿元。尽管中间车险经历了长时间的比重下滑，但截至2020年末，全国车险保费收入为8 245亿元，在行业保费收入中仍占据69.12%，同期国内车险理赔金额比2019年增长了8.82%，达到5 020亿元。

但这些冰冷的数字与产险的人性化服务并不矛盾。台风“烟花”还在北上，上海、杭州等地纷纷建起保护的“软屏障”，包括中国平安在内的各大保险企业也继续努力着。连日来，中国太保产险已为江、浙、沪、皖等地车主精准推送了近800万条台风预警短信，中国人寿几大分公司也启动了重大突发事件应急预案，成立理赔服务工作小组，开始主动寻找客户。

分组讨论：

根据日常所见所闻，谈一谈你对保险功能的认识和理解。

一、认识风险

“天有不测风云，人有旦夕祸福。”人类生活在这个世界上，就可能面临各种风险，而这些风险又可能导致财产和生命健康遭受不同程度的损失和损害。从水灾、火灾、地震，到交通事故、恐怖活动、战争，再到酒精中毒、高血压、癌症等，风险无时不在、无处不在，防不胜防。

从风险的载体来看，风险可以分为财产风险、人身风险、责任风险和信用风险等。

（一）财产风险

财产风险是指导致一切有形财产损毁、灭失或贬值的风险以及经济或金钱上损失的风险。例如：厂房、机器设备、成品、家具等可能会遭受火灾、地震、爆炸等风险；船舶在航行中，可能会遭受沉没、碰撞、搁浅等风险。财产损失通常包括财产的直接损失和间接损失两方面。

（二）人身风险

人身风险是指导致人伤残、死亡、丧失劳动能力以及增加医疗费用支出的风险。如人会因生、老、病、死等生理规律和自然、政治、军事等因素而早逝、伤残、丧失工作能力或年老无依等。人身风险所致的损失一般有两种：一种是收入能力损失，另一种是额外费用损失。

（三）责任风险

责任风险是指由于个人或团体的疏忽或过失行为，造成他人财产损失或人身伤亡，依照法律、契约或道义应承担的民事法律责任的风险。

（四）信用风险

信用风险是指在经济交往中，权利人与义务人之间，由于一方违约或违法致使对方遭受经济损失的风险。如进出口贸易中，出口方（或进口方）会因进口方（或出口方）不履约而遭受经济损失。

此外，从风险产生的原因来看，风险还可以分为自然风险、社会风险、政治风险、经济风险、技术风险等。

二、保险的含义

从风险管理的角度看，保险是风险管理的一种方法；从经济角度看，保险是分摊意外事故损失的一种财务安排；从法律角度看，保险是一种合同行为，是一方同意补偿另一方损失的一种合同安排；从社会角度看，保险是社会经济保障制度的重要组成部分，是社会生产和社会生活“精巧的稳定器”。

根据《中华人民共和国保险法》的规定，保险是指投保人根据合同约定，向保险人支付保险费，保险人对于合同约定的可能发生的事故因其发生而造成的财产损失承担赔偿保险金责任，或者被保险人死亡、伤残、疾病或达到合同约定的年龄、期限等条件时承担给付保险金责任的商业保险行为。

三、保险的功能

保险功能是指保险制度可以发挥的作用和功效，它直接决定了保险制度存在与发展的必要性，也决定了保险业在一国的金融体系，甚至是社会经济制度体系中的地位与作用。保险的功能可以分为基本功能和派生功能。

（一）基本功能

1. 分摊损失功能

保险是一种分摊损失的方法，建立在灾害事故的偶然性与必然性对立统一基础之上，保险机制能够运转的原因是被保险人愿意以交付小额确定的保险费来换取对大额不确定的损失的补偿。保险组织向大量的投保人收取保险费来分摊其中少数成员不幸遭受的大额损失。

2. 经济补偿功能

保险用分摊损失的方法来实现其经济补偿的目的，按照保险合同对遭受灾害事故而受损的单位、个人进行经济补偿，保险的产生和发展都是为了满足补偿灾害损失的需要。

（二）派生功能

1. 投融资功能

对保险人而言，因为保险费的收取与保险金的给付或赔偿之间存在一定的时间差，保险人此时可以对保险基金进行投资经营，使得保险基金能够保值和增值；对投保人而言，投保人可以选择某些保险产品以获取预期的保险金的给付，从而将保险作为一种投资。

2. 防灾防损功能

一般而言，保险人可以通过提供损失管理服务来实现防灾防损功能，即帮助被保险人对潜在的损失风险进行预测、分析与评估，提出合理的事前预防方案和损失管理措施。

超链接：保险的十大黄金价值

四、保险的起源与发展

（一）国外保险

人类社会从开始就面临着自然灾害和意外事故的侵扰，在与大自然抗争的过程中，古代人萌生了对付灾害事故的保险思想和原始形态的保险方法。公元前 2500 年前后，古巴比伦王国国王命令僧侣、法官、村长等收取税款，作为救济火灾的资金。古埃及的石匠成立了丧葬互助组织，以交付会费的方式募集殓葬的资金。古罗马帝国时代的士兵组织，以集资的形式为阵亡将士的遗属提供生活费，逐渐形成保险制度。随着贸易的发展，大约在公元前 1792 年，正值古巴比伦王国第六代国王汉谟拉比时代，商业繁荣，为了援助商业及保护商队的骡马和补偿货物损失，在《汉谟拉比法典》中，规定了共同分摊补偿损失之条款。

公元前916年，在地中海的罗德岛上，国王为了保证海上贸易的正常进行，制定了《罗地安海商法》，规定某位货主遭受损失，由包括船主、所有该船货物的货主在内的受益人共同分担，这是海上保险的萌芽。

在公元前260年—前146年，布匿战争期间，古罗马人为了解决军事运输问题，收取商人24%～36%的费用作为后备基金，以补偿船货损失。这就是海上保险的起源。

海上保险在各类保险中起源最早，正是海上保险的发展，带动了整个保险业的繁荣与发展。14世纪以后，现代海上保险的做法已在意大利的商人中间开始流行。1384年，在佛罗伦萨诞生了世界上第一份具有现代意义的保险单，这张保险单承保一批货物从法国南部的阿尔兹安全运抵意大利的比萨。15世纪以后，新航线的开辟使大部分西欧商品不再经过地中海，而是取道大西洋。16世纪时，英国商人从外国商人手里夺回了海外贸易权，积极发展贸易及保险业务。到16世纪下半叶，经英国女王特许，在伦敦皇家交易所内建立了保险商会，专门办理保险单的登记事宜。17世纪中叶，爱德华·劳埃德在泰晤士河畔开设了“劳合咖啡馆”，成为人们交换航运信息、购买保险及交谈商业新闻的场所，随后在咖啡馆开办保险业务。1696年，劳合咖啡馆迁至伦敦金融中心，成为劳合社的前身。1720年经女王批准，英国的“皇家交易”和“伦敦”两家保险公司正式成为经营海上保险的专业公司。

在海上保险产生和发展的过程中，一度包括人身保险。15世纪后期，欧洲的奴隶贩子把运往美洲的非洲奴隶当作货物进行投保，后来船上的船员也可投保，如遇到意外伤害，由保险人给予经济补偿。这些就是人身保险的早期形式。著名的天文学家哈雷，在1693年以西里西亚的勃来斯洛市的市民死亡统计为基础，编制了第一张生命表，精确表示了每个年龄的死亡率，提供了寿险计算的依据。18世纪四五十年代，辛普森根据哈雷的生命表，制成依死亡率增加而递增的费率表。之后，陶德森依照年龄差等计算保费，并提出了“均衡保险费”的理论，从而促进了人身保险的发展。1762年成立的伦敦公平保险社才是真正根据保险技术基础而设立的人身保险组织。

现行火灾保险制度起源于英国。1666年9月2日，伦敦发生巨大火灾，全城被烧毁一半以上，损失约1 200万英镑，20万人无家可归。由于这次大火的教训，保险思想逐渐深入人心。1667年，牙科医生尼古拉·巴蓬在伦敦开办个人保险，经营房屋火灾保险，出现了第一家专营房屋火灾保险的商行。此后，火灾保险公司逐渐增多，1861—1911年，英国登记在册的火灾保险公司达到567家。1909年，英国政府以法律的形式对火灾保险进行制约和监督，促进了火灾保险业务的正常发展。

保险从萌芽时期的互助形式逐渐发展成冒险借贷，发展到海上保险合约，发展到海上保险、火灾保险、人寿保险和其他保险，并逐渐发展成现代保险。

（二）国内保险

中国早在夏、商、周时代，就形成了保险的思想。《礼记》有云：“故人不独亲其亲，不独子其子，使老有所终，壮有所用，幼有所长，矜、寡、孤、独、废疾者皆有所养。”

这是中国最古老的社会养老保险思想。

我国历代王朝都非常重视积谷备荒。春秋时期孔子“耕三余一”的思想就是颇有代表性的见解。孔子认为，每年如能将收获粮食的三分之一积储起来，这样连续积储 3 年，便可存足 1 年的粮食，即“余一”。如果不断地积储粮食，经过 27 年可积存 9 年的粮食，就可达到太平盛世。

在汉宣帝时代，根据大司农中丞耿寿昌的建议，建立“常平仓制”，在边郡修筑粮仓，谷贱时提高粮价买入，谷贵时低价出售给百姓。在隋文帝时代，建立“义仓制”，遇到灾年，开仓放粮，救济灾民。这些都是财产保险和社会保险的萌芽，起到了防灾防损的作用。

1805 年，英国人在广州开设谏当保安行，是中国第一家现代意义上的保险公司。到 19 世纪中叶，仅英国人在上海就开了 7 家保险公司。随后，中国的有识之士开始学习西方的经济制度和商业发展：洪仁玕在其《资政新篇》一书中最早主张兴办近代保险业；清末思想家魏源在其《海国图志》一书中将“保险”一词引入中国，翻译为“担保”；1865 年 5 月 25 日，我国第一家民族保险企业——上海华商义和公司保险行成立，打破了外国保险公司垄断中国保险市场的局面，标志着我国民族保险业的起步；1875 年 12 月，李鸿章授意成立第一家船舶保险公司——保险招商局，后几经改组，全面开展财险业务；到 1949 年 5 月，上海约有保险公司 400 家，其中华商公司 126 家。

中国保险行业从无到有、从小到大，2000—2020 年实现保费收入年均 18% 高增长，2016 年首次跻身全球第二大保险市场。2022 年四季度末，保险公司总资产 27.1 万亿元，较年初增加 2.3 万亿元，较年初增长 9.1%。2022 年全年，保险公司原保险保费收入 4.7 万亿元，同比增长 4.6%。以 2022 年 14.12 亿人口计算，人均保险资产 1.9 万元，人均保费支出 3 329 元，人均购买保单 39 单。

过去 40 多年保险行业规模快速扩张，背后驱动因素是经济高速增长、政策导向鼓励行业做大、人海战术扩张、中短期产品抢占市场……但也滋生理赔纠纷、违规销售等问题，甚至个别保险公司偏离主业、公司治理存在严重缺陷，危害行业健康发展。2017 年以来，“保险姓保”，强监管、补短板、治乱象、防风险成为监管导向。

第二单元 保险类型

案例导入

2021 年政府工作报告 14 次提及保险：让生活更美好，保险不能缺席！

关注民生，让老百姓的生活更有保障，让日子过得更红火一直以来都是历届两会报告的主题，2021 年也不例外，医疗、养老等民生话题始终是全国两会代表、委员们聚焦的重点。保险作为和老百姓幸福生活息息相关的行业近年来越来越受到国家的重视，高频率地出现在每年的报告中，2017 年 10 次、2018 年 13 次、2019 年 15 次，2020 年 5 次，2021 年 14 次。保险的重要性进一步凸显，尤其是在经历疫情后，保险的保障功能也有了很大的发挥。

需要注意的是，除倡导主要"保民生""稳就业"的失业保险外，在今年的报告中，另一重点集中在养老方面。养老保险，可以说是 2021 年的保险热词，无论大小会议，关于养老总有说不完的话题。关于养老保障的构建，大家对于商业养老保险也寄予了越来越高的期望。虽然在历年的政府报告中，关于养老问题都会涉及，但将"发展第三支柱养老保险"明确纳入政府报告，还是头一次。以国家之名，强化第三支柱的养老保险发展，对于老百姓来讲，则是一个明显的信号。

"规范发展第三支柱养老保险等保险服务"，银保监会主席释放了多个信号，其中就有对养老保险的期盼，并指出，人口老龄化是一个很大的挑战，国家也在积极研究推进，将从多个方面采取相关措施，包括延长工作时间、延迟退休等。还会采取其他的措施，其中一项就是要发展第三支柱养老保险，中央经济工作会议作出了明确部署，要规范发展第三支柱养老保险，就是我们通常说的商业养老保险。

商业养老保险已成为当下乃至更远的未来保险企业要发力的重点。无论是大型保险企业，还是中小型保险企业，对于养老板块的业务都寄予了一定期望。毕竟，长寿时代需要长寿经济的支持。

分组讨论：

日常生活中你所了解的保险品种都有哪些？

现如今，保险开始逐渐融入人们的生活，成为越来越多家庭所必备的东西。对于家庭经济支柱来说，保险就是一份承诺与爱；对于家庭弱势群体来说，保险就是一种呵护。那么，保险的种类有哪些呢？

一、按照经营性质分类

（一）商业保险

商业保险是指通过订立保险合同运营，以营利为目的的保险形式，由专门的保险企业经营。我们通常所说的保险就是指商业保险形式。

（二）政策保险

政策保险是政府出于某种政策上的目的，运用商业保险的原理并给予扶持政策而设立的保险。政策保险包括社会政策保险和经济政策保险两大类型。

1. 社会政策保险

社会政策保险即社会保险，是指国家通过立法强制实行的，由劳动者、企业（雇主）或社区以及国家三方共同筹资，建立保险基金，对劳动者因年老、工伤、疾病、生育、残废、失业、死亡等丧失劳动能力或暂时失去工作时，给予劳动者本人或其供养的直系亲属物质帮助的一种社会保障制度。它是国家为了稳定社会秩序，贯彻社会公平原则而开办的，具有一定的政治意义。社会保险是社会保障制度中的核心内容。

我国的社会保险主要包括“五险”，即养老保险、医疗保险、工伤保险、失业保险和生育保险。“五险”方面，单位和个人的承担比例一般是：养老保险单位承担 20%，个人承担 8%；医疗保险单位承担 6%，个人承担 2%；失业保险单位承担 2%，个人承担 1%；生育保险 1% 全由单位承担；工伤保险 0.8% 也是全由单位承担。职工个人不承担生育保险和工伤保险。

2. 经济政策保险

为了体现一定的国家政策，如产业政策、国际贸易政策等，国家通常会以国家财政为后盾，设立一些不以营利为目的的保险，由国家投资设立的公司经营，或由国家委托商业保险公司代办这些保险所承保的风险一般损失程度较高，但出于种种考虑而收取较低保费，若经营者发生经营亏损，将由国家财政给予补偿。这类保险被称为政策性保险。

常见的政策性保险有出口信用保险和农业保险等。商业保险公司出于利润最大化的考虑通常不会主动经营政策性保险。

（三）商业保险与社会保险的区别

商业保险与社会保险的主要区别在于：

（1）商业保险是一种经营行为，保险业经营者以追求利润为目的，独立核算、自主经营、自负盈亏；社会保险是国家社会保障制度的一种，目的是为人民提供基本的生活保障，以国家财政支持为后盾。

（2）商业保险依照平等自愿的原则，是否建立保险关系完全由投保人自主决定；社会保险具有强制性，凡是符合法定条件的公民或劳动者，按期缴纳保险费用，接受保障，都是由国家立法直接规定的。

（3）商业保险的保障范围由投保人、被保险人与保险公司协商确定，不同的保险合同项下，不同的险种，被保险人所接受的保障范围和水平是不同的；社会保险的保障范围一般由国家事先规定，风险保障范围比较窄，保障的水平也比较低，这是由它的社会保障性质所决定的。社会保险是国家强制实行的社会保障制度，被保险人有永久获得保障的权利。政府对保险财务负最后的责任，发生的亏损由国家财政拨款弥补。

（4）对象和作用不同。商业保险以个人或全体公民为对象，并根据其缴保费多少和事故发生的种类给予一定的经济补偿；社会保险以劳动者及其供养的直系亲属为对象，在劳动者丧失劳动能力后给予物质帮助。

（5）权利与义务对等关系不同。商业保险主要表现为“多投多保，少投少保”的等价交换关系；社会保险强调劳动者必须履行为社会贡献劳动的义务，并由此享有获得社会保险待遇的权利，实现权利与义务基本对等。

（6）保障水平和立法范畴不同。商业保险以投保所缴保费为标准，社会保险以保障劳动者的基本生活需要为标准；商业保险看重偿还，社会保险看重保障；商业保险属于经济立法范畴，社会保险属于劳动立法范畴。

（7）管理制度不同。商业保险是自主经营的相对独立的经济实体，属于金融体制；社会保险由中央或地方政府集中领导，专业机构组织管理，属于行政领导体制。

二、按照保险标的分类

（一）财产保险

财产保险有广义与狭义之分。广义的财产保险是指以财产及其有关的经济利益和损害赔偿责任为保险标的的保险；狭义的财产保险则是指以物质财产为保险标的的保险。在保险实务中，后者一般称为财产损失保险。

财产保险包含机动车辆保险、企业财产保险、家庭财产保险、船舶保险、责任保险、保证保险、货物运输保险、农业保险、工程保险、信用保险等。在日常生活中，我们接触最多的应该是机动车辆保险。

机动车辆保险即车险，是以机动车辆本身及其第三者责任等为保险标的的一种运输工具保险。机动车辆保险可分交强险和商业险两大类，而商业险又可以具体分为基本险（也称主险）和附加险两个部分，基本险分为车辆损失险、第三者责任险（即交强险）。附加险包括全车盗抢险、玻璃单独破碎险、发动机涉水险、自燃险、划痕险、不计免赔等险种，必须先投保车辆损失险后才能投保这几个附加险。

（二）人身保险

人身保险是以人的寿命和身体为保险标的的保险。当人们遭受不幸事故或因疾病、伤残、年老以致丧失工作能力、死亡或年老退休时，根据保险合同的约定，保险人对被保险人或受益人给付保险金或年金，以解决其因病、残、老、死所面临的经济困难。传统人身保险的产品种类繁多，但按照保障范围可以划分为人寿保险、人身意外伤害保险和健康保险。

人寿保险又可分为定期寿险、终身寿险、两全保险、年金保险等，健康保险则又可分为疾病保险、医疗保险、失能收入损失保险、护理保险等。而随着经济的发展，资本市场化程度的日益提高，近几年在国内投资市场上又出现了将保障和投资融于一体的新型投资型险种，主要包括分红型、万能型、投资连结型三种类型。

第三单元 保险理财规划

案例导入

家庭理财保险规划案例

王先生和妻子经营一家小公司，目前正处于创业阶段，有一个3岁的儿子，与大多数普通家庭一样，家庭责任较重。因此，想进行家庭理财保险规划，但是家庭现金流不足，只能拿少部分钱购买保险。那么王先生一家应该怎么买保险最科学合理？

保险专家建议，王先生可以分别从家庭收入保障账户、家庭健康保障账户、年金领取账户、家庭理财账户四大账户上对保险进行合理规划。

家庭收入保障账户，是保障家庭收入的。在整个家庭当中，谁的收入是主要的，谁就是家庭主要的经济来源，就帮谁优先建立。买保险也优先考虑家庭经济主要来源者，这样才能更好地规避风险。

而在选择保险产品上，由于环境污染，食品安全的问题，以及工作的压力、饮食习惯等很多问题，是每个人都要面对的。所以，家庭中的每一个人都要建立一个健康账户。只有在重大疾病的情况下，才会用到很多的自费药和自费的检查项目。而通过购买商业重大疾病保险就可对社保起到补充的作用。建立家庭健康保障账户不需要太多钱，一般以年收入的5%～10%为最佳。

另外，还要建立一个年金领取账户。这是一个偏重于储蓄类的账户，到了一定年龄就可以领取的现金。类似于养老保险，能够有效地提高人们退休后的生活质量。不过，这里首先要明确给谁建立的问题。研究表明，女性的平均寿命要高过男性，所以养老年金要先建立在女性身上，让她对未来的生活更有安全感。同时还要给子女建立教育年金。这个账户最主要的不是去追求收益，而是保证专款专用，来保障孩子每个成长阶段都有教育金支持。

最后，就是为家庭的闲置资金建立长期投资理财账户，达到闲置资金不断增值、家庭财富持续增长的理财目标。目前市场上的理财保险有三种：分红险、万能险和投连险。由于王先生的家庭责任较重，承受风险的能力较低，因此建议选择分红险。分红险的好处就是风险低，且收益和保险公司的投资业绩挂钩，所以可以回避或者部分回避通货膨胀对自身资产的威胁。

由此可见，每个人的家庭理财保险规划，都要根据实际情况以及经济能力来进行规划，切忌盲目投保。

分组讨论：

“你可以不喜欢保险，但一定要懂得利用保险。”谈一谈你对这句话的理解。

保险规划就是通过对个人或家庭经济状况和保险需求的深入分析，帮助投保人选择合适的保险产品并确定合理的期限和金额，免除其财务上的后顾之忧。

一、人生风险规划

人生风险规划如图 6-1 所示。

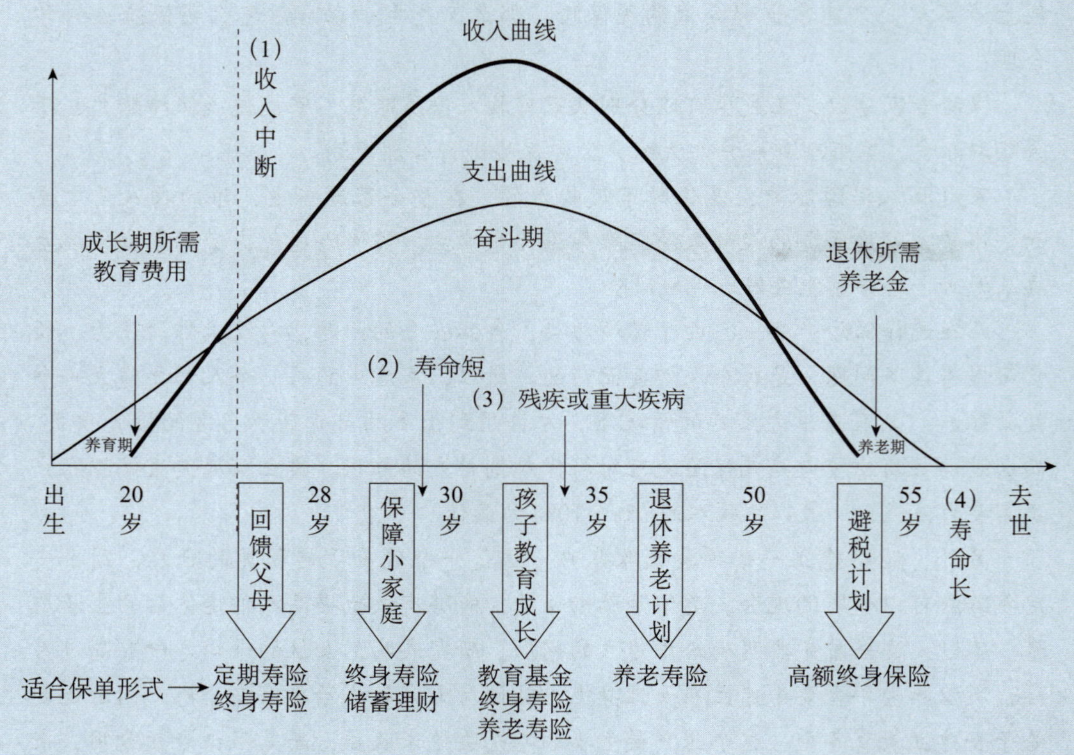

图 6-1 人生风险规划图

二、保险规划三原则

家庭购买保险三原则如图 6-2 所示。

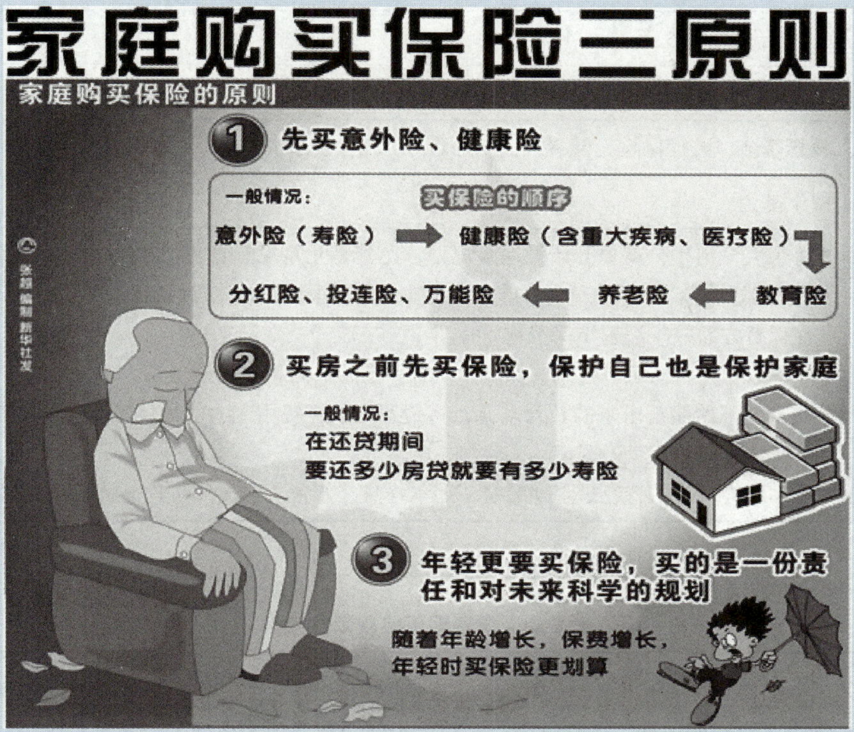

图 6–2　家庭购买保险三原则

三、保险规划内容

每个人所处的生命阶段不同，扮演的家庭角色和承担的家庭责任也不同，据此我们将保险规划的内容分成以下几个阶段（见图 6–3）。

图 6–3　保险规划七阶段

第一，儿童期。该阶段的保险规划可参考表 6–1。

表 6–1　儿童期保险规划参考表

年龄	0 岁（出生满 15 天）～14 岁
特点	无自我保护能力；无经济能力；无家庭压力
目前需求	教育基金、医疗保险、健康险、意外险等
长期需求	留学基金
保险规划	* 每个人一出生，就要开始做保险规划，尤其是儿童没有自我保护能力，因此完整的保险规划非常需要。如终身寿险、重大疾病险、住院医疗险、意外险等。 * 在保费方面，年纪越小保费越便宜。 *14 岁以下儿童，可单独购买保险，但有一定的限额。 * 儿童期开始储蓄未来的教育基金，将是解决教育费用庞大的最佳工具，如短期及长期子女教育年金、投资型保险等。 * 还本型终身险的特色是限期缴费、还本终身，非常适合父母为儿童做终身理财规划。

第二，青春期。该阶段的保险规划可参考表 6–2。

表 6–2　青春期保险规划参考表

年龄	14～22 岁
特点	学生；青春叛逆期，血气方刚；自我保护能力低，无经济能力，无家庭压力，可能半工半读
目前需求	教育基金、住院医疗保障、防癌保障、意外保障、入学贷款
长期需求	留学基金、创业基金
保险规划	* 保费由父母负担。 * 寿险费用是依照年龄计算的，由于越年轻购买越便宜，因此这一时期可以规划完整的保险保障，终身都受用。如终身寿险、重大疾病险、住院医疗险、日额型住院医疗终身险、意外险等。 * 此阶段是学习生涯的后半段，未来将进入社会，此时可以开始储蓄未来的留学基金或创业基金，如投资型保险、智富人生。

第三，年轻上班族。该阶段的保险规划可参考表 6–3。

表 6–3　年轻上班族保险规划参考表

年龄	22～30 岁
特点	初入社会上班族；收入不稳定；中低经济能力（可能只够负担部分家计）；中低家庭压力
目前需求	创业基金、医疗费用、防癌保障、意外保障、失去工作能力
长期需求	养老基金
保险规划	* 收入不太多，最好选择保费不高的产品，死亡险便是最佳产品，死亡险又分保费较低的定期险与保费稍高但一辈子享有保障的终身险。

续表

保险规划	* 现在买保险，也要考虑到未来结婚成家后，可能因为保障需求增加，而转换成其他种类保单的可行性。 * 青年期是踏入社会的开始，应以有限的经济条件，设计最适宜的保障计划，让未来的路更平安、平顺，如增值型寿险、意外险、住院医疗险等。 * 定期险（适合收入较少者） 终身险（适合收入稳定者） 储蓄险（一种养老险，适合没有储蓄习惯者） 意外险（适合经常在外面奔走的业务员） 医疗险（可以补健康保险给付不足的差额） 重大疾病险、长期看护险

第四，单身自由族。该阶段的保险规划可参考表 6–4。

表 6–4　单身自由族保险规划参考表

年龄	30 岁以上
特点	未婚；经济自由；可能有房贷压力；无家庭压力；独居或与父母同住
目前需求	住院医疗保障、防癌保障、意外保障、家人的医疗保障
长期需求	创业基金、养老基金
保险规划	* 虽然单身，家庭经济压力低，但也缺少互相照顾的终身伙伴，所以规划完整的保险保障，终身都受用。 * 凡事多需自行处理，经济上更要预留准备，以低风险的保险来累积财富，可以确保生活安定。 * 寿险费用是依照年龄计算的，因此越年轻购买越便宜，如终身寿险、重大疾病险、住院医疗险、日额型住院医疗终身险、意外险等。

第五，新婚家庭族。该阶段的保险规划可参考表 6–5。

表 6–5　新婚家庭族保险规划参考表

年龄	25～35 岁
特点	* 结婚是人生大事，你开始以“家”作为考量许多事情的单位，要对另一个人负责。 * 成家后，生活逐渐会变得复杂，如买车子、买房子，生孩子等。 * 家庭负担由轻转重，保险也应该随实际的家庭与财务状况作调整，尤其有房贷负担的家庭，更不能忽略保险的重要性。 * 中高阶层上班族、中高水平经济能力、高家庭压力，无法有太多储蓄。 * 家庭负担加重，开始更严谨地规划财务，逐渐累积财富。
目前需求	家庭保障、信贷保障、医疗费用、防癌保障、意外保障
长期需求	养老基金

续表

保险规划	* 单身时期已经买保险者，结婚后只需调高保额，或检视是否要完整保障。 * 保额 = 主要收入 3～5 年的年薪 + 扶养亲属 + 房屋贷款。 * 夫妻最好能各自拥有单独保单，以免一方变故，另一方的保障落空（目前仅有家庭型重大疾病险不会因主被保人身故而失效）。 * 随着家庭负担的改变或成员的增加，至少一年评估一次保险的需要，检查原来的保险是否足以满足当时的需求；或者相对于财务状况，所支付的保费会不会过高等。 * 完整保障如终身险、意外险、医疗险、保费豁免、失能险（家庭主要收入者特别需要）、重大疾病险、防癌险（最好买家庭型）。保障妇女怀孕生产及新生胎儿。

第六，美满壮年族。该阶段的保险规划可参考表 6–6。

表 6–6　美满壮年族保险规划参考表

年龄	35～55 岁
特点	高经济能力、高家庭压力、房贷或贷款快清偿结束、接近退休年龄
目前需求	医疗费用、子女结婚基金、家人生活费
长期需求	养老基金
保险规划	* 进入壮年期，家庭、事业皆有成，可运用保险以完善地保障对家庭与子女的责任。 * 完整保障如终身险、意外险、医疗险、保费豁免、失能险（家庭主要收入者特别需要）、重大疾病险、防癌险（最好买家庭型保单）（夫妻双方均投保）。 * 子女是家庭最大的成就，也是最重的负担，如何运用保险来共同分担教养下一代的责任，给予孩子最可靠的保障，是为人父母者必须智慧思考的事。 * 微利时代来临，此阶段可以为子女作各种保险规划，如连动式债券保单、智富人生。

第七，退休养老族。该阶段的保险规划可参考表 6–7。

表 6–7　退休养老族保险规划参考表

年龄	60 岁以上
特点	这时期应是享受保险保障的时候
目前需求	养老金（生活费）、医疗费用、税务规划
长期需求	遗产规划
保险规划	* 只要在人生的前几阶段进行适当的保险规划，现在则无须担心后半辈子没有保障了。 * 进入老年期，需要一份充足的人身保障，如终身险、意外险、医疗险、重大疾病险、防癌险等。 * 退休后更需要一笔足够的养老金，以安享晚年，如投资型保险、高额储蓄险、年金保险等。

知识拓展

香港人和日本人的保险规划给我们的启示

香港人一生的8份保单

香港的大学生大约23周岁毕业，他们刚毕业时一般要为父母买一张保单，算是对父母养育之恩的报答。第二张保单是为自己的生活、疾病提供保障。香港人通常晚婚，婚后他们一般要为对方买一份保险，在自己出现意外时，对方仍然可以正常生活，这是第三张保单。结婚之后，香港人一般享受一两年的二人世界，然后考虑要孩子，为孩子购买一些意外或者疾病保单，这是家庭必需的第四张保单。第五张是孩子的教育保单。30岁之后，香港人才开始拥有自己的房子。买房之后，通常也会买车，第六张保单就是为车、房购买的保险。第七张是防止身故、提供还债保障的保单。30岁左右，为晚年生活着想，香港人通常要买一张大病养老保险，这是第八张保单。此外，在晚年，为自己的遗产转移购买一份保单，也是必不可少的。

日本人均6份寿险

日本人有一种习俗，订婚时，男方要买一张寿险保单，写上女方的名字，这是一种爱与责任的体现。同时，原有的保单不能满足需求，就要增加和扩大。35岁以后，还贷压力很大，需要买一份保险，为家庭提供财富保障。买一份与贷款相当金额的人寿保险，比如贷80万元，就为自己买一份保额为80万元的保险。万一出险，有保险公司替自己还房贷。到了四五十岁，应该考虑养老。买养老保险越早越好。这个时候，房子买了，孩子大了，应该考虑增加一份养老金。到了50岁，快退休了，要考虑一旦去世，财产税很高，会买一份保险避税。

家庭环境在发生变化，保险的需求也在发生变化。国内的家庭往往保险意识不强，对保险的需求不清晰。如已购买保险，不妨学习中国香港地区、日本等地居民的做法，在人生的不同阶段添置保险，并定期整理保险。主要体现为：重新整理保单，要清楚保额是否足够。要知道自己购买的是什么险种，有什么责任，注意免责条款和赔付标准。看保单是否有保障的缺口，是否存在没保障到的。银行账户是否正常使用，保单交费是否有效。如果有房贷车贷，要注意把意外险的保额和车、房的贷款持平，经济能力较强的应注意补充定期寿险，寿险的保额也要和车、房贷款持平，这样可以花最少的保费得到最高的保障。

调整后，也将意味着如果风险来临时，房贷、车贷、家庭生活费用、教育费用、父母赡养费用都有保险公司赔付，保险的意义就在于此，这才是完善的保险保障。

如果还没买保险，那要先做保险需求分析，厘清自己在单位拥有的保障（社保情况、是否有团体险）、自己的资产和负债以及家庭责任的情况，按需选择保险。

模块小结

不同年龄段的人有不同的保险需要，没有一个保障方案适用于所有的人和家庭，但是一个家庭若没有制定保险方案绝对是理财大忌。任何人在任何年龄阶段，基本都需要买保险。有些人会问，我这么年轻，需要买保险吗？我有钱，还需要买保险吗？事实上，任何人在任何年龄阶段发生意外事故、疾病后，都可能导致家庭财务发生额外的支出。尽管有些家庭会有一定的经济基础保障，但这些保障可能来自家庭收入，也可能来自社会保障，很多时候都不足以抵御风险，这就需要商业保险进行补充。

从个人理财的角度来看，我们不仅追求投资收益，同时要注重风险控制，尤其要小心谨慎地控制恶性风险。所谓恶性风险就是指可能造成我们重大财产损失、身体健康严重伤害、重大疾病、残疾，甚至人身死亡的事件。由于恶性风险会给我们实现人生目标造成非常严重甚至灾难性的障碍，因此，我们在拟订任何一个理财方案时，控制恶性风险是我们的首要任务，这一点应当优先于任何其他理财策略，从这个意义上讲，保险的保障功能得到了充分的体现。

自测练习

1. 如何理解保险的价值及意义？

2. 查找各保险公司主流的保险产品。结合相关保险知识，分年龄、分家庭状况进行保险规划方案的设计。

模块七　其他投资

教学目标

知识目标

- 了解贵金属投资的主要类型
- 了解外汇投资的主要类型
- 了解金融衍生品的投资方式
- 了解房地产投资的一般方式

能力目标

- 能够结合实例进行投资分析
- 掌握各类投资的特点和投资方式

素质目标

- 树立风险识别意识
- 具有从事投资工作所应有的良好职业道德和工作态度

第一单元　贵金属投资

案例导入

黄金价格波动的影响

20世纪70年代以前，黄金以价值稳定著称。1900—1933年的34年间，国际金价年度均价（下同）稳定在20.67美元/盎司，随后，1934年美国政府官方定价黄金为 35 美元 / 盎司，这一定价一直维持到 1967 年。而在 1968—1971 年，这种黄金美元标价的稳定局面彻底崩溃了。1972—1988 年国际金价由 59 美元 / 盎司飙升至 436.79 美元 / 盎司，1989—2001 年由 380.74 美元 / 盎司跌至 272.67 美元 / 盎司。接下来的 8 年间，黄金的表现举世瞩目，由 309.66 美元 / 盎司一路涨至近 900 美元 / 盎司。

黄金价格波动风险的产生，触发了利用黄金衍生品规避风险的客观需求，纵观历史上的历次危机，黄金价格波动风险为黄金期货的产生创造了条件：首先，1900—1933 年及 1945—1968 年两个阶段的黄金价格相对稳定，风险较小，企业避险需求不大。1945—1968 年，西方工业国建立黄金总库，把私人交易的黄金价格和官方美元价格联系起来，据此控制黄金的市场价格。其次，1968—1972 年，西方国家放弃黄金总库，建立双重黄金市场，目的是把各国央行之间的黄金交易和私人黄金市场隔离。1972 年，加拿大温尼伯格商品交易所试验黄金期货。1973—1982 年，黄金价格开启了自由波动的新纪元。1973 年布雷顿森林体系崩溃，美元和黄金脱钩，西方主要工业国放弃双重黄金市场，形成了统一的国际黄金现货市场，期间美国政府和国际货币基金组织多次拍卖黄金。1975 年，美国政府允许私人买卖、储备黄金。为增加黄金市场的流动性，1974 年纽约商品交易所（COMEX）引入黄金期货，1982 年引入黄金期权。再次，1983—1992 年，金融自由化的浪潮推动世界黄金市场进一步开放，以伦敦为交易中心，苏黎世为转运中心，联结东京、香港、纽约、开普敦等地的世界市场运作模式基本形成。1988 年，伦敦黄金市场重组，传统封闭的黄金经纪业务逐步向其他金融机构开放。以黄金银行为中介，黄金市场和其他金融市场的联系更为紧密。最后，1993 年至今，银行推出多样化的场外黄金衍生工具、融资工具，各国央行在管理黄金储备上更积极地利用国际黄金市场。

如果说黄金价格自由波动令黄金价格产生了风险，那同样也推动了黄金市场的蓬勃发展。若风险为金融创新之母，那么黄金价格自由波动就直接催生了黄金期货及相关衍生品市场。贵金属市场提供了一条全新的投资理财途径，贵金属交易近几年来相当火爆，并且有越来越多的人开始参与贵金属交易。

分组讨论：

你所了解的黄金投资是什么？

一、贵金属概述

（一）贵金属范围

贵金属包括 8 种金属元素：金、银、铂、钯、铑、铱、锇、钌。由于它们在地壳中含量少，勘探、开采、提炼难度高，因此被称为贵金属。

由于贵金属独特的物理、化学性能，在应用领域中是其他金属材料所无法代替的，因此在某些应用领域起着决定性的作用。贵金属大多数都拥有美丽的色泽，对化学药品的抵抗力大，保值性强。

（二）贵金属投资

贵金属投资以黄金、白银为主。贵金属投资分为实物投资和电子盘交易（一般无实物）。

（1）实物投资是指投资人在对贵金属市场看好的情况下，低买高卖赚取差价的过程；也可以是在不看好经济前景的情况下所采取的一种避险手段，以实现资产的保值和增值。

（2）电子盘交易是指根据黄金、白银等贵金属市场价格的波动变化，确定买入或卖出，这种交易一般都存在杠杆，可以用较小的成本套取较大的回报。

二、主要贵金属投资类型

（一）黄金投资

黄金长久以来一直是一种投资工具。它价值高，并且是一种独立的资源，不受限于任何国家或贸易市场，与公司或政府也没有牵连。因此，投资黄金通常可以帮助投资者避免经济环境中可能会发生的问题，而且黄金投资是世界上税务负担最轻的投资项目。黄金投资意味着投资于金条、金币乃至金饰品，投资市场中存在众多不同种类的黄金账户。

黄金是一种化学元素，具有稳定的化学性质，在自然状态下几乎不与任何物质发生化学反应。黄金具有金灿灿的光泽，质地柔软，十分容易加工成人们需要的形状。黄金的密度是19.6克/立方厘米，是密度最大的物质之一，便于携带。黄金是一种稀缺的自然资源，人类经过数千年的开采积累的存量也只有约14万吨。即使在开采技术十分发达的当代，黄金的年产量也只有2 000多吨。这些特征，决定了黄金的自然属性。

由于黄金自然稀少，具有美丽的光泽及优良的物理和化学性质，受到各时期人们的宠爱。在可考的人类文明史中，没有任何一种物质像黄金一样，与社会演化和社会经济缔结如此密切的关系，成为悠久的货币的载体、财富和身份的象征。因此，在人类文明史的演化过程中，黄金具有货币和商品两种属性，相应地，黄金的价格也由这两种属性的动态均衡确定。

在货币的本位是黄金的时期，单位黄金的价格就是它计价商品的价格，黄金是商品交换的等价物。

在复本位货币或信用本位货币时期，黄金的价格受到黄金货币属性和商品属性两种因素均衡的影响。

在货币史的沿革中，由于复本位货币在属性上常常也具有信用货币不足值的性质，像信用货币一样，货币发行是货币发行主体对货币持有人的负债。当国家政权成为复本位或信用本位货币发行的主体后，货币的发行成为国家对货币持有人的负债。因此，当货币发行主体面临政权、经济和金融危机时，黄金的商品属性就会均衡地向货币属性移动，黄金的价格确定因素中货币属性就上升为主导因素。

众所周知，黄金具有商品和货币的双重属性。如今，随着金融市场的不断发展，黄金作为一种投资品种，为越来越多的投资者所认识。

1. 投资方式

（1）投资金条（块）。投资金条（块）时最好要购买世界上公认的或当地知名度较高的黄金精炼公司制造的金条（块）。这样，以后在出售金条（块）时会省去不少费用和手续，如果不是知名企业生产的黄金，黄金收购商可能会收取分析黄金的费用。国际上不少知名黄金商出售的金条（块）包装在密封的小袋中，除了内装黄金外，还有可靠的封条证明。这样，在不开封的情况下，再售出金条（块）时就会方便得多。一般而言，金条（块）都铸有编号、纯度标记、公司名称和标记等。由于金砖（约 400 盎司）一般只在政府、银行和大黄金商间交易使用，私人和中小企业交易的一般为比较小的金条，这需要特大金砖再熔化铸造，因此要支付一定的铸造费用。一般而言，金条越小，铸造费用越高，价格也就越高。

1）优点：不需要佣金和相关费用，流通性强，可立即兑现，可在世界各地转让，还可在世界各地得到报价；从长期看，金条（块）具有保值功能，对抵御通货膨胀有一定的作用。

2）缺点：占用一部分现金，而且在保证黄金实物安全方面有一定的风险。

购买金条（块）需要注意的方面：最好要购买知名企业的金条（块），要妥善保存有关单据，要保证金条（块）外观（包括包装材料）和金条（块）本身不受损坏，以方便将来出手。

（2）投资金币。金币有两种，即纯金币和纪念性金币。纯金币的价值基本与黄金含量一致，价格也基本随国际金价波动。纯金币主要是为满足集币爱好者收藏之需。有的国家纯金币标有面值，如加拿大曾铸造有 50 加元面值的金币，但有的国家纯金币不标面值。由于纯金币与黄金价格基本保持一致，其出售时溢价幅度不高，投资增值功能不强，但自身具有鉴赏、流通变现和保值功能，因此仍对一些收藏者有吸引力。纪念性金币由于具有较大的溢价幅度，具有比较大的增值潜力，因此其收藏投资价值要远大于纯金币。纪念性金币的价格主要由三方面因素决定：一是数量越少，价格越高；二是铸造年代越久远，价值越高；三是目前的品相越完整，越值钱。纪念性金币一般都是流通性币，都标有面值，比纯金币的流通性更强，不需要按黄金含量换算兑现。由于纪念性金币发行数量比较少，又具有鉴赏和历史意义，其职能已经大大超越了流通职能，多被投资者作为投资增值和收藏、鉴赏用，投资意义比较大。如一枚 50 美元面值的纪念性金币，可能含有当时市价 40 美元的黄金，但发行后价格可以大大高于 50 美元的面值。投资纪念性金币虽有较大的增值潜力，但投资这类金币有一定的难度，首先要有一定的专业知识，对品相鉴定和发行数量、纪念意义、市场走势都要了解，还要选择合适的机构进行交易。

（3）纸黄金。“纸黄金”交易没有实金介入，是一种由银行提供的服务，以贵金属为单位的户口，投资者无须通过实物的买卖及交收而采用记账的方式来投资黄金，由于不涉及实金的交收，交易成本可以更低。值得注意的是，它虽然可以等同持有黄金，但是户口内的“黄金”不可以换回实物，而且“存款”没有利息。“纸黄金”是采用100%资金的、单向式的交易品种，是直接投资于黄金的工具中较为稳健的一种。

（4）黄金期货。和其他期货买卖一样，黄金期货也是按一定的成交价，在指定时间交割的合约，合约有一定的标准。期货的特征之一是投资者为能最终购买一定数量的黄金而先存入期货经纪机构一笔保证金（一般为合同金额的5%～10%）。一般而言，黄金期货购买者和销售者都可以在合同到期日前，出售和购回与先前合同相同数量的合约而平仓，而无须真正交割实金。每笔交易所得利润或亏损，等于两笔相反方向合约买卖的差额，这种买卖方式也是人们通常所称的“炒金”。黄金期货合约交易只需交易额10%左右的定金作为投资成本，具有较大的杠杆性，即少量资金推动大额交易，因此，黄金期货买卖又称“定金交易”。

投资黄金期货的优点：较大的流动性，合约可以在任何交易日变现；较大的灵活性，投资者可以在任何时间以满意的价位入市；委托指令的多样性，如即市买卖、限价买卖等；质量保证，投资者不必为其合约中标的的成色担心，也无须承担鉴定费；安全方便，投资者不必为保存实金而花费精力和费用；杠杆性，只需以少量定金即可进行交易；价格优势，黄金期货标的是批发价格，优于零售和饰金价格；市场集中公平，期货买卖价格在一个地区、国家，开放条件下世界主要金融贸易中心和地区价格是基本一致的；套期保值作用，即利用买卖同样数量和价格的期货合约来抵补黄金价格波动带来的损失，也称“对冲”。

投资黄金期货的缺点：投资风险较大，因为需要较强的专业知识和对市场走势的准确判断；市场投机气氛较浓，投资者往往出于投机心理而不愿脱身，所以期货投资是一项比较复杂和劳累的工作。

（5）黄金期权。期权是买卖双方在未来约定的价位具有购买一定数量标的的权利，而非义务。如果价格走势对期权买卖者有利，则能因行使其权利而获利；如果价格走势对自己不利，则应放弃购买的权利，这样，损失的只有当时购买期权时的费用。买卖期权的费用（或称期权的价格）由市场供求双方的力量决定。由于黄金期权买卖涉及的内容比较多，期权买卖投资战术也比较多且复杂，不易掌握，目前世界上黄金期权市场并不多。黄金期权投资的优点也不少：具有较强的杠杆性，以少量资金进行大额的投资；如果是标准合约的买卖，投资者则不必为储存和黄金的成色担心；具有降低风险的功能；等等。

（6）黄金股票。黄金股票就是金矿公司向社会公开发行的上市或不上市的股票，又称金矿公司股票。由于买卖黄金股票不仅是投资金矿公司，而且是间接投资黄金，因此这种投资行为要比单纯的黄金买卖或股票买卖更为复杂。投资者不仅要关注金矿公司的经营状况，还要对黄金市场的价格走势进行分析。

（7）黄金基金。黄金基金是黄金投资共同基金的简称，是指由基金发起人组织成立，由投资人出资认购，基金管理公司负责具体的投资操作，专门以黄金或黄金类衍生交易品种作为投资媒体的一种共同基金。由专家组成的投资委员会管理。黄金基金的投资风险较小、收益比较稳定，与证券投资基金有相同的特点。

2. 投资特点

（1）优点。

1）税负轻。黄金投资是世界上税务负担最轻的投资项目。相比之下，其他很多投资品种都存在一些让投资者容易忽略的税收项目。特别是继承税，当你想将财产转移给你的下一代时，最好的办法就是将财产变成黄金，然后由你的下一代再将黄金变成其他财产，这样将彻底免去高昂的遗产税。

2）便利。黄金转让没有任何登记制度的阻碍，而诸如住宅、股票的转让，都要办理过户手续。假如你打算将一栋房屋和一块黄金送给自己的子女，你会发现，将黄金转移很方便，让子女搬走就可以了，但是房屋就要费劲得多。由此看来，这些资产的流动性都没有黄金这么优越。

3）好品种。由于黄金是一种国际公认的物品，根本不愁没有买家承接，因此一般的银行、典当行都会给予黄金 90% 以上的短期贷款，而住房抵押贷款额则最高不超过房产评估价值的 70%。

4）没有庄家。任何地区性的股票市场，都有可能被人操纵，但是黄金市场却不会出现这种情况，因为黄金市场属于全球性的投资市场，现实中还没有哪一个财团或国家具有操控金市的实力。正因为黄金市场是一个透明的有效市场，所以黄金投资者也就获得了很大的投资保障。

（2）缺点。

保证金投资是一种可以“以小搏大”炒黄金的方式，虽然可能盈利快但风险也相当大，和期货交易类似，放大交易意味着高风险，有被迫减仓或者被平仓的风险。

知识拓展

目前中国市场上的五种黄金投资介绍及适用人群

（1）纪念性金币、贺岁金条：实物交割，有收藏功能，变现能力差，交易费用高。适于熟悉邮品市场或收藏品市场的中老年艺术型理财者。

（2）黄金饰品：实物交割，有收藏功能，变现能力差，交易费用高，易损坏。适于爱好珠宝首饰的女性投资者。

（3）标准金条：实物交割，流通性好，需支付保管、鉴定等费用，交易费用也较高。适于闲钱较多的大富人家。

（4）纸黄金业务：凭证式买卖，全额交易，变现能力强，交易费用较低，收益低，单向操作。适于没有精力关注投资的理财者。

（5）黄金现货延迟交收业务：凭证式买卖，保证金交易，收益高，双向均可操作。

适于热衷在金融市场上持续交易，投资获利的理财者或愿意付出精力经常关注黄金的投资人士。

（二）白银投资

在黄金持续走高的背景下，黄金、白银投资越来越受到投资者的重视。由于白银投资门槛比黄金低，因此白银投资也逐渐进入投资者的视野。自 1980 年起，白银历时二十多年的大熊市，价格不断下跌，使得对银矿开采的投入不断减少，从而造成了白银市场供给不足。与此同时，制造业对白银的需求却在逐年增加，具体体现在电工、电子、焊接合金和焊料，以及首饰、银制品、银币和纪念章等行业的白银耗用量上。经过近几年来的上涨，银价已扭转了自 1980 年以来的大熊市。专家预测，如果我国白银市场供不应求的结构性关系不发生根本性的改变，白银牛市至少还将延续十年。

现货 Ag99.9 最小交易单位是 1 手（1 手为 1 千克或 15 千克），白银 T+D 延期交收交易品种最小交易单位也是 1 手（1 手为 1 千克）。其中，现货 Ag99.9 只向企业法人开放，而 Ag（T+D）延期交收交易品种则可向个人开放。由于 Ag99.9 和 Ag（T+D）均实行保证金交易，保证金比例分别为成交金额的 5%～20% 和 10%。以前要花 100% 资金做的事，现在只要 20% 的资金就可以了。1 000 元的投资门槛可以说是贵金属中投资成本最低的。在实物白银上，目前国内发行的银条和银币较少，且大多为纪念性而非投资性，比如奥运银条之类，不是很好的投资品种，不如黄金易变现且流动性较差。

1. 现货白银

（1）现货白银的投资。现货白银也称国际现货白银和伦敦银。即时交易，即在交易成交后当天或数天后交割，没有交割期限。白银和黄金一样，是全球流通的金融产品。现货白银每天的交易量巨大，日交易量约为 20 万亿美元。因此，没有任何财团和机构能够人为操控如此巨大的市场，完全靠市场自发调节。现货白银市场没有庄家，市场规范，自律性强，法规健全。

（2）现货白银的投资优势。

1）对抗通货膨胀最好的避险工具，并能永久保值。

2）双边买卖，买涨买跌均能赚钱。

3）T+0 交易，24 小时交易。

4）公开透明，市场无庄家，交易更为公平公正。

5）品种唯一，操作简单，易学易懂，不论牛市、熊市都能获利。

6）交易成本低，无税收负担。

7）保证金交易，杠杆比率，以小搏大。

8）白银外汇市场前景广阔，永远不会过时。

2. 实物白银

（1）实物银币的投资。每年中国人民银行都要发行各种金银币，而银币的发行量比金币的发行种类多、数量大、价格低，受到投资者的欢迎。纪念性银币属于收藏品范围，普通银币则是和国际银价挂钩的，但两者都受到国际银价上涨的影响，近年来，价格都跟着水涨船高，银币板块呈现出少有的强势上扬态势。如生肖普制银币中的“丙戌狗年”1 千克银币上涨到 5 500 元，2006 版“熊猫”1 盎司银币重新回升到 107 元，1 盎司“龙年”和“羊年”普制银币相继上冲到 800 元和 930 元。而发行价为 230 元的“神五”银币，更是在一年内就翻了两番，越过了千元大关。

投资者要投资银币，就需要对银币市场有所了解，其中纪念性银币的升值幅度大、速度快，而普制银币价格低、操作简单。投资者可以根据自己的情况选择不同的品种进行投资。

（2）标准银条的投资。上海华通铂银交易市场于 2003 年 7 月开通，现在开通了“中国白银网”，实行网上交易，不过只有获得“华通铂银”交易商资格的企业才能参与网上交易，不接受个人交易，所以投资者可以通过有交易商资格的企业进行投资。

买方交易商可以采用分期付款方式，按成交数量以 200 元 / 千克的标准支付交易首付款后，即可进行买入交易；卖方交易商未提交仓单前，提供有货担保，即可进行卖出交易。最小交易数量为 1 批 30 千克，交易手续费为 0.5 元 / 千克。

3. 白银期货

投资关于白银的期货，可从中获益，或者卖空靠银价下跌获利。期货与现货相对。期货是现在进行买卖，但是在将来进行交收或交割的标的物，这个标的物可以是某种商品如黄金、原油、农产品，也可以是金融工具，还可以是金融指标。交收期货的日子可以是一星期之后、一个月之后、三个月之后，甚至是一年之后。买卖期货的合同或者协议称为期货合约。买卖期货的场所称为期货市场。投资者可以对期货进行投资或投机。对期货的不恰当投机行为，如无货沽空，可以导致金融市场的动荡。

国内的白银期货于 2012 年 5 月 10 日正式在上海期货交易所上市。

1）合约代码：AG。

2）交易单位：15 千克 / 手。

3）报价单位：元（人民币）/ 千克。

4）最小变动价位：1 元 / 千克。

5）每日价格最大波动限制：不超过上一交易日结算价 ±7%。

6）合约交割月份：1—12 月，测试合约代码为 AG1209 至 AG1304。

7）最后交易日：合约交割月份的 15 日（遇法定假日顺延）。

8）最低交易保证金：合约价值的 10%。

9）交割单位：30 千克。

知识拓展

白银交易规则摘要

（1）交易品种：白银延期 Ag（T+D）。

（2）交易渠道：个人网上银行贵宾版。

（3）交易报价：白银的报价单位为元 / 千克，精确到元；黄金的报价单位为元 / 克，精确到小数点后两位。

（4）交易单位：1 千克 / 手（交易起点为 1 手）。

（5）交易保证金率：合约价值的 10.5%（做一手白银需要保证金约 400 元，做一手黄金需要保证金约 2.5 万元）。

（6）交易手续费：白银交易的手续费率为万分之十四。

（7）每日涨跌停幅度：上一交易日结算价的 ±7%。

（8）延期费收付日：Ag（T+D）按自然日逐日收付；Au（T+N1）合约的延期费支付日为单数月份的最后交易日（交割日前平仓不涉及延期费收付）；Au（T+N2）合约的延期费支付日为双数月份的最后交易日（交割日前平仓不涉及延期费收付）。

（9）延期费率：Au（T+D）为合约市值的万分之二 / 日；Au（T+N1）、Au（T+N2）为合约市值的百分之一 / 两月。

（10）交易功能：申请开户签约、查询签约信息、变更账户、变更签约信息及销户解约；客户交易资金划转；贵金属延期买卖及撤销交易；交易资金清算、客户保证金账户管理等主要业务流程与环节（暂不提供贵金属现货的申报交收功能）。

（11）交易时间：上海黄金交易所开市时间（北京时间）。

早市：09:00—11:30（周一早市时间：08:50—11:30）。

午市：13:30—15:30。

夜市：20:50—02:30（周五无夜市）。

三、投资技巧

稳。涉足投资市场之初，应以小钱作为学费，细心学习了解各个环节的细枝末节。要知道投资市场都具有风险，再加上资金不足的压力，当患得患失之时，自然不可能发挥高度的智慧，取胜的把握也就比较小。所谓稳，当然不是随便跟风入市，要胸有成竹，对大的趋势作认真的分析，要有自己的思维方式，而非随波逐流。所谓稳，还要将自己的估计，时时刻刻结合市场的走势不断修正，并以此取胜。换言之，投机者需要将灵活的思维与客观的形势分析相结合，只有这样，才能使自己立于不败之地。

忍。投资市场的行情升降、涨落并不是一朝一夕就能形成的，而是慢慢形成的。多头市场的形成是这样，空头市场的形成也是这样。因此，势未形成之前绝不动心，免得杀进杀出作出冲动性的投资，要学会一个“忍”字。小不忍则乱大谋，退一步则海阔天空。

准。所谓准，就是要当机立断，坚决果断。如果遇事犹豫不决，把时间拖得太久，那也是很难谈得上“准”的。当然，这里所说的“准”不是指完全绝对的准确。如果大势一路看好，就不要逆着大势作空，同时，看准了行情，心目中的价位到了就进场作多；否则，如果犹豫太久而失去了较好的机会，就只能望盘兴叹了。

狠。所谓狠，有两方面的含义。一方面，当方向错误时，要有壮士断腕的勇气认赔出场；另一方面，当方向对时，可考虑适量加码，乘胜追击。

第二单元 外汇投资

案例导入

外汇投资神奇人士——陈力逵

打造外汇交易界崭新神话——陈力逵先生在短短一个月的时间里使用400美元账户资金通过外汇交易平台魔术般地赚取了25万美元利润！目前陈先生已经提取了15万美元，剩余10万美元继续在福瑞斯进行外汇交易。陈先生使用400美元赚取了25万美元的利润，盈利率达到了62 400%，已经成为历史上盈利率最高的成功交易客户，并获得最佳交易员称号。陈力逵先生目前居住在上海，以下是对他所作的专访。

记者：你是怎么了解到外汇交易的？从事外汇交易多长时间了？

陈：其实半年前本来手头刚好有一笔闲钱，准备拿来做投资的，因为股票是单向的，我白天工作也没有时间，所以关注了一下外汇交易的信息，然后从Google上找到了外汇通的网站，花了2个月的时间学习，之后就投入小量资金开始实验了。从事真实交易大约半年了。

记者：你平时主要交易哪些货币对？你是交易哪些货币对赢得那么多利润的？

陈：主要是英镑/日元，我都是做英镑/日元获得这些利润的。

记者：你是否担心过外汇交易的风险和政策的不稳定？

陈：是的，曾经担心过，特别是国内停止保证金交易的时候，但是，我觉得机会也在这个时候，因为我希望在国内规范相关市场和政策之前，先搞懂怎么回事，所以我也是在当时就选择进入这个市场了。

记者：你是否有自己的交易方式和交易策略？

陈：有的，交易方式是：选择自己最佳的状态做单，紧盯市场，调整方向，严格止损，并且做好资金管理，不可以贪心，并且要把获得的利润捐出10%给周围需要帮助的人。

记者：你开始交易的时候是否想过自己会赚那么多利润？

陈：我开始交易的时候并没有想到会赚这么多利润，我只是希望能够管好我的钱，不要让自己的钱贬值，却不知用什么方法。但当我真正专注于保值和做好正确的单子的时候，利润自己会照顾好自己。

记者：你是希望用赚得的利润继续进行外汇交易还是用来进行其他的投资？

陈：这是一个资金管理的问题，高收益伴随的是高风险，我会考虑用一部分赚得的利润继续投资外汇保证金，一部分用来置业不动产，还有一部分用来选择适当的机会买国内的股票。

记者：你是否了解股票市场？股票和外汇有什么区别？

陈：有相关性，不过，我是短线交易者，不喜欢跟着机构走，而且喜欢外汇市场多一点。

记者：你对外汇新手有什么建议吗？

陈：投入小量的真实资金，进行学习操作，哪怕是10块钱，先练习好止损的功夫，再谈其他的。

记者：目前金融危机对外汇市场有什么影响？

陈：既然是金融危机，那么就有风险，也有机会，有很多的波动。积极的交易者，应该找好的机会，密切关注反转的机会，并且相信冬天来了，春天不会太远，当然储备好过冬的资金，避免爆仓是重要的，否则机会来了，却没有子弹，就只能惋惜了。

分组讨论：

你对外汇投资了解多少？

一、外汇的含义

外汇是国际金融市场上一个最基本的概念，已经成为一国（地区）对外经济交易活动中不可缺少的国际支付手段，行使国际货币的职能，发挥着独特的作用。

外汇的概念可以从以下两个方面理解。

（一）动态外汇

动态外汇即国际汇兑，即把一国货币兑换成另一国货币以清偿国际债权债务关系的金融活动。国际汇兑的产生，源于各国之间商品交换的客观要求，由于一国（地区）的货币在别国的市场上没有直接的购买力，只有将其兑换成外国货币才能购买外国的商品和劳务。“汇”表示货币资金在异地间的转移，“兑”表示货币的交换。因此，动态外汇也可以等同于国际结算，是一个动态的经营过程。

（二）静态外汇

静态外汇是指以外币表示的可以用作国际清偿的支付手段和资产。静态外汇又有广义和狭义之分。

1. 广义的静态外汇

广义的静态外汇是指一切以外币表示的资产。这一概念通常用于国际货币基金组织和各国外汇管理法令中。如国际货币基金组织对外汇作过明确说明："外汇是货币行政当局（中央银行、货币管理机构、外汇平准基金组织及财政部）以银行存款、国库券、长短期政府债券等形式所保有的在国际收支逆差时可以使用的债权。"我国颁布的《中华人民共和国外汇管理条例》规定，外汇是指下列以外币表示的可以用作国际清偿的支付手段和资产：（1）外币现钞，包括纸币、铸币；（2）外币支付凭证或者支付工具，包括票据、银行存款凭证、银行卡等；（3）外币有价证券，包括债券、股票等；（4）特别提款权；（5）其他外汇资产。

2. 狭义的静态外汇

狭义的静态外汇是指以外币表示的可以直接用于国际结算的支付手段，包括以外币表示的汇票、支票、本票、银行存款凭证和邮政储蓄凭证等。这一概念通常用于国际商务中。按照这一概念，以外币表示的有价证券就不能视为外汇，因为它不能直接用于国际结算，只有将它变为在国外银行的存款才能用于结算。暂时存放在持有国境内的外币现钞也不能算作外汇，因为外币一旦离开发行国便丧失了法定货币的身份与作用，外汇持有者只有将这些外币在本国银行兑换成本币才能使用。

二、外汇的特征

尽管外币是外汇的重要组成部分，但要注意并不是所有外币都是外汇。一种外币要被称为外汇，必须同时具备以下特征。

（一）自由兑换性

外汇的可兑换性是指能够自由兑换成其他国家的货币，或兑换成其他支付手段。外汇货币必须是能够不受限制地按照一定比例兑换成其他国货币及其他形式的支付手段的外币，否则就不能称为外汇。比如，有些国家的货币受到货币当局外汇管制制度的制约不得在境内或境外自由兑换成其他国家的货币，以这种货币表示的支付工具不能随时兑换成其他货币表示的支付手段，那么这种货币或者支付工具在国际上就不能称为外汇。

（二）保证偿付性

保证偿付性即该外币资产必须是可以保证得到偿付的。如支票是空头的，汇票遭拒付，即使具备外汇的形式，但是违背了国际汇兑的真实性原则，也不能将其视为外币。这种可偿付性还要求货币发行国具有相当的生产和出口能力，而不是资源匮乏、生产规模小、出口产品在国际市场没有竞争力的国家。

（三）国际性

国际性强调外汇必须是以外币记值或表示的，用于对外支付。比如，美元对美国以外的国家而言是外汇，但对美国而言，凡是以美元进行的收付都不算外汇收付。

三、外汇的种类

根据不同的标准，外汇可以有以下不同的分类。

（一）按货币兑换的限制程度划分

按货币兑换的限制程度，外汇可以分为自由外汇和记账外汇。

1. 自由外汇

自由外汇是指无须货币发行国家批准，既可在国际市场上自由买卖、兑换，又可作为支付手段向第三方办理支付。自由外汇能够在国际交往中作为支付手段广泛地使用和流通，但是国际外汇市场交易的主要是一些经济发达国家（地区）的货币，如美元、英镑、日元、欧元、港币等。

2. 记账外汇

记账外汇又称双边外汇、清算外汇、协定外汇，是指国与国之间根据国际支付协定进行国际结算时，指定用作计价单位的外汇，可以是交易双方中某一方本国的货币，也可以是第三国货币，通常未经发行国批准，无法与他国货币自由兑换或进行第三方支付。常用于缺乏自由外汇的国家在国际结算中的使用，比如中国与东欧或某些发展中国家的进出口贸易中，为节省双方自由外汇，通过签订双边协定，在双方国家各自银行开立专门记账外汇账户来办理清算。目前，我国除中国银行总行还有部分记账外汇业务外，其他银行办理的都是自由外汇结算业务。

（二）按外汇的来源和用途划分

按外汇的来源和用途，外汇可以分为贸易外汇和非贸易外汇。

1. 贸易外汇

贸易外汇是指通过国际贸易途径获得的外汇，来源于出口和支付进口的货款以及与进出口贸易有关的从属费用，如运费、保险费、宣传费、摊销费等。各国间的主要经济交往活动是国际贸易，因此贸易外汇是一国外汇收入的主要来源。

2. 非贸易外汇

非贸易外汇是指进出口贸易以外的国际收支的外汇，包括侨汇、旅游、海运、保险、海关、邮电、承包工程、文化交流等外汇收入和支出。

（三）按外汇买卖交割期划分

按外汇买卖交割期，外汇可以分为即期外汇和远期外汇。

1. 即期外汇

即期外汇又称“现汇”或“外汇现货”，是指在外汇交易达成后，交易者通常在两个营业日内按成交时的汇率进行资金交割的外汇。

2. 远期外汇

远期外汇又称期汇，是指外汇交易达成后，交易者不能立即办理交割，而是事先约定币种、金额、汇章、交割时间等交易条件，到期才进行实际交割的外汇交易。远期外汇交割期限可以短到 1 周，也可以长达 1 年，但 1～6 个月的交割期限比较常见。

四、国际主要的货币

（一）世界主要货币一览表

世界主要货币见表 7–1。

表 7–1　世界主要货币一览表

国家或地区	货币名称	ISO 货币符号	惯用缩写
CHINA 中国	人民币	CNY	RMB¥
HONG KONG 中国香港	港币	HKD	HK$
JAPAN 日本	日元	JPY	JP¥
KOREA 韩国	韩元	KRW	W
SINGAPORE 新加坡	新加坡元	SGD	S$
VIET NAM 越南	越南盾	VND	D
THAILAND 泰国	泰铢	THB	B
MALAYSIA 马来西亚	林吉特	MYB	MAL$
EUROPEAN UNION 欧盟	欧元	EUR	€
UNITED KINGDOM 英国	英镑	GBP	£
SWITZERLAND 瑞士	瑞士法郎	CHF	SF
UNITED STATES 美国	美元	USD	US$
CANADA 加拿大	加拿大元	CAD	CAN$
MEXICO 墨西哥	墨西哥比索	MXN	MEX
AUSTRALIA 澳大利亚	澳大利亚元	AUD	A$
NEWZEALAND 新西兰	新西兰元	NZD	NZ$

资料来源：国际标准化组织 4217 标准 2001 版：货币和资金表示代码。

（二）主要货币介绍

1. 美元

美元的发行权属于美国财政部，办理具体发行的是美国联邦储备银行。目前流通的纸币面额主要有100、50、20、10、5、2、1美元七种，另有1美元等于100美分。美国目前流通的钞票是1928、1934、1935、1950、1953、1963、1966、1969、1974、1977、1981、1985、1996、2013等各年版。钞票尺寸不分面额均为15.6cm×6.6cm。每张钞票正面印有券类名称、美国国名、美国国库印记、财政部官员的签名。美钞正面人像是美国历史上的知名人物，背面是图画。另有500美元及以上面额的，流通量极有限。1996年，美国开始发行一种具有新型防伪特征的纸币，第一次发行的为100美元券。美国钞票图样中的中心字母或阿拉伯数字分别代表美国12家联邦储备银行的名称。2013年版美元采用3D动感猫森工艺（MOTION），包括若干先进防伪工艺技术，OVI、OVMI、SPARK特种墨迹的应用，镂空、光变、全息、动感安全线等货币印制工艺技术，陆续被世界先进货币采用，代表着新一代货币研发、生产与运行的方向。

2. 欧元

1995年12月，欧洲委员会决定将欧洲单一货币改名为欧元（Euro）。2002年1月1日起，所有收入、支出，包括工薪收入、税收等都要以欧元计算。2002年3月1日，欧元正式流通后，欧洲货币的旧名称消失。欧元共分七种面值，即5、10、20、50、100、200和500欧元，面值越大，纸币面积越大，最小面值的5欧元为6.2 cm×12 cm。每种纸币正面图案的主要组成部分是门和窗，象征着欧盟推崇合作和坦诚的精神。纸币反面是各类桥梁图案，包括很早以前的小桥和现代先进的吊桥，象征着欧洲与其他国家之间的联系纽带。2019年1月1日，欧元迎来了20岁生日。从最初只用于会计和金融交易的虚拟货币，到2019年在19个欧盟国家3.4亿人口正在使用的实实在在的货币。

3. 日元

日元由日本银行发行。纸币面额有10 000、5 000、1 000、500、100、50、10、5、1日元等，另有500、100、50、10、5、1日元铸币。日本钞票正面文字全部使用汉字（由左至右顺序排列），中间上方均有“日本银行券”“总裁之印”和“发券局长”图章各一枚。

4. 英镑

英镑为英国的本位货币单位，由英格兰银行发行。1971年2月15日，英格兰银行实行新的货币进位制，辅币单位改为新便士（New Penny），1英镑等于100新便士。目前，流通中的纸币有5、10、20、50英镑，另有1、2、5、10、50新便士及1英镑铸币。

5. 港币

港币又称香港元，主要是由英资上海汇丰银行、香港渣打银行和中国银行发行。目前在香港流通的港币（纸币）面额有1 000、500、100、50、20、10港币，另有10、5、2、

1 港币铸币和 5、2、1 毫铸币。1 港币等于 10 毫，1 毫等于 10 分。

6. 澳大利亚元

澳大利亚元又称澳元，是澳大利亚的法定货币，由澳大利亚储备银行负责发行。目前澳大利亚流通的有 100、50、20、10、5 澳元纸币，另有 5、10、20、50 分和 1、2 澳元铸币。1 澳元等于 100 分。所有铸币的正面图案均为英国女王伊丽莎白二世头像。新版澳元是塑料钞票，经过近 30 年的研制才投入使用，以聚酯材料代替纸张，耐磨、不易折损、不怕揉洗，使用周期长而且手感强烈，具有良好的防伪特征。

7. 加拿大元

加拿大元由加拿大银行发行，纸币有 100、50、20、10、5 加拿大元五种面额。另有 1、2 加拿大元及 1、5、10、25、50 分铸币。1 加拿大元等于 100 分。1935 年加拿大发行了印有英王乔治五世像的第一批钞票，1937 年发行了印有英王乔治六世像的钞票，1954 年发行了印有英国女王伊丽莎白二世头像的钞票，1970 年 8 月以来陆续发行了新钞。新、旧版钞票均可流通。铸币正面均有英国女王伊丽莎白二世头像，背面铸有加拿大的英文“CANADA”字样。加拿大居民主要是英、法移民后裔，分英语区和法语区，因此票面上均使用英语和法语两种文字。

8. 瑞士法郎

瑞士法郎的发行机构是瑞士国家银行，辅币进位是 1 瑞士法郎等于 100 生丁，纸币面额有 1 000、200、100、50、20、10 瑞士法郎，铸币有 1、2、5 瑞士法郎及 1、2、5、10、20、50 生丁等。由于瑞士奉行中立和不结盟政策，所以瑞士被视为最安全的地方，瑞士法郎也被称为传统避险货币，加之瑞士政府对金融、外汇采取的保护政策，使大量外汇涌入瑞士，瑞士法郎也被称为稳健而颇受欢迎的国际结算和外汇交易货币。

五、外汇市场

（一）外汇市场的特征

外汇市场惯常以“FX”或“FOREX”代表，是全球最大的金融市场。外汇市场是一个外汇即期交易市场，又称现货交易市场。交易的双方是通过电话和电子交易系统进行的，而非在特定的交易所交易。而时差将各地的外汇交易所的营业时间紧扣连接，令交易不间断。外汇市场的特质，为投资者提供分散投资的机会，以减低整体投资风险。

1. 外汇交易是一个真正的 24 小时全天交易市场

每天，惠灵顿市场率先开市，然后是悉尼，继而东京、香港、法兰克福、伦敦和纽约市场。投资者可于星期一凌晨开始至星期六凌晨随时参与买卖。即使市场因为经济、政治和社会事件而波动，闭市与开市之间的价格差距可能造成的投资风险也能相对降低。

2. 市场透明度高

外汇交易的投资者分布在全球，市场难以被操控。另外，影响外汇市场的因素广泛，包括当地国家中央银行设定的利率、股票市场、经济环境及数据、政策决定、各种政治因素乃至重大事件等，这些因素并非单一投资者或集团所能操控。

3. 资金流动性高

外汇市场是世界经济上最大的金融市场之一，市场参与者包括各国银行、商业机构、中央银行、投资银行、对冲基金、政府、货币发行机构、发钞银行、跨国组织以及散户，因此外汇市场资金流动性极高，投资者不用承担因缺乏成交机会而导致的投资风险。

（二）交易时间

1. 各主要市场交易时间（北京时间）

悉尼：06:00—15:00

东京：08:00—15:30

香港：09:00—16:00

法兰克福：15:00—23:00

伦敦：15:30—23:30（冬令时间 16:30—00:30）

纽约：20:20—03:00（冬令时间 21:20—04:00）

2. 周末交易

外汇市场永远不会有严格意义上的关闭，但实际上所有主要银行和交易商在周末是关闭的。周末的流动性是如此的小，以至于它不能提供给交易者许多交易机会。当一些基本面新闻在周末公布时，一些价格变化可能会发生，但基本上货币对走势的变动都可以忽略不计，交易量也非常少，这些都使得交易执行困难且点差很大。因此，福汇交易平台会在周五的美国东部时间下午 5 点关闭，并在周日的美国东部时间下午 5 点重开。

（三）投资方式

1. 即期外汇交易

即期外汇交易是指在外汇买卖成交后，原则上在两个工作日内办理交割的外汇交易。即期交易采用即期汇率，通常为经办外汇业务银行的当日挂牌价，或参考当地外汇市场主要货币之间的比价加一定比例的手续费。

套汇可分为两角套汇和三角套汇（利用交叉汇率）。套汇具有无风险、金额大、易逝等特点。

2. 远期外汇交易

远期外汇交易是指外汇买卖成交后，货币交割（收、付款）在两个工作日以后进行的交易。外汇市场上的远期外汇交易最长可以做到一年，1～3 个月的远期交易是最为常见的。远期交易又可分为有固定交割日的远期交易和择期远期外汇交易。

3. 套利交易

套利交易是指利用两个国家之间的利率差异，将资金从低利率国家转向高利率国家，从而谋利的行为。可分为无抛补套利（没有外汇抛补交易，套利收益缺乏保障）和抛补套利（利用不同货币的利率差异，通过远期外汇买卖，消除汇率波动风险，获取无风险套利收益）。

4. 掉期交易

掉期交易是指买卖双方在一段时间内按事先规定的汇率相互交换使用另一种货币的外汇买卖活动，通常包含两个方向相反的交易。可分为即期对远期互换（即买进或卖出一笔现汇的同时，卖出或买进一笔期汇）、即期对即期互换（采用隔日互换，使市场上的参与者轧平外汇头寸以及管理外汇资金）和远期对远期互换（对不同交割期限的期汇双方作货币金额相同而方向相反的两笔交易）。

5. 外汇期货交易

外汇期货交易是一种交易双方在有关交易所内通过公开叫价的拍卖方式，买卖在未来某一日期以既定汇率交割一定数量外汇的期货合同的外汇交易。

6. 外汇互换交易

外汇互换交易是指交易双方通过远期合约的形式约定在未来某一段时间内互换一系列货币流量的交易。

7. 外汇期权交易

外汇期权又称货币期权，是一种选择契约，其持有人即期权、买方享有在契约届期或之前以规定的价格购买或销售一定数额某种外汇资产的权利，而期权卖方收取期权费，则有义务在买方要求执行时卖出（或买进）期权、买方买进（或卖出）的该种外汇资产。期权的买方获得的是一种权利而不是义务，可以使期权到期作废，损失的只是预付的期权费。外汇期权按照交易性质，可分为看涨期权与看跌期权；按照时间，可分为欧式期权与美式期权；按照交易内容，可分为现汇期权与外汇期货期权；按照交易场所，可分为场内期权与场外期权；按照行使期权时协议价格与现汇汇率的差距，可分为溢价期权、蚀价期权、平价期权。

（四）投资技巧策略

金融市场属于极富纪律性的专业领域，市场的理论及信息分析可以慢慢地学习和实践，在做交易时多一分谨慎，坚守原则，便能多一分获胜的机会。遵守买卖原则运行制订好的交易计划，是外汇交易中的不二法门。

（1）以闲余资金投资。

（2）知己知彼。需要了解自己的性格，容易冲动或情绪化倾向严重的人并不适合这个市场，成功的投资者大多数能够控制自己的情绪且有严谨的纪律性，能够有效地约束自己。

（3）切勿过量交易。

（4）正视市场，摒弃幻想。不要感情用事，或过分憧憬将来和缅怀过去。一位美国期货操盘手说：一个充满希望的人是一个美好和快乐的人，但他并不适合做投资家；一位成功的投资者是可以分开自己的情感和交易的。市场永远是对的，错的总是自己。

（5）切勿轻率改变主意。

（6）适当地暂停买卖。放下一切而去度假数周。短暂的休息能令你重新认识市场，重新认识自己，更能帮你看清未来投资的方向。

（7）切勿盲目。成功的投资者不会盲目跟从旁人。当每人都认为应买入时，他们会伺机沽出。

（8）适时拒绝他人意见。投资者在把握市场的方向而有了基本的决定时，不要因旁人的影响而轻易改变决定。

（9）局势未明采取观望。在决定买入或卖出外汇之前，一定保持对市场的乐观看法，必须具备充足的投资信息、市场信息以及平和轻松的心情。

（10）切忌逆势。在外汇市场上，往往是“顺势者赚，逆势者赔”。投资者要谨慎地观察市场，加上客观的基本分析，辅以历史轨迹的技术分析，便可以顺势入场。

（11）切勿因小失大。投资者入场前后都应先预先确定买入或卖出价位、获利及停损点位。但这仅是预测，不要过于拘泥某一特定价位。只要价位上的偏差不是距离原先设置的目标价位很远，应顺势作最后的买卖决定。

第三单元　金融衍生品投资

案例导入

金融衍生品投资

投资者杰预期，在通货膨胀的压力下金价会上涨。现在黄金价格为 40 000 美元/千克，由于现在处于熊市，一份在一年之后交付 1 千克黄金的合约报价为 37 500 美元。杰购买了这份合约。一年之后，他将支付 37 500 美元并获得 1 千克的黄金。（注意：实际上，杰会收到这 1 千克黄金的现金价值，而非真的 1 千克黄金，因为这类合约中极少发生实物交割。）我们假设，与杰的预期相悖。黄金的价格在年末略微下降了一些，到了每千克 39 500 美元，这时候市场会付给杰 2 000 美元，即 39 500 美元减去 37 500 美元。要购买这份衍生品合约，市场会要求杰存入额度等于合约面值 5% 的款项，在这个例子中，就是 1 875 美元。只要金价保持在 37 500 美元 / 千克以上，杰都不再需要提供更多。到了合约的到期日，市场会偿还杰 1 875 美元，外加 2 000 美元的收益。这将为杰带来超过 200% 的年回报率。

在这个例子里面，杰获得了非常可观的收益，但他同样也极有可能遭遇惨重损失。

金融衍生品的一个重要特征是它们有非常高的杠杆率，投资本身只代表了合约价值的一小部分。在这个意义上，就像购买一座房子，消费者只付了 5% 的首期，其余的款项都通过信用融资获得。不过，通常房屋贷款需要偿还利息，而金融衍生品的信用融资是零利息的。

分组讨论：

你对金融衍生品投资的了解有多少？

一、金融衍生品投资概述

金融衍生品又称金融衍生工具，是指一种金融合约，其价值取决于一种或多种基础资产或指数，合约的基本种类包括远期、期货、掉期（互换）和期权。金融衍生品还包括具有远期、期货、掉期（互换）和期权中一种或多种特征的混合金融工具。

这种合约可以是标准化的，也可以是非标准化的。标准化合约是指其标的物（基础资产）的交易价格、交易时间、资产特征、交易方式等都是事先标准化的，因此此类合约大多在交易所上市交易，如期货。非标准化合约是指以上各项由交易的双方自行约定，因此具有很强的灵活性，如远期协议。

金融衍生品是与金融相关的派生物，通常是指从原生资产派生出来的金融工具。其共同特征是保证金交易，即只要支付一定比例的保证金就可进行全额交易，不需实际上的本金转移，合约的了结一般也采用现金差价结算的方式进行，只有在满期日以实物交割方式履约的合约才需要买方交足贷款。因此，金融衍生品交易具有杠杆效应。保证金越低，杠杆效应越大，风险也就越大。

二、金融衍生品投资的作用

金融衍生品的作用包括规避风险、价格发现，它是对冲资产风险的好方法。但是，任何事情有好的一面也有坏的一面，规避了的风险一定是有人去承担了，衍生品的高杠杆性就是将巨大的风险转移给愿意承担的人。交易者可以分为三类：对冲者、投机者和套利者。对冲者采用衍生品合约来减少自身面临的市场变化而产生的风险。投机者利用这些产品对今后市场变量的走向下赌注。套利者采用两个或更多相互抵销的交易来锁定盈利。这三类交易者共同维护了金融衍生品市场上述功能的发挥。

金融衍生品交易不当将导致巨大的风险，有的甚至是灾难性的，国外有巴林银行事件、宝洁事件、LTCM 事件、信孚银行事件，国内有国储铜事件、中航油事件。

三、金融衍生品的种类

（一）根据产品形态分类

根据产品形态，金融衍生品可以分为远期、期货、掉期和期权四类。

远期合约和期货合约都是交易双方约定在未来某一特定时间、以某一特定价格、买卖某一特定数量和质量资产的交易形式。远期合约是根据买卖双方的特殊需求由买卖双方自行签订的合约。期货合约是期货交易所制定的标准化合约，对合约到期日及其买卖的资产的种类、数量、质量作出了统一规定。因此，期货交易的流动性较高，远期交易的流动性较低。

掉期合约是一种由交易双方签订的在未来某一时期相互交换某种资产的合约。更为准确地说，掉期合约是当事人之间签订的在未来某一时期内相互交换他们认为具有相等经济价值的现金流的合约。较为常见的是利率掉期合约和货币掉期合约。掉期合约中规定的交换货币如果是同种货币，则为利率掉期；如果是异种货币，则为货币掉期。

期权交易是买卖权利的交易。期权合约规定了在某一特定时间、以某一特定价格买卖某一特定种类、数量、质量原生资产的权利。期权合同有在交易所上市的标准化合同，也有在柜台交易的非标准化合同。

（二）根据原生资产分类

根据原生资产，金融衍生品大致可以分为股票、利率、货币和商品四类。如果再加以细分，股票类中又包括具体的股票和由股票组合形成的股票指数；利率类中又可分为以短期存款利率为代表的短期利率和以长期债券利率为代表的长期利率；货币类中包括各种不同币种之间的比值；商品类中包括各类大宗实物商品（见表 7–2）。

表 7–2　金融衍生品的种类（根据原生资产分类）

对象	原生资产	金融衍生品
股票	股票	股票期货合约、股票期权合约等
	股票指数	股票指数期货合约、股票指数期权合约等
利率	短期存款	利率期货合约、利率远期合约、利率期权合约、利率掉期合约等
	长期债券	债券期货合约、债券期权合约等
货币	各类现汇	货币远期合约、货币期货合约、货币期权合约、货币掉期合约等
商品	各类实物商品	商品远期合约、商品期货合约、商品期权合约、商品掉期合约等

（三）根据交易方法分类

根据交易方法，金融衍生品可以分为场内交易金融衍生品和场外交易金融衍生品。

场内交易又称交易所交易，是指所有的供求方集中在交易所进行竞价交易的交易方式。这种交易方式具有交易所向交易参与者收取保证金，同时负责进行清算和承担履约担保责任的特点。此外，由于每个投资者都有不同的需求，交易所事先设计出标准化的金融合同，由投资者选择与自身需求最接近的合同和数量进行交易。所有的交易者集中在一个场所进行交易，这就增加了交易的密度，一般可以形成流动性较高的市场。期货交易和部分标准化期权合同交易都属于这种交易方式。

场外交易又称柜台交易，是指交易双方直接成为交易对手的交易方式。这种交易方式有许多形态，可以根据每个使用者的不同需求设计出不同内容的产品。同时，为了满足客户的具体要求，出售衍生品的金融机构需要有高超的金融技术和风险管理能力。场外交易不断产生金融创新，但是，由于每个交易的清算是由交易双方相互负责进行的，因此交易参与者仅限于信用程度高的客户。掉期交易和远期交易是具有代表性的柜台交易的衍生品。

据统计，在金融衍生品的持仓量中，按交易形态分类，远期交易的持仓量最大，占整体持仓量的 42%，以下依次是掉期（27%）、期货（18%）和期权（13%）。按交易对象分类，以利率掉期、利率远期交易等为代表的有关利率的金融衍生品交易所占的市场份额最大，为 62%，以下依次是货币衍生品（37%）和股票、商品衍生品（1%）。各种交易形态和各种交易对象之间的差距并不大，整体上呈高速扩大的趋势。

到目前为止，国际金融领域中，流行的衍生品有以下四种：互换、期货、期权和远期利率协议。采取这些衍生品的最主要目的均为保值或投机。但是，这些衍生品的存在与发展都有其前提条件，那就是发达的远期市场。

四、金融衍生品投资的特点

（一）零和博弈

零和博弈即合约交易的双方（在标准化合约中由于交易是不确定的）盈亏完全负相关，并且净损益为零。

（二）跨期性

金融衍生品是交易双方通过对利率、汇率、股价等因素变动趋势的预测，约定在未来某一时间按一定的条件进行交易或选择是否交易的合约。无论是哪一种金融衍生品，都会影响交易者在未来一段时间内或未来某一时间上的现金流，跨期交易的特点十分突出。这就要求交易的双方对利率、汇率、股价等价格因素的未来变动趋势作出判断，而判断的准确与否直接决定了交易者的交易盈亏。

（三）联动性

联动性是指金融衍生品的价值与基础产品或基础变量紧密联系，规则变动。通常，金融衍生品与基础变量相联系的支付特征由衍生品合约所规定，其联动关系既可以是简单的线性关系，也可以表达为非线性函数或者分段函数。

（四）不确定性或高风险性

金融衍生品的交易后果取决于交易者对基础工具未来价格的预测和判断的准确程度。基础工具价格的变幻莫测决定了金融衍生品交易盈亏的不稳定性，这是金融衍生品具有高风险的重要诱因。

（五）高杠杆性

金融衍生品的交易采用保证金制度，即交易所需的最低资金只需满足基础资产价值的某个百分比。保证金可以分为初始保证金和维持保证金，在交易所交易时采取盯市制度。如果在交易过程中的保证金比例低于维持保证金比例，那么将收到追加保证金通知；如果投资者没有及时追加保证金，他将被强行平仓。可见，金融衍生品交易具有高风险高收益的特点。

（六）契约性

金融衍生品交易是对基础工具在未来某种条件下的权利和义务的处理，从法律上理解是合同关系，是一种建立在高度发达的社会信用基础上的经济合同关系。

（七）交易对象的虚拟性

金融衍生品合约交易的对象是对基础金融工具在未来各种条件下处置的权利和义务，如期权的买权或卖权、互换的债务交换义务等，构成所谓“产品”，表现出一定的虚拟性。

（八）交易目的的多重性

金融衍生品交易通常有套期保值、投机、套利和资产负债管理四大目的。其交易的主要目的并不在于所涉及的基础金融商品所有权的转移，而在于转移与该金融商品相关的价值变化的风险或通过风险投资获取的经济利益。

此外，金融衍生品还具有未来性、表外性和射幸性等特点。

第四单元 房地产投资

案例导入

房地产投资项目分析

某投资者以 300 万元购买了一套 120 平方米的住宅，一次性付款，预计 3 年（假定空置，暂不考虑租金收益及物业管理费等支出，但在实际分析中应当考虑）后的市场价为 400 万元。

其他条件如下：售房时的交易手续费为售价的 1.5%。增值税税率为 11%，城市维护建设税、印花税、契税分别为售价的 5%、0.5%、1.5%。城市土地使用税每年每平方米 0.5 元。评估、交易、登记等费用约 2 000 元；所得税税率为 20%。

分组讨论：

如何分析这项投资？

一、房地产投资概述

房地产投资是指资本所有者将其资本投入房地产业，以期在将来获取预期收益的一种经济活动。同一般投资相比，房地产投资具有以下特征：

（一）房地产投资对象具有固定性和不可移动性

房地产投资对象是不动产，土地及其上的建筑物都具有固定性和不可移动性。不仅土地在地球上的位置是固定的，而且土地上的建筑物及其某些附属物一旦形成，也不能移动。这一特点给房地产供给和需求带来重大影响，如果投资失误，则会给投资者和城市建设造成严重后果，所以投资决策对房地产投资尤为重要。

（二）房地产投资具有高投资量和高成本性

房地产业是一个资金高度密集的行业，投资一宗房地产，少则几百万元，多则上亿元。这主要是由房地产本身的特点和经济运行过程决定的。房地产投资具有高成本性的主要原因如下：

1. 土地开发具有高成本性

由于土地的位置固定、资源相对稀缺程度较高以及具有不可替代性，土地所有者在出售和出租土地时就要将土地预期的生产能力和位置、面积、环境等作为要价的依据，收取较高的报酬；同时，作为自然资源的土地，不能被社会直接利用，必须投入一定的资金进行开发，所有这些因素都使土地开发的成本增加。

2. 房屋建筑具有高价值性

房屋的建筑安装成本通常也高于一般产品的生产成本，这是由于房屋的建筑安装要耗费大量的建筑材料和物资，需要有大批技术熟练的劳动力、工程技术人员和施工管理人员，要使用许多大型施工机械，加之建筑施工周期一般较长，占用资金量较大，需要支付大量的利息成本。此外，房地产在成交时普遍采用分期付款、抵押付款等方式，投入的资金回收缓慢，这也增加了房屋建筑物的成本量。

3. 房地产经济运作中交易费用高

一般而言，房地产开发周期长、环节多，涉及的管理部门及社会各方面的关系也多。这使得房地产开发在其运作过程中，各种费用（包括广告费、促销费、公关费等）都比较高昂，从而也增加了房地产投资成本。

（三）房地产投资具有长回收期和长周期性

整个房地产投资的实际操作，就是房地产整个开发过程。对每一个房地产投资项目而言，它的开发阶段一直会持续到项目结束，投入和使用的建设开发期是相当长的。房地产投资过程中要经过许多环节，从土地所有权或使用权的获得、建筑物的建造，一直到建筑物的投入使用，最终收回全部投资资金需要相当长的时间。房地产投资的资金回收期长，原因如下：

一是因为房地产投资不是一个简单的购买过程，它会受到房地产市场各个组成部分的制约，如受到土地投资市场、综合开发市场、建筑施工市场、房产市场的限制，其中特别是房屋的建筑安装工程期较长。投资者把资金投入房地产市场，往往要经过这几个市场的多次完整的运转才能获得利润。

二是由于房地产市场本身是一个相当复杂的市场，其复杂性不是单个投资者在短期内所能应付得了的。因此，一般投资者只有聘请专业人员来开展辅助工作，才能完成交易。这样，又会增加一定的时间。

三是如果房地产投资的部分回收是通过收取房地产租金的方式实现的，那么由于租金回收的时间较长，整个房地产投资回收期也会延长。

（四）房地产投资具有高风险性

由于房地产投资占用资金多，资金周转期长，市场瞬息万变，因此投资的风险因素也会增多。加上房地产资产的低流动性，不能轻易脱手，一旦投资失误，房屋空置，资金不能按期收回，投资者就会陷于被动，甚至债息负担沉重，导致破产倒闭。

（五）房地产投资受环境约束

建筑物是一个城市的构成部分，具有不可移动性。因此，在一个城市中客观上要求有统一的规划和布局。城市的功能分区、建筑物的密度和高度、城市的生态环境等都构成外在的制约因素。房地产投资必须服从城市规划、土地规划、生态环境规划的要求，把微观经济效益、宏观经济效益、环境效益三者统一起来，只有这样才能取得良好的投资效益。

（六）房地产投资具有低流动性（变现性差）

房地产投资成本高，不像一般商品买卖可以在短时间内马上脱手，房地产交易通常需要一个月甚至更长的时间才能完成，而且投资者一旦将资金投入房地产买卖中，其资金很难在短期内变现。因此，房地产资金的流动性和灵活性都较低。当然，房地产投资也有既耐久又保值的优点。房地产商品一旦在房地产管理部门将产权登记入册，获取相应的产权凭证后，即得到了法律上的认可和保护，其耐久性和保值性要高于其他投资对象。

二、房地产投资的一般方式

从一般意义上讲，投资者投资房地产，主要有基本建设途径和房地产开发途径，主要投资方式有基本建设途径中的基本建设式以及房地产开发途径中的楼宇购买式、合作开发式和股权购买式。

综合比较，在现行的法律、法规框架下，进行房地产投资的一般方式有以下四种：

（一）基本建设式

这里所称的基本建设，是指按基建程序进行报建的方式，建设自用的房地产项目。

方案评价：这种建设方式是在房地产开发市场化之前，房地产项目建设的主要方式。房产地开发市场化之后，国家法律和地方法规、规章对基本建设方式进行的房地产项目有严格的条件限制。这些条件主要有以下三个方面：

一是投资主体的限制。一般应是国家机关、全民所有制的事业单位或企业单位。

二是项目性质和用途的限制。一般应是不进入房地产市场的自用、公益性质的房地产项目。如国家投资的公用事业项目等，国家机关、事业单位纯粹自用公益性质的楼宇建设项目。

三是各地已停止办理经营性项目国有土地使用权协议出让手续（以下称“停止国有土地使用权协议出让规定”）。

除非符合特定条件或经政府特批，已不可能通过协议出让方式取得经营性项目的国有土地使用权。

（二）楼宇购买式

具体做法：投资人审查一家房地产开发商的资质、该房地产开发商所开发的楼宇的法律状态，并考察该楼宇的地理位置、建筑风格等状况，如认为符合投资人的意图，则投资人与该房地产开发商建立商品房买卖法律关系，通过商品房买卖程序获得楼宇的全部权利。

方案评价：这种方式最为简便。相当于对某特定地区正在进行开发尚未出售的房地产项目进行全面考察，在法律上、经济上和技术上进行分析和论证。在此基础上，选择一家有实力的开发商开发的符合投资人意愿的项目，与开发商谈判达成购买合约。

不足之处：拟购房产所在项目已完成相关法律程序的审批，其规划、建设等事项已很难更改。对于已建设完工的项目的状况，只能在现有市场中进行选择，而不能以自己的意愿进行所需楼宇的设计和建设。对于未建设完成的房地产项目，则又存在预购商品房的风险。

（三）合作开发式

具体做法：如果投资人本身不具备房地产开发资质和相关经营范围，则可以选择一家有相应资质、实力和资源的房地产开发商进行合作。这种合作既可以是建立合资、合作的房地产开发的项目公司，也可以是采用合作协议的方式进行约定。具备房地产开发资质的合作方回收其先前投资并获得其应得之利润，而投资人则取得双方合作开发的房地产项目楼宇的全部产权。双方各得其所。

方案评价：合作开发式的本质仍是对双方合作开发项目之楼宇的购买。这种方式较楼宇购买式的主要优点是投资人的可控制性增强了。楼宇购买式是买成品，最多只是定作而已。而在合作开发式中，投资人参与项目的开发过程，可以对合作开发的房地产项目按照不同的合作开发方式，实施不同程度的控制。通过合作开发，投资人可以对合作开发的房地产项目的设计理念、建设风格、楼宇的功用等按自己的意愿进行创作。

不足之处：合作开发房地产项目涉及与合作对方的合作，法律关系及协作配合与楼宇购买式相比要更复杂一些。如果进行合作开发，投资人将要投入大量的人力、物力和财力。另外，合作开发房地产有两种方式，即不成立项目公司的合作开发方式和成立项目公司的合作开发方式。如果采用后一种合作开发方式，则对停止国有土地使用权协议出让的规定构成一种障碍。

（四）股权购买式

具体做法：由投资人或投资人的关联公司对于一家已经存在或拟创设的房地产公司的股权进行全面收购。通过收购该房地产公司的股权，而实现对该公司开发建设或拥有的房地产项目或楼宇的占有、使用、收益和处分的权利。

方案评价：这种方式较前述方式而言，最大的好处在于，投资收购房地产公司的股权，投资人不发生直接购买或通过合作方式获得房地产权利而产生的购房置业的税费。不足之处有三个方面：

其一，投资人对购置股权而拥有的房地产权利比较间接。

其二，对一家公司股权的收购，投资人需与另一家关联公司联手进行，投资人与该关联公司的关系将对投资人对间接购置的房地产的使用和处置产生一定的影响。

其三，如果不是对一个现成的房地产公司的股权进行收购，而是成立一个项目公司再去收购其股权，则对停止国有土地使用权协议出让规定构成一种障碍。

三、房地产投资影响因素

（一）投资者自身因素

资金实力、投资经验、经营管理水平、投资意向认识、其他因素（投资需求、兴趣等）。

（二）投资对象因素

地理位置（投资项目所在区位）、地质条件、地块形状、土地面积和建筑面积、规划条件、房屋施工质量、房屋用途、装修水平、房屋设备水平、房屋结构类型、规划条件等。

（三）投资环境因素

政治限制因素、社会文化要求、经济繁荣程度、市场供求、自然环境、金融货币的投放、重大项目的建设、人口变化、配套条件、物价水平、工资收入、消费水平、其他方面（通货膨胀、科技发展水平等）。

知识拓展

我国房地产企业融资现状、风险及相关建议（节选）

近年来，我国房地产调控不断趋严，“房住不炒”“三道红线”“房贷集中度”等政策在抑制房价过快上涨的同时也限制了房企融资。本文在解构房企融资情况后发现，房企负债规模较大，已成为影响经济金融稳定的重要因素。同时，随着有息负债规模扩张、融资渠道收窄及房市景气度持续下降，房企信用风险在不断上行，债务偿付能力、资金周转能力、融资能力全面走弱，但偿债压力依然保持在较高水平。另外，通过对房企的综合财务风险进行分析后发现，财务风险较大的上市房企数量在不断增多，部分房企存在发生财务危机的可能性。建议：多措并举稳定资金来源，满足房企合理融资需求；优化预售制度，增强房企资金使用能力；适度调整房市政策，满足合理住房需求；完善风险处置机制，分门别类处理问题房企。

“房住不炒”“三道红线”等政策是促进房地产业稳健发展的重要举措。但也要注意到，房地产企业融资模式的调整是长期过程。未来要积极采取措施，满足房地产企业合理资金需求，同时也要优化监管政策，更好规范房企融资，促进房地产市场平稳健康发展。

第一，多措并举稳定资金来源，满足房企合理融资需求。一方面，适度加大对房企的合理信贷支持，做好困难房企纾困工作，避免负面预期持续发酵。建议金融机构合理运用内审及风险评估机制，出于纾困角度帮助尚有余地的房企解决困境。针对经营稳健的房企，要稳定资金支持力度，助力企业稳健经营；针对项目优质、存在稳定需求，但暂时出现流动性问题的房企，鼓励金融机构在不触碰监管红线的情况下适度增大信贷支持力度，不盲目抽贷、断贷；对进展出现问题的项目进行合理评估，积极引入各类资金推进项目建设。例如，可稳妥有序开展并购贷款，支持优质房企收购困难房企的优质项目，改善困难房企现金流。另一方面，鼓励房企着眼于长远发展加快资产负债腾挪。通过打折促销、折扣营销、降低认购门槛等方式推动库存销售，加快资金回笼速度；出售资产和股权调整资产结构，改善资金来源，同时加速剥离不良资产、专注聚焦主业发展；积极引入战略投资者，拓展资金来源。

第二，优化预售制度，增强房企资金使用能力。在“停供潮”影响下，全面收紧预售制度可能会引发更大风险。短期内，建议通过适度调降预售门槛、降低预售资金监管比例、加快预售证审批效率、银行保函等额替换等方式增强房企资金融通能力，避免资金不足导致项目进度受到影响。长期内，建议积极优化预售制度，特别是要统一监管标准，加强对预售资金的监管，做到专款专用，防止资金挪用以及资金池运作等违规操作。

第三，适度调整房市政策，满足合理住房需求。建议积极推动差异化的信贷政策，提升居民购房意愿。一是落实好降低首付比例等措施，但要避免盲目一放到底，再次引发房价过快上涨。在此基础上，可考虑创新购房政策。例如在限购区域，可允许二胎及以上家庭购买商品住房，同时给予一定程度的优惠补贴政策。二是加大对经济适用住房、廉租住房、公共租赁住房等保障性住房建设和棚户区改造力度，解决中低收入群体居民的住房问题。

第四，完善风险处置机制，分门别类处理问题房企。一是建立风险预警机制。短期内房市景气度提升存在一定困难，问题房企数量势必会继续增多，建议将具有系统性影响的房企纳入宏观审慎管理框架内，建立动态的风险监测机制，及时跟踪、评估风险变化情况，提前做好防范。二是完善风险处置机制。针对体量较大的问题房企，可通过债转股、引入资产管理公司等进行债务重组，或采取接管、资产剥离、重组等手段进行处理。对经营出现严重困难、无法通过救助机制恢复正常经营的房企，要采取市场化、法制化手段，推动其稳步进入破产清算程序并退出市场。

资料来源：中国银行研究院．我国房地产企业融资现状、风险及相关建议．宏观观察，2022（40）．

模块小结

自改革开放以来，中国经济飞速发展，取得了举世瞩目的成就，国民手中的财富也越聚越多。在此期间，中国的投资领域也不断扩大。随着中国的改革向深水区迈进，中国的经济也仍将保持中高速发展。这令我们不得不重视投资在经济中的重要性，投资对企业和家庭的影响和重要性。除了传统的债券、股票、期货等以外，一些贵金属投资、大宗商品投资、外汇投资、金融衍生品投资、房地产投资等会逐渐进入一般家庭的视野。这就要求我们适应社会的发展，与时俱进，掌握更多的投资方法，在更多的投资领域赚取利益。

自测练习

1. 金融衍生品还会出现新的产品吗？为什么？
2. 选择一种你喜欢的投资品种，分析当前应该如何进行投资。

模块八　投资理财风险与金融骗局

教学目标

知识目标

- 掌握投资理财风险的类型
- 了解投资理财风险防范的方法

能力目标

- 能够识别投资理财的风险
- 能够甄别金融骗局

素质目标

- 引导学生树立投资风险意识，正确理解投资风险和收益的关系
- 引导学生建立投资风险防范意识，掌握投资风险的识别过程和方法

第一单元　投资理财的风险

案例导入

王平的落败所带来的启示

王平对自己准备投资的电磁炉项目充满自信，他认为这个项目一定能给他带来不菲的收益，加上通过关系，他轻而易举就从银行“套”到大笔资金，更加信心爆棚。他很看不起同行们缩手缩脚、小打小闹的样子，心想自己绝不能跟他们一样，要干就大干一场。这种心态使他忘记了自己企业抵抗风险的能力。他一心只想扩大

投资规模，将“摊子”铺得越来越大，甚至提出“大就是好”的口号，连上两条生产线。企业负债随着他的盲目投资滚雪球般地扩大，王平却毫不在乎，一点也不感到害怕。在他看来，等企业一运转起来，什么债都可以还清。但等他的企业运转起来了，别人的钱也赚够了，开始拼命压价。王平的产品生产出来却卖不出去，顿时陷入了危局之中。一开始就把摊子铺得很大，几乎是一些创业投资者的共性，殊不知种种危机就蛰伏其中，一不小心就可能爆发。同时，在经济快速增长的时候，人们容易信心超支，对未来的估计过于乐观，藐视风险，从而形成投资泡沫，一旦有风吹草动，泡沫瞬间破灭，投资者就会陷入危局和困境。投资者应从风险与收益平衡的角度考虑企业的投资导向，选择合适的投资项目，并且将投资规模控制在适度的范围内。在具体投资时，应将资金分批次、分阶段投入，尽量避免一次性投入，应留有余力，以防一旦环境变化，风险发生，手中再无资金可以周转，以致满盘皆输。

分组讨论：

谈谈王平投资风险形成的主要原因并给出建议。

一、风险的概念及分类

（一）风险的概念

一般来说，风险是指在一定条件下和一定时期内可能发生的各种结果的变动程度，或者是指由于未来的不确定性而引起的投入本金损失和预期收益减少的可能性。如果某项投资只有一种结果，即结果是确定的，则该项投资就没有风险。例如，现在将一笔钱存入银行，可以确定一年后将得到的本利和（本利和 = 本金 + 利息），几乎没有风险。如果某项投资有多种可能的结果，其将来的收益是不确定的，则该项投资就存在风险。

对于投资理财风险，可以从以下四个方面去理解：

（1）风险是由事件本身的不确定性带来的，具有客观性。例如，投资者投资于国库券，其收益的不确定性较小；如果投资于股票，则收益的不确定性大得多。这种风险是“一定条件下”的风险，你在何时购买股票、购买何种股票、购买多少，所面临的风险是不一样的。也就是说，特定投资的风险大小是客观的，你是否去冒风险以及冒多大风险是可以选择的，是主观决定的。

（2）风险的大小随时间延续而变化，具有期限性。我们事先对一项投资的收益所作的预估是不准确的，离到期日越近，预估越准确。随着时间的延续，一项投资的不确定性在缩小，投资完成，其结果也就完全肯定了。因此，风险总是“一定时期内”的风险。

（3）风险存在于投资活动的各个环节，具有广泛性。由于投资理财活动过程包含诸多环节，每一个环节或多或少、或大或小都存在风险，因此风险存在于投资理财的整个过程中。

（4）风险可能给投资者带来超出预期的收益，也可能带来超出预期的损失，具有双重性。一般来说，投资者对意外损失的关注程度比对意外收益的关注程度要大得多。因此，人们研究风险时侧重减少损失，主要从不利的角度来考察风险，经常把风险视为不利事件发生的可能性。这种理解具有片面性。

严格来说，风险和不确定性还是有区别的。风险是事前可以知道所有可能的结果，以及每种结果的概率。不确定性是指事前不知道所有可能的结果，或者虽然知道所有可能的结果但不知道它们出现的概率。但在面对问题时，两者很难区分，风险问题的概率往往无法准确知道，不确定性问题也可估计出一个概率，因此在实际应用中，对风险和不确定性不作严格区分，都视为“风险”问题对待，把风险理解为可测定概率的不确定性。

（二）风险的分类

按照风险的性质划分，投资理财风险可划分为系统性风险和非系统性风险。

1. 系统性风险

系统性风险是指由于某种全局性的共同因素引起的投资收益的可能变动，这种因素以同样的方式对所有证券的收益产生影响。在现实生活中，社会因素、政治因素和经济因素等对所有企业都会有影响，市场中各单一证券无法抗拒和回避，无法通过多样化投资而分散，因此也称市场风险或不可分散风险。系统性风险主要包括政策风险、经济周期风险、利率风险和购买力风险。

（1）政策风险是指政府有关证券市场的政策发生重大变化或是有重要的举措、法规出台，引起证券市场的波动，从而给投资者带来的风险。例如，2001 年国家出台国有股减持政策，造成我国股票市场 4 年的持续低迷，上证指数从最高 2245 点跌到最低 998 点，流通市值蒸发了 2 万亿元，投资者损失惨重。

（2）经济周期风险是指证券市场的波动受一国经济周期的影响而带来的风险。经济周期是指社会经济阶段性的循环和波动，是经济发展的客观规律。证券市场行情随经济周期的循环而起伏变化出现多头市场和空头市场。

（3）利率风险是指利率变动引起证券收益变动的可能性。市场流量的变化会引起证券价格的变动，并进一步影响证券收益的变化。一般来说，利率提高，证券价格下降；利率下降，证券价格上升。利率主要通过影响资金流向和公司盈利来影响证券价格。利率风险主要体现在对固定收益证券的影响上，如公司债券和政府债券；利率风险对长期债券的影响大于对短期债券的影响；同时，利率风险也会影响股票的价格。

（4）购买力风险又称通货膨胀风险，是指由于通货膨胀、货币贬值给投资者带来实际收益水平下降的风险。在通货膨胀的情况下，货币贬值，物价普遍上涨，社会经济秩序混乱，企业外部条件恶化，证券市场也未能幸免。投资者的实际收益不仅没有增加，反而有所减少。

2. 非系统性风险

非系统性风险是指只对某个行业或个别公司的证券产生影响的风险，通常是由某一特殊的因素引起，与整个证券市场的价格不存在系统、全面的联系，而只对个别或少数证券的收益产生影响。非系统性风险只对个别或少数证券的收益产生影响，可以采用多样化的投资组合被分散掉，因此也称可分散风险或非市场风险。非系统性风险包括信用风险、经营风险和财务风险。

（1）信用风险又称违约风险，是指证券发行人在证券到期后无法还本付息而使投资者遭受损失的风险。证券发行人如果不能如期支付本金和利息（或股息），投资者遭受除本金和利息损失之外，还可能遭受再投资的损失。因此，在投资证券时，要看证券信用评级。信用级别高的证券信用风险小，信用级别越低，违约的可能性越大。

（2）经营风险是指公司的决策人员在经营管理过程中出现失误而导致公司盈利水平变化，从而使投资者的预期收益下降的可能。经营风险的内部因素主要有决策失误、技术落后、市场开拓力度不够、机构运行效率低下等；经营风险的外部因素主要有产业政策、竞争对手实力提升等。经营风险主要来自内部决策失误或管理不善。

（3）财务风险是指公司财务结构不合理、融资不当而导致投资者预期收益下降的风险。负债经营是现代企业应有的经营策略。通过负债经营不仅可以弥补自有资金的不足，还可以利用杠杆原理增加公司盈利。但融资产生的杠杆作用犹如一把双刃剑，当融资产生的利润大于债息率时，给股东带来的是收益增长的效应；反之，就是收益减少的财务风险。

超链接：各个理财品种的收益与风险

二、投资理财风险识别的过程

投资风险识别活动的基本任务是将投资过程中可能面临的不确定性转变为可理解的风险描述。作为一项系统过程，风险识别有它自身的活动过程。

（一）发现或者调查风险源

风险管理人员在投资活动面临风险时，最重要、最困难的问题是了解投资活动可能面临的风险的来源。发现引起风险事故的风险源是投资风险识别的核心，如果不能识别投资活动所面临的潜在风险，风险因素聚集或者增加，就会导致风险事故的发生。只有发现风险源，才能有的放矢地选择风险应对策略，改变风险因素存在的条件，降低风险事故发生的可能性。

（二）认识风险源

在识别了投资风险的风险源之后，需要对风险源进行认识、了解和测定。这是风险识别的关键。由于不同的风险管理人员对风险源认识的能力和水平不同，其结果就差之千里，因此需要通过加强对风险管理人员的教育和培训，提高风险管理人员认识风险源的能力，提高投资风险管理的水平，降低投资活动的损失。

（三）预见危害

尽管在不同的环境下，产生投资风险事故的形式不同，但是风险事故带来的危害却是大致相同的，即造成投资活动收益的减少。因此，投资风险识别的重要步骤是能够预见危害，只有这样才能将产生危害的条件消灭在萌芽状态。

（四）重视风险暴露

重视风险暴露是投资风险识别的重要步骤。重视风险暴露就是重视风险因素与风险事故的关系。对于令你遭受损失的投资活动，都有风险暴露的可能，投资活动风险暴露一般包括实物资产、无形资产、金融资产的风险暴露以及责任风险暴露。

三、风险的防范

我们在进行理财时，获得较好的投资收益不容易，但在追求理财收益时成功地防范理财风险更为不易，尤其现在频频出现以投资理财为幌子的各种欺诈行为，因此在进行投资理财时应避免出现只追求高收益率、投资过于单一、风险意识不足等不健康的理财心态。在投资理财时应做到：

（1）理财要区分理性目标与非理性目标。根据银行利率、资金通货膨胀等因素估计出可能的资金收益率，并以此作为理财目标，数倍甚至数十倍的收益率显然是非理性的。

（2）区分必须实现的和希望实现的。必须实现的是基本保障，但希望实现的不能偏离投资领域的普遍收益率。

（3）将目标量化，明确最终要达到的财务目标。以一定期限的时段进行追踪考察，从而及时发现其中的理财陷阱。

（4）改善总体的财务状况，把理财收入与日常收入区分开来。不要把精力完全放在现有财产的打理上。

（5）短长兼顾，不要把鸡蛋放在同一个篮子里。目标要分层次，短、中、长期的理财产品都有才算合理。

（6）目标要逐一实现，分清主次，实现梯次发展。例如，个人购房购车、父母养老、孩子教育、自己养老等阶段性消费目标只能逐步实现。

（7）预留备用金，以防范自己或家人可能面临的突发事件。

（8）永远不作自己不懂的投资。不了解就意味着要面临风险，而且风险的大小与不了解的程度成正比。

（9）匹配产生效益。投入与收入相匹配，计划与家庭情况相匹配。

（10）保持灵活性。任何一项理财产品不是一劳永逸可以获利的，个人理财需要保持灵活性，适当调整财务结构可以规避单一选择带来的风险。

第二单元 金融骗局

案例导入

进行股票投资要谨防骗局

家住深圳的方女士在一个老乡的推荐下，开始进入某财经网站的股票直播教室听课。没过多久，教室里的分析师开始向大家推荐一个叫“×× 国际”的股票投资机构，声称这家机构是境外注册的上市公司，而且自己在里面赚了很多钱。

本来对股票就一知半解的方女士，经不住直播教室里讲师和其他人的劝说，在巨大利润的诱惑下，下载了分析师所说的这个专业炒股平台。在注册账号之后，方女士投入了近 5 万元。在先后向这个账户转了 12 万元后，方女士不仅没有赚到钱，前后不到半个月反而亏了 5 万元。意识到自己被骗后，方女士急忙向当地派出所报案。

与方女士遭遇相同的还有郑州的靳先生。去年，靳先生买的几只股票被套牢，急于解套的他经常在股票群中学习投资技巧。一次偶然的机会，他被群里的人拉入了股票直播教室。然后“分析师”就说：“你们想解套吗？我这里有秘密武器。是什么秘密武器呢？这个房间（直播教室）的人数不够，等有 500 人以后我再告诉你们。”大家都想解套，靳先生也经不住诱惑，先后投入 3 万元在这个群里，买了该群推荐的股票，然而没过多久，他账户里的资金就所剩无几了。恍然大悟的靳先生立刻报了警。

分组讨论：

你或者身边的人有没有股票投资被骗的经历？谈一谈此类骗局的共性及如何防骗。

理财的话题亘古不变，导致骗子丛生。骗子为骗钱设下种种骗局，百姓为获利而陷入各种骗局，无数事实告诉我们：除了要抵挡金钱的诱惑，如何慧眼识破骗子的诈骗手段也尤为重要。

一、典型金融骗局

（一）庞氏骗局

庞氏骗局是一种最常见的投资诈骗，是金字塔骗局的变体，很多非法的传销组织就是用这一招聚敛钱财的。这种骗术是一个名叫查尔斯·庞奇的投机商人“发明”的。庞氏骗局在国内又称“拆东墙补西墙”“空手套白狼”。简言之，就是利用新投资人的钱来向老投资者支付利息和短期回报，以制造赚钱的假象，进而骗取更多的钱。查尔斯·庞奇于1920年开始从事投资欺诈，大约4万人被卷入骗局，被骗金额达1 500万美元，相当于今天的1.5亿美元。庞奇最后锒铛入狱。

（二）连环信骗局

戴夫·罗斯是世界上最有名的连环信的始作俑者。20多年前，第一封格式化的连环信从邮局发出，连环信的标题是“快速赚钱”，信中要求收信人将一定数额的钱寄到信中列出的几个名字名下，然后将这封信复制寄到其他地址。连环信中许诺，这样做的结果就是用小投资赚大钱，在60天内就能赚到4万英镑。在我国，短信、QQ群、微博、论坛里也能见到“转发即能话费增值”“把此消息传给10位好友，将获得10元话费。我刚试过是真的，试后请查费”这类骗术。遇见此类信件和帖子，大可不必理会。

（三）传销诈骗

2001年，一个名为“女人授权给女人”的金字塔传销诈骗案成为世界报纸重点报道的对象，这一诈骗案席卷整个英国，令许多英国女性遭受巨大损失。这一骗局采取交纳入会费的方式，鼓励女性投资，许诺投资3 000英镑，就可以得到2.4万英镑的回报，还竭力从会员那里套取其家人和朋友的联系方式。很多人因此被骗了3 000英镑的入会费。

（四）电子邮件诈骗

你是否收到过这样的电子邮件，写信人自称是某国政府某高官的家人，因政变或贪污行为暴露，其银行账户被冻结，需要有人帮助，才能将数千万美元转移出来，然后要求你提供资金以及银行账号，帮助他们转移这笔资金，并许诺给你丰厚的回报，但实际上他们会取空你的账户。

（五）征婚骗局

人们常说，爱情会遮蔽人的眼睛。这或许是越来越多爱情骗子通过互联网交友中心实施诈骗的原因。曾有媒体报道，6名中老年妇女假扮成建筑商、海归商人等富豪的丧偶，在各小报、杂志刊登征婚虚假广告，专门骗取文化程度不高的中老年男子，骗取金额高达数百万元。当然，也不乏“高富帅”骗“多金女”的案例。

（六）彩票骗局

A 国某有组织的犯罪团伙给一些 B 国家庭打电话，告诉他们中了 A 国的彩票大奖，而要兑奖，必须先缴纳一定数额的手续费。尽管手段很拙劣，但仍有很多 B 国人上当。在国内也曾有媒体报道，多人在路边捡到“刮刮奖”兑奖券，刮中二等奖几十万元，兑奖方式是传真身份证复印件和银行卡账户。这样的骗局，老年人最容易上当。

（七）传销骗局

20 世纪 90 年代，70% 的某国家庭在 5 年时间里，将相当于这个国家一年国民生产总值 30% 的 10 亿美元投入传销这个无底洞中，这些骗子承诺给投资者支付高达 20%～30% 的月息。该国 2/3 的人口在最具破坏性的金字塔传销骗局中失去了自己的毕生积蓄，引发街头骚乱，导致数千人死亡，在这个贫穷的国家差点掀起了一场内战，最后导致政府垮台。因为从一开始，这一骗术就得到了政府的支持。金字塔传销骗局的手段是：由所谓某项“投资”或“买卖交易”方法推广组织，利用几何级数的增长方式，赚取加入组织新成员所缴纳的费用，牟取暴利。

（八）私募骗局

巴洛・克洛斯骗局是最臭名昭著的骗局之一。20 世纪 80 年代，巴洛・克洛斯公司吸收了 1.8 万名私人投资者的资金，这些受骗者都认为自己投资的是没有风险的政府债券。实际上，大笔资金进入了公司的创始人彼得・克洛斯的私人账户。他把这笔钱用来购买私人飞机、豪华汽车、豪宅和豪华游艇，过着奢侈的生活，直到被揭发出来，锒铛入狱，这场骗局才结束。

（九）白血病骗局

一些骗子颇懂得利用人们的恻隐之心。几年前，某国一对夫妇称自己的孩子患上白血病，希望能在孩子死前满足她的梦想。整个小镇都被调动起来捐款，最后筹集了 1.3 万美元。结果，事实是他们的孩子很健康，而他们带着骗取的钱，飞到某乐园大玩了一场。

（十）虚拟银行骗局

风靡全球的在线游戏《第二人生》中出现了一个虚拟银行“Ginko Financial”，它声称可以给投资者带来高额回报。但该虚拟银行很快倒闭，导致许多人无法拿回自己的投资。之后，《第二人生》上又出现了一个新银行，它在吸收了众多虚拟货币——林登币之后，关门大吉，而银行的两位开办者把 250 万林登币兑换成了现实中的货币——5 000 美元，再也不在《第二人生》上露面。

二、典型案例解析

案例 1：网络基金诈骗：上千“基金迷”被骗 600 万元

案例回顾

张先生在网站上看到一则关于投资“香港 VS 基金”赚钱的广告，该广告称“投资该基金，确认后第二天返利，每天按投资数额的 5%～10% 返利”。高额的回报让他心动不已。随后，他便和对方联系，先汇款 1 万余元。几天后，张先生果真收到了对方承诺的每天 850 元的汇款。然而就在张先生准备将第二笔款汇给对方时，他发现这家网站已经关闭，随即报案。据警方通报，该网站共诈骗全国 10 多个省份 1 200 余人 600 余万元。

骗术揭秘

（1）设计虚假的基金网站，随后在各大网站广泛张贴广告信息。

（2）承诺每天返利，以高额回报为诱饵吸引投资者。

（3）发放初期投资收益，骗取投资者的信任后诱使投资者加大投资，最后关闭网站，卷款潜逃。

案例 2：股民网上炒股被骗 464 万元

案例回顾

股民王女士通过全国著名门户网站“×× 财经证券网”委托的“×× 证券股份有限公司”为自己代理投资买卖股票。她按照该公司提供的账号，先后分 4 次转入 213 万元，其间该公司也分 4 次共返回 14.8 万元给她。几天后，正为来钱快而暗暗高兴的她却发现该公司网址突然打不开了，多次打电话也联系不上，才发现上当受骗，共损失 198.2 万元。据警方调查，该网站原来是假冒的钓鱼网站，先后共有 15 位股民被骗，被骗金额达 464.6 万元。

骗术揭秘

（1）不法分子使用虚假身份冒充国内知名证券公司开设钓鱼网站。

（2）先兑现小额利润来骗取信任，再诱骗受害人投入大额资金。

案例 3：使用“只赚”炒股软件，20 万元炒成 6 万元

案例回顾

张女士接到某软件公司一位“王主任”给她打的电话，推荐“大赢家 5”炒股软件，价格为 25 000 元，王主任表示购买该款软件后，他将不定期推荐“飙升股”。付钱后，王主任推荐了 ×× 企业，购买后这只股票一直下跌。在接到两次王主任要求“不要换股”的电话后，王主任 6 月份突然要求她换股，换成“×× 和平”，之后该股票从每股 11.25 元一直降到 6.92 元。两次换股，张女士的 20 万元原始资金只剩下 6 万多元，她赶紧给王主任打电话求助，但对方电话关机，再也联系不上。

骗术揭秘

推销炒股软件常见的四招骗术：

（1）“专业”+虚假夸大宣传。

（2）承诺高额投资收益。

（3）召开非法投资咨询会。

（4）虚构成功案例现身说法。

案例 4：警惕虚假投资理诈骗

案例回顾

2021 年 4 月，新余城北暨阳某小区的张某在网上认识了一名投资理财老师，自称是退休的基金经理，推荐张某加入投资微信群，群里每天都有讲师讲投资平台赚钱容易，只要购买数字货币等待升值。张某在“老师”的引导和“群友”的鼓动下，前后向平台投入了 48 万余元，之后由于平台无法提现，才发现被骗。

骗术揭秘

推荐入群常见的四招骗术：

（1）通过社交软件、自媒体软件、婚恋网站、交友网站等物色目标。

（2）虚假宣传朋友圈信息，让你被他的形象和生活所吸引。

（3）以有好朋友熟悉规律、掌握内幕消息为由，让你先少量投资，并每笔都让你赚钱。

（4）取得完全信任后，再鼓动进行大额投资，直到你再也没有可投资的钱为止。

案例 5：谨防网络投资骗局

案例回顾

2022 年 7 月 7 日，内蒙古东乌旗道特淖尔镇暂住居民唐某通过微信名为“璐璐”的好友推荐，下载了一款外汇投资理财 App。对方称“按照程序员的提示在 App 内买外汇的涨跌，可以获得本金 6 至 10 倍的收益”。唐某信以为真，先后分三次向对方提供的银行账户共计转账 90 200 元（第一次 30 000 元、第二次 35 200 元、第三次 25 000 元）。当唐某准备提现账户余额里的 31 万元时（本金和收益），对方以提现本金必须达到 40 万元为由，要求唐某继续向对方账户转账，此时，唐某感觉被骗，于 7 月 8 日报警。唐某累计被骗 90 200 元。

骗术揭秘

理财 App 常见骗术：

（1）以明显高出市场平均收益吸引投资者。

（2）利用人们对赚钱的渴望，通过网络平台设计出重重骗局，等人上钩。

案例 6：校贷诈骗重灾区，征信记录应查清

案例回顾

2022 年 1 月 9 日，南京某大学的小杨接到电话，对方自称支付宝客服，要帮小杨注销“校园贷”记录，做结清证明。谨慎的小杨直接挂断了电话，但随后对方又打过来，并说出小杨很多个人信息。小杨将信将疑，称自己从未办理过贷款，但对方说可能是小杨陪朋友或者学校帮忙办理的。由于对方所说信息非常准确，并“承诺”按对方说的操作，系统会统一升级，小杨贷款记录将被注销，个人征信不受影响。于是小杨在对方“指导”下开启腾讯会议，共享屏幕，向多个网贷平台申请贷款，将贷款转至4个陌生账号。事后，小杨向支付宝官方求证，才知道自己并没有“校园贷”记录，但贷款损失近4万元。

骗术揭秘

“校园贷”记录注销常见骗术：

（1）利用结清贷款记录吸引在校大学生。

（2）以说出个人真实信息为手段降低投资者防范意识，诱导学生申请网络贷款。

案例7：一元购的无底洞骗局

案例回顾

“用一元钱，实现一个梦想”，只需要花一元钱，就可以得到丰厚奖品，大到开走宝马、抢购手机，小到百元充值卡加油票，这种好事您相信吗？大量互联网公司的一元夺宝游戏，邀请用户一元起投，然后抽幸运者，抽到谁，手机、宝马等大奖就归谁。大量用户越投越上瘾，有的人不知不觉就投了四五十万元，还有的人倾家荡产还执迷不悟。

骗术揭秘

一元购这种商业模式看似通过互联网平台在销售商品，而实际上却是打着电商旗号销售中奖机会，也就是类似网络售彩。国家已经叫停了网络售彩业务，因而一元购是法律风险较大的商业模式，会破坏交易安全，损害消费者的合法权益。

模块小结

不同的投资品种的风险和收益是不同的。债券收益高于同期同档银行存款，但投资的收益率较低。存款安全性最强，但收益率太低。股票可能获得较高风险投资收益，套现容易，但需面对投资风险、政策风险、信息不对称风险。证券投资基金组合投资，分散风险，套现便利，但风险对冲机制尚未建立。黄金和投资金币是最值得信任并可长期保存的财富，也是抵御通货膨胀的最好武器之一。外汇规避单一货币的贬值和规避汇率波动的贬值风险，交易中获利。房地产规避通货膨胀的风险，利用房产的时间价值和使用价值获利，但变现差。金融衍生工具有有限风险、无限获利的潜能，但产品复杂，驾驭难度大，有投资风险。

投资理财的风险是指在一定条件下和一定时期内可能发生的各种结果的变动程度，或者说，投资理财风险是指由于未来的不确定性而引起的投入本金损失和预期收益减少的可能性，包括系统性风险和非系统性风险两种。风险的度量用单个证券或组合证券的方差来度量。

防范风险应做到：理财要区分理性目标与非理性目标；区分必须实现的和希望实现的投资收益率；将目标量化；改善总体的财务状况；短长兼顾；目标要逐一实现，分清主次，实现梯次发展；预留备用金；永远不作自己不懂的投资；匹配产生效益；保持灵活性。

自测练习

1. 我国目前各投资理财品种的特点分别是什么？
2. 什么是风险？风险的分类有哪几种？
3. 根据所学知识进行案例分析。

模块九　金融理财与人生

◆ 教学目标

知识目标

- 理解金融理财的定义、特点及目标
- 掌握复利的概念
- 了解不同职业与金融理财的关系
- 掌握不同投资者的不同风险偏好

能力目标

- 能够理解金融理财的目标
- 能够熟练运用 72 法则
- 能够分辨不同投资者的风险偏好

素质目标

- 树立投资理财的风险意识
- 培养学生的职业定位和个人规划的能力
- 培养学生良好的沟通能力

第一单元 金融理财的目标

案例导入

投资理财的必要性

钱少，生活拮据，每月的工资只能应对基本开销，生活压力巨大，此时你可能想再兼一份差事，多挣一点，贴补生活所需，然而，却没有想到理财。设想一下这样做的结果：生活无比艰辛，每天都很劳累，精神压力巨大，并且存在生病的风险，更可怕的是对未来没有期待，也许幸运的你有个好子女，你把希望寄托在他们身上，那么，你的下一代又必定会承受巨大的压力。对于这样的家庭，其实理财是很有必要的。如果每月省吃俭用投入固定的几百元，再通过复利的巨大力量，十几年后你就会获得可观的积蓄。

我们可以做一个简单的计算：现在有闲置资金 4 万元整，我们比较下以下三种理财方式。

1. 最常规的活期存款

活期存款利率 0.3%，三月一结息，收益为 30.67 元，本息收入 40 030.67 元。

计算公式：活期利息 = 存款余额 ×（活期利率 ÷360）× 存款天数

2. 定期存款

三个月整存利率 1.35%，三月一结息，收益为 135 元，本息收入 40 135 元。

计算公式：整存利息 = 存款余额 ×（定期利率 ÷12）× 存款月数

3. 购买某银行货币市场基金理财产品朝朝盈

万分收益约 0.56，7 日年化 2.15%（取 2020 年 3 月 28 日数据）

同样按 3 个月收益计算，收益为 205.2 元，本息收入 40 205.2 元。

计算公式：当日收益 =（确认起息资金 ÷10 000）× 当日每万份收益 × 存款天数

说明：由于收益并不固定，只做概算。

从以上三种方式来看，不同处理方式，收益之间最大差额有近 7 倍。

在普通百姓中，工薪族和中低收入者仍占绝大多数。投资理财是与幸福生活密切相关的事，收入微薄的清贫者与初入社会又身无资产的职场“新贫族”都不应回避。即使经济上捉襟见肘，每月微不足道的投入也可以聚沙成塔，运用得当更可能就是“翻身”的契机。财富能带来生活的安定、快乐与满足，也是许多人追求成就感的途径之一。创造财富，但又不为金钱所役、所累，是每个人都应有的财富观。

分组讨论：

投资的最大障碍来自人们对投资的认识。在日常生活中，你是如何看待“投资是有钱人的专利”这一观点的？金融理财的目标到底是什么？

一、金融理财的定义和特点

中国金融教育发展基金会金融理财标准委员会（Financial Planning Standards Council of China，英文缩写为FPSCC）给“金融理财”下的定义是：金融理财是指理财专业人士通过收集客户家庭状况、财务状况和生涯目标等资料，与客户共同界定其理财目标及优先顺序，明确客户的风险属性，分析和评估客户的财务状况，为客户量身定制合适的理财方案并及时执行、监控和调整，最终满足客户不同人生阶段的财务需求的综合金融服务。

从FPSCC给“金融理财”下的定义可以看出，金融理财主要有以下几个特点：

（1）金融理财是综合性金融服务，而不是金融产品推销。

（2）金融理财是由专业理财人士提供的金融服务，而不是客户自己理财。

（3）金融理财是针对客户一生的长期规划，而不是针对客户某个阶段的规划。

（4）金融理财是一个过程，而不是一个产品。

（5）金融理财的客户不仅仅局限于个人，还包括企业等组织。

金融理财与目前流行的个人理财有所不同：个人理财针对的是个人客户，理财工具通常既包括金融工具，也包括一些非金融工具；金融理财针对的可能是个人客户，也可能是企业客户，理财工具则通常只有金融工具。本书所讨论的金融理财以个人理财规划为主。

因此，从广义的角度来看，可以认为金融理财是指专业理财人员通过分析和评估客户各方面的财务状况，明确客户的理财目标，最终帮助客户制定合理的、可操作的理财方案，该理财方案能满足人生不同阶段或企业不同发展阶段的需求，实现个人或企业在财务上的自由、自主和自在。

二、金融理财的总体目标和具体目标

（一）金融理财的总体目标

人生的目标多种多样，个人理财规划主要解决的是在个人财务资源约束的情况下，在财务方面实现个人生活目标的问题，即理财目标的实现。每个人的理财目标千差万别，同一个人在不同阶段的理财目标也不相同，但从一般角度而言，理财规划的目标可以归结为两个层次：实现财务安全和追求财务自由。

1. 财务安全

财务安全是指个人或家庭对自己的财务现状有充分的信心，认为现有的财富足以应对未来的财务支出和其他生活目标的实现，不会出现大的财务危机。保障财务安全是个人理财规划要解决的首要问题，只有实现财务安全，才能达到人生各阶段收入支出的基本平衡。一般来说，衡量一个人或家庭的财务安全，主要有以下标准：

（1）是否有稳定、充足的收入；

（2）个人是否有发展的潜力；

（3）是否有充足的现金准备；

（4）是否有适当的住房；

（5）是否购买了适当的财产和人身保险；

（6）是否有适当、收益稳定的投资；

（7）是否享受社会保障，是否有额外的养老保障计划。

当然，前述衡量标准仅仅是参考性的，具体的安全标准要根据客户的实际情况决定。

2. 财务自由

财务自由是指个人或家庭的收入主要来源于主动投资而不是被动工作。一般而言，当投资收入可以完全覆盖个人或家庭发生的各项支出时，就被认为达到了财务自由的层次，个人或家庭的生活目标相比财务安全层次有了更强大的经济保障。财务自由主要体现在投资收入可以完全覆盖个人或家庭发生的各项支出，个人从工作压力中解放出来，已有财富成为创造更多财富的工具，这时，个人或家庭生活目标的实现相比财务安全层面有了更强大的经济保障。

图 9-1 为财务安全与财务自由的图示。

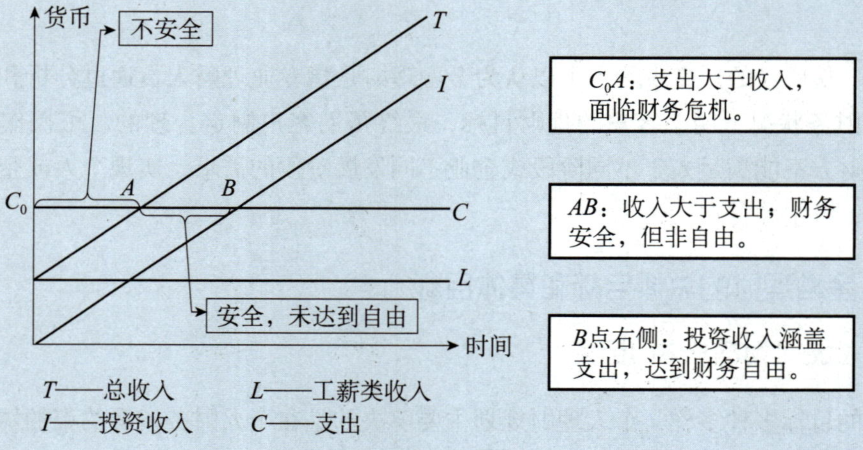

图 9-1 财务安全和财务自由的图示

（二）金融理财的具体目标

在理财规划的实际工作中，财务安全和财务自由目标体现在现金规划、消费支出规划、教育规划、风险管理与保险规划、税收筹划、投资规划、退休养老规划、财产分配与传承规划八个具体规划当中，集中表现为以下八个方面：

1. 必要的资产流动性

个人持有现金主要是为了满足日常开支需要、预防突发事件需要、投机性需要。因为个人要保证有足够的资金来支付计划中和计划外的费用，所以理财规划师在现金规划中既要保证客户资金的流动性，又要考虑现金的持有成本。通过现金规划使短期需求可用手头现金来满足，预期的现金支出通过各种储蓄或短期投资工具来满足。

2. 合理的消费支出

个人理财目标的首要目的并非个人价值最大化，而是使个人财务状况稳健合理。在实际生活中，减少个人开支有时比寻求高投资收益更容易达到理财目标。通过消费支出规划，使个人消费支出合理，使家庭收支结构大体平衡。

3. 实现教育期望

教育为人生之本，随着时代的变迁，人们对受教育程度的要求越来越高。加上教育费用持续上升，教育开支的比重变得越来越大。应尽早对教育费用进行规划，通过合理的财务计划，确保将来有能力合理支付自身及子女的教育费用，充分达到个人（家庭）的教育期望。

4. 完备的风险保障

在人的一生中，风险无处不在，理财规划师通过风险管理与保险规划作适当的财务安排，将意外事件带来的损失降到最低限度，使客户更好地规避风险，保障生活。

5. 合理的纳税安排

纳税是每一个人的法定义务，但纳税人往往希望将自己的税负降到最低。为达到这一目标，理财规划师通过对纳税主体的经营、投资、理财等经济活动的事先筹划和安排，充分利用税法提供的优惠和差别待遇，适当减少或延缓税负支出。

6. 积累财富

个人财富的增加一定程度上可以通过减少支出来实现，但个人财富的绝对增加最终要通过增加收入来实现。薪金类收入有限，投资则完全具有主动争取更高收益的特质，个人财富的快速积累主要靠投资来实现。根据理财目标、个人可投资额以及风险承受能力，理财规划师可以确定有效的投资方案，使投资带给个人或家庭的收入越来越多，并逐步成为个人或家庭收入的主要来源，最终达到财务自由的层次。

7. 安享晚年

人到老年，其获得收入的能力必然有所下降，因此有必要在青壮年时期进行财务规划，使自己“老有所养，老有所终，老有所乐”。

8. 合理的财产分配与传承

财产分配与传承是个人理财规划中不可回避的部分，理财规划师要尽量减少财产分配与传承过程中发生的支出，协助客户对财产进行合理分配，以满足家庭成员在家庭发展的不同阶段产生的各种需要；要选择遗产管理工具，制定遗产分配方案，确保在客户丧失行为能力或去世后能够实现家庭财产的世代相传。

超链接：我国的金融理财业务

案例分析

诺贝尔基金会的理财管理

1900 年 6 月，诺贝尔基金会成立，并于次年诺贝尔逝世 5 周年纪念日，即 1901 年 12 月 10 日，首次颁发诺贝尔奖。到现在每年颁发 6 个奖项，从 2001 年到 2022 年，单项奖金均为 1 000 万瑞典克朗（在 2022 年，折合约 937 万美元）。要颁发如此高额的奖金，起初的 980 万美元如果不注意增值则早已使用殆尽，而正是由于诺贝尔奖基金会的投资理财才保住了诺贝尔奖高额奖金源源不断地支付。

但是，诺贝尔基金会对资金的理财管理也经历过一番波折。诺贝尔基金会在成立初期，明确规定基金投资范围为诸如银行存款与公债等安全且有固定收益的投资，此举虽然安全，但报酬率低，到 1953 年，总资产只剩下 300 多万美元，不到初始资金的 1/3，这对诺贝尔奖的延续造成了极大威胁。在面临压力的情况下，诺贝尔基金会在麦肯锡咨询公司的建议下更改了基金管理方法，将原先只准存放在银行和买公债的资金转向投资股票和房地产。此举获得了巨大成功，现如今，基金会总资产已达 50 亿瑞典克朗，确保了诺贝尔奖金的持续发放。

分析：1. 诺贝尔基金会选择的理财产品有哪些？

2. 你是如何看待理财与人生的？

知识拓展

金融理财师

金融理财师（AFP）是从事金融理财工作，达到国际金融理财标准委员会（FPSB）所制定的教育（education）、考试（examination）、从业经验（experience）和职业道德（ethics）标准（简称“4E”标准），并取得资格认证的专业人士。金融理财师的基本工作职能是：在客户既定的条件和前提下，运用专业知识和技能，最大限度地满足客户对财富保值和增值的要求及其不同阶段的财务需求。金融理财师是一种职业认证，通过职业培训和认证有助于金融理财师更好地为客户提供服务，同时有助于降低职业道德风险，维护投资者的合法权益。金融理财师是一种新兴的职业。金融理财师可以为个人进行理财规划，也可以根据企业的经营状况为公司制订理财计划，如根据企业现金流量制定相应的投资、融资规划等。

国际金融理财标准委员会是在全球范围内得到广泛认可的金融理财师认证机构，经过国际金融理财标准委员会认证的理财师称为国际金融理财师（CFP）。

我国实施两级金融理财师认证制度，即金融理财师（AFP）和国际金融理财师（CFP）认证制度。获得 AFP 资格，并达到国际 CFP 组织认定的“4E”标准的资格申请人，经认证可获得 CFP 资格证书。

第二单元　人生规划及其意义

案例导入

理财的重要性

巴菲特说：“一生能积累多少财富，不取决于你能够赚多少钱，而取决于你如何投资理财。”李嘉诚也说：“30 岁以前人要靠体力、智力赚钱，30 岁之后要靠钱赚钱。”

有人说：“理财不是投机，而是一种实实在在的生活态度，用心生活，就会发现理财的好处——根据每个人的家庭和财务状况，将资产进行合理规划，让资产长期、稳健增值，达成人生中的各种目标，实现财务自由。它可以让辛苦赚来的钱增值，抵御通货膨胀，也可以为自己储蓄足够的钱去享受退休以后的生活。理财不仅关系到财富，还关系到你在面临抉择时该如何作决定。而我们学习理财的最终目的，就是要让理财的方法深入生活，从而战胜人们一生中无时无刻不存在的一个大敌、一个财富杀手——通货膨胀。”

正如北京师范大学金融研究中心主任钟伟所说：“如果生活在京沪广深这样的一线大城市，到 2027 年退休，退休后 25 年的生活开销预备 1 000 万元养老金也未必够。”通胀如此可怕，就连《货币战争》一书的作者宋鸿兵先生也为我们敲响了警钟：“货币贬值是必然规律。即使是千万富翁，如果不做投资理财，30 年后也有可能吃救济。”

分组讨论：

谈谈你是如何理解理财在人生规划中的地位的。

一、复利的概念

所谓复利，就是俗称的“利滚利”，是指经过一定的时期，将所生利息加入本金再计利息，逐期滚算。

2011 年 8 月 22 日，重庆市高级人民法院出台了《关于审理民间借贷纠纷案件若干问题的指导意见》，首次表态支持民间借贷按“利滚利”收账，只要约定利率不超出中国人民银行公布的同期同类贷款利率的 4 倍，法院应予以支持。

这也就意味着，对复利的计算不再是银行等金融机构特有的权利，对普通市民也赋予了此项权利。同样地，在我们投资理财的过程中，复利所产生的效益也是不容小觑的。

以存银行为例，存入 1 000 元，假设一年期的利率是 5%，那么存满一年就可以得利息 50 元，你就可以把 1 050 元再存入，那么 50 元的利息就可以并入本金一起生息了，第二年的利息就是 52.5 元了，如果一直这样存下去，那么利息会越来越多。同样的方法可以用到很多投资领域，比如股票、债券等，如果运用得当，可以获得非常可观的收益。

复利原理之所以能有巨大的魔力，主要取决于两个主要因素：时间和回报率。时间的长短将对最终的价值增值产生巨大的影响，时间越长，复利产生的价值增值就越多。

我们经常运用 72 法则来做复利的近似计算，即用来计算在给定年收益的情况下，大约需要多少年，你的投资才会翻倍。也就是说，如果年收益为 x%，那翻番需要的年份就是 $72/x$，这就是所谓的 72 法则。比如，年收益是 8%，那用 72/8，也就是约 9 年可以将投资翻番。如果年收益为 12%，翻番需要的年份就是 6 年；如果收益是 15%，翻番需要的时间就是 5 年。这样也就很容易算出：如果收益是 12%，那 18 年就可以翻三番，也就是 8 倍。如果收益是 15%，那 20 年可以翻四番，也就是 16 倍。虽然利用 72 法则不像查表计算那么精确，但也已经十分接近了，因此当你手中少了一份复利表时，记住简单的 72 法则，或许能够帮你不少的忙。

二、理财是生活的一部分

有的人一辈子能挣会花，生活过得很充实，从家里家外、老婆孩子，到亲朋好友，可谓要什么有什么，别人用的吃的，自己都有；也有的人一辈子奋斗、不停地向前冲锋，可谓熊掰玉米，边走边丢，到头来，忙过一年才发现颗粒无收。这是不善计划、不善理财，不知如何支配金钱的缘故。看到别人挣钱自己就着急，看到别人发达自己就心慌，殊不知这正是理财致富的大忌。

树立正确的理财观念已成为人生必不可少的内容。经验告诉我们，财不入急门，急是没有用的。事实证明：只要你生存在这个社会，就避免不了和各种费用打交道，如交通费、电费、煤气费、水费、电话费、医疗费、保险费等，一切的一切都涉及钱。理财计划当然也离不开这些问题，有时你可能觉得这些问题十分琐碎，令你感到十分厌烦，因为一般的家庭要做这些事，还需花一些时间，有时花了时间还办不了事，如遇到银行休息，出差不能按时交电话费以致罚款，或要将股票过户等一系列琐事，要管理这么多有关钱的问题，好像剥夺了你很多私人时间。有些人甚至因此采取爱答不理的散漫态度，这种态度其实是不正确的。理财本身就是生活的一部分，你要用积极的态度去接受，你要清楚理财是不可避免的。只要你妥善处理，就可以减少许多麻烦。因此，采取消极的态度去处理钱财是很不明智的，你应该学会更好地处理钱财，而且要在其中寻找到乐趣。

有人将全部收入用作吃喝玩乐，全无计划，结果十年如一日的家无恒产。有人用全部的钱减去基本消费之后，拼命节俭，就算一路将资本滚大，生活也没有意义。最理想的做法就是将收入拨出适当数目，该用就用，剩余部分就用于理财，那么你的钱财会越积越多。像计算个人或家庭的资产净值一样，你应该列出一份现金收支的明细表，以决定你每月收入及盈余的数目，然后将这些盈余按适当的比例进行运用。

理财的正确观念是：爱钱但又不做钱的奴隶，为钱拼死拼活，这最不值得。你应该考虑学习一套理财方法，使你可以慢慢摆脱受金钱支配的被动局面。由收入不足，财源不足的被动局面，改变为主动地支配金钱，而且善于运用金钱。俗话说“会挣钱的不如会花钱的”，就是这个道理。由你去操纵自己的物质生活水平，而不是无奈地接受仅够温饱而再无余粮的命运，完善的理财必定可以帮你达到支配金钱的愿望。

三、不同人生阶段的不同理财目标

在现代商品社会中，钱不是万能的，但没有钱却是万万不能的。没有钱，就有志不能伸，有恨不能平，即便想帮别人也帮不了。正确的理财观念的其中一条就是不要轻视金钱，铜不是臭的，而不善运用钱的人，或是人品不好的人，才是滥用金钱的废品、次品。虽然我们不做钱财的奴隶，但同样不能轻视钱财的重要性。

理财的目标因人而异，世界上没有两个喜好、愿望、家庭背景、职业、年龄都相同的人。尤其是年龄和经历不同，人们所追求的目标也就不同。虽然理财的目标可能会随着人们年龄的增大而转移重心，但是理财的观念对每一个人仍用得着，正确的理财计划绝不会一成不变，而是因人而异，量体裁衣。

不同的人生阶段，人的雄心、进取心、野心以及进取程度、保守程度都不相同。完善的理财能使你平静地度过人生低谷，积极地开创新生活，勇攀事业高峰，及时照顾到各方面不同的需求。

因为每一个人的背景不同，每一个人的心情、家庭、工作环境都不会绝对相同，也不会恒久不变。每一个人的喜好、冒险程度、对金钱的追求、对成功的向往都不尽相同，因此世界上很难找到一套对每一个人而言都是十全十美的理财模式。一套绝对无瑕的理财方案，可以说是没有的。不过一套可以为大部分人所接受，能够照顾到大部分人利益的理财观念和方案是人们需要的，可以减少人们在金钱上的烦恼，使之避开金钱运用风险，进而建立完善的个人理财规划，踏上成功致富之路。

超链接：养成六个理财习惯

案例分析

不同人生阶段中的理财规划

近期有网友分享了她在不同人生阶段的理财规划。年龄阶段：70后；所在城市：某省会城市；目前所处人生阶段：上有老下有小，还有几年就要开启退休生活。

学生时代：

还在花钱阶段，理财观念萌芽，和同学一起勤工俭学，攒了点小钱。

初入社会参加工作：

开始挣工资了，第一年攒的钱在过年回家时全部取出给家人买了礼物；第二年开始攒钱，所攒的钱分为了两部分：一小部分存了定期，一小部分存了零存整取，两种不同的存钱方式的优势是强制性执行攒钱计划。

恋爱结婚：

恋爱时也没敢大手大脚，当时提倡自力更生，艰苦奋斗，结婚也没和家里要钱，房子是单位分的，衣柜沙发都是找人做的，自己买了彩电、冰箱和洗衣机，即所谓的“三大件”，婚后一年又买了山地车，积蓄基本上全花光了。

待产生育：

从怀孕开始到顺产，期间波折一言难尽，一年多的时间到了小宝贝百天才安稳，期间经济紧紧巴巴的都是为了小生命的诞生，好吃好喝好养，没攒钱反而有点透支，送给小宝贝的百天礼物，现在回想起来很有意义，尽管当时是碍于情面帮忙的，那就是一份某保险公司刚刚推出的少儿险，涵盖意外险、教育金、婚嫁金和养老金。

人到中年：

为了孩子能有个好的教育环境，从幼儿园开始，就一路托人找关系花钱挑选的，期间的兴趣班、补习班一个没落下，到目前读研，大概花费近150万元。

与此同时，老爸老妈公公婆婆身体健康状况堪忧，弟弟妹妹尚未成家立业，除了吃药打针住院治疗的花费，请假导致工资也扣了不少，累计花费也有近50万元。

不过有压力才有动力，才有触动和想法，越没钱越要开始理财。“你不理财，财不理你”，开始学会记账规划，精打细算，给全家人配置了保险，包括大病保险和意外险，附加住院险。

开始买了基金，后来又进行了基金定投，不知不觉攒钱成了习惯，积少成多地攒了一些钱，全款投资了一套房子，用来出租，本金收回了差不多有80%了；还买了一辆车，很少用，这个决策有点失误。

即将退休：

现在要为退休做准备了，一是老爸和婆婆去世，老妈和公公身体都不太好，尽管他们都各自有退休金，但是医药费还是一笔不小的开支。二是孩子面临找工作，然后是恋爱结婚，也需要一笔费用。三是自己和老公因为工作透支身体，健康状况也是一个问题，未雨绸缪是必要的。

分析： 1. 你是如何看待理财规划的？

2. 你认同人人都要理财这个观点吗？为什么？

知识拓展

合理投资自己

在知识经济时代，我们每个人都应该有投资意识，而对于更普通的人群来讲，投资并不局限在通常的资产上，若投资者想要与财富做一辈子的朋友，首先要学会投资自己，想办法让自己升值。所有的投资都有风险，一旦有一天你投资失败，输了所有的家当，但唯独不会输了你自己。假如你的目标是挣钱，你就应该把自己最初的投资放在跟挣钱相关的教育和体验上。

在进入社会的前期，我们需要做的最重要的事情就是投资自己。如同投资者在股市中购买股票一样，要尽最大的努力把所有相关的资料都收集到手中，货比三家，买具有高成长性的绩优股，投资自己也绝对是一件对判断力进行严格考验的事情，也要慧眼识珠，选择“绩优”的学校、专业及证书。当你还没有任何资产的时候，你更要懂得投资自己，用时间、资历、经验来书写自己人生的履历表。

投资意识的另一面是要有投资回报意识，明确自己的投资是要得到什么，得到多少，而不要盲目地投资。说到教育投资，教育投资也不永远是好的，坏的教育可能带来人才的贬值。要选择能带来良好回报的优质教育或合适的教育来投资。聪明的投资者不会选择盲目而孤注一掷的投资方式，那些世界级的投资大师，在投资之前都要做充分的调查、研究、分析和思考。

总之，每个投资领域都有各自的风险和特点，我们必须学会投资自己，加强各种知识和技能的学习，提升自己赚钱的能力。

第三单元 职业、风险偏好与金融理财的关系

案例导入

小李的投资经历

小李2009年硕士毕业后便进入一家事业单位工作，由于住在单位分的宿舍，每月的日常开支并不高，基本上可以将工资收入的70%存入银行。2010年初经朋友介绍，他开始将银行存款用于炒股，希望能通过股市赚点钱。

刚开始入市时，股市比较胶着，通过谨慎操作，小李赚了一些钱，他觉得比存银行划算。于是，他将自己在银行的63万元存款全部放进股市。谁知道，2010年4月份开始，股市行情急转直下，一度下挫了600多点，由于没有及时止损，小李亏损了近四成。与此同时，房价却应声大涨，节节攀升，大大出乎了小李的预料。对于自己将钱全都投入股市的轻率做法，小李后悔不已。但同时也很迷茫，在通货膨胀的预期下，他自己也不知道如何才能更好地使得自己的积蓄保值和增值。

小李的迷茫相信对于很多从学校进入职场不久的职场新人来说比较熟悉。由于从学校进入社会不久，职场新人对于如何理财并没有清晰的认识。因此，对于刚完成一次人生重要转型的职场新人而言，如何当好自己的家，理好自己的财，由一直依靠父母供养变为获得职业收入、独立生活，将成为他们不得不深入思考的现实问题。

分组讨论：

作为一名大学生，你认为什么时候开始理财比较合适？未来职业的选择对金融理财存在什么样的影响？

从踏入职场开始，职场新人就可以通过自身劳动获得工资收入，开始成为一个独立的经济个体，不再依靠父母生活，而是要靠自己的拼搏努力来创造财富，缔造幸福生活。这样一来，如何制定合理的、适合自身需求的理财规划就显得十分重要。一般而言，越早做好理财规划可以使得理财变得越轻松。有人说，成功理财的两大要素是时间与复利，这句话对任何人都适用。假设，每月投入2 000元，投资收益率为年化5%，那么连续投资10年后，总的本金为24万元，而收益却能够达到近40万元；投资20年与10年相比，本金

只翻了一番，而前者的本利合计为后者的 3 倍，每月的小投入获得大收益，这就是时间的魔力、复利的魔力。

一、不同职业的理财规划

在人生这个大舞台上，每个人根据自己各个时期角色位置的不同，其行为准则也有所不同。对于刚毕业的大学生而言，由于刚从各自不同的学历背景中脱离出来，年龄较轻并且还没有结婚，工资收入较为稳定，日常必要的花费也比较有限，因此，努力培养自己勤俭节约及量入为出的品德，对这些刚步入职场的新人而言是必要的。学技能、学知识，智力上的投资是一次性的，而收益是终生的。在个人理财上首先考虑的是储蓄等较为稳健的理财产品，依靠储蓄利息等收入，安全地聚集第一笔可供灵活运用的资金。这个阶段要认识生活中急需、必需和需要之间的区别，在消费中知道精打细算和货比三家，注意借贷和还息的利害。为更好地区别不同职业，我们对公务员、企事业单位职员和自由职业者三大类作分别介绍。

（一）公务员的理财规划

公务员作为一种特殊的职业，本身就有一定的吸引力。由于公务员可以直接运用社会权力和资源给人们提供各种公共服务，因此具有较高的社会地位和声望。这让现代人尤其是新一代年轻人趋之若鹜，他们希望借此实现自己的理想和抱负。此外，公务员职业的稳定也是如此多人报考的原因。公务员作为享有国家行政编制，由国家财政负担工资福利的人，一般而言，在住房、养老、医疗等方面的保障水平都高于其他行业。基于上述条件，对于刚入职不久的公务员而言，如何理财则成为首要问题。

在制定理财规划时，考虑到公务员在住房、养老、医疗等方面的保障水平较高等因素，可以根据自身稳定的收入和重点支出等情况，结合自身的性格特点来配置相关资产比例。如果觉得自己属于保守型，不是很偏爱存在高风险的高收益领域，那么在制定理财规划时可以在保证日常开支的情况下，将更多的资产（如 60%～70%）投资于银行存款、国债、实物金条等风险较低的领域，以定期获得稳定的利息收入和增值收入。同时，在自己可以承受的风险范围内适度介入股市（如 10%～20%），通过股市来获得较高的回报；如果觉得自己在理财方面较为激进，风险承受能力亦较强，并且希望在承受高风险的同时获得较高收益，那么在制定理财规划时可以在保证自己日常开支的情况下，考虑进入更高风险领域，如将银行存款、国债、实物金条等资产比例保持在 10%～20%，而将股票等高风险的投资比例提升到 50% 以上，在高风险的股市中追求高回报；如果觉得自己在理财方面较为中庸，既喜欢获得一定比例的稳定收益，又期望在可以承受的风险范围内获得较高的风险收益，则可以考虑均衡自己的资产分配，如将能够产生稳定收益的银行存款、国债、实物金条等资产配置比例保持在 40%～50%，将股票、纸黄金、权证等较高风险领域的资产配置比例保持在 40%～50%。

总的来说，对于刚工作不久的公务员来说，在制定理财规划时，应将眼光放得更加长远一些。重点结合自身的特点来配置资产比例，随着工资收入的不断提高，再逐步调整自己的理财规划。既不要盲目冒进，期待“一口吃成胖子”，也不要缩手缩脚，担心自己对理财知识不够了解而固化甚至僵化自己的理财思路。同时，在制定理财规划的过程中，还应确保资产配置的科学性，如储蓄、保险、基金、股票、外汇投资等的比例问题。既要符合自身的风险偏好，又不能为了高收益冒太大的风险，也不能单纯依靠银行储蓄利息来理财。相反，应寻找适合自身的投资渠道和投资方式，包括合理的现金配置、股市或基金等证券资产配置、保险配置和不动产配置等。鉴于不同公务员的投资目标与风险偏好不同，具体的理财配置还可以咨询一些银行、证券或保险公司的客户经理等，以获得更好的建议。

（二）企事业单位工作人员的理财规划

作为企事业单位的工作人员，其在住房、养老、医疗等方面的保障水平和公务员相比还是存在明显差距的。对于刚工作不久的企事业单位工作人员来说，在制定理财规划时，首先应注重自有资产的保值和增值。而要保值和增值的关键，则在于建立合理的资产配置组合。针对企事业单位工作人员在工作初期喜欢将大量资产存入银行的习惯，在留足 3～6 个月的支出作为备用金的前提下，建议在资产配置方面进行如下调整：一是补充一定的商业保险。目前，我国社会保障的目标是保障居民在年老、疾病、工伤、失业、生育等情况下的基本生活需求，对于追求高品质和较高保障的人而言，需要通过补充商业保险来提升保障水平。对此，可以考虑在社会保险的基础上补充一定的保障性商业保险，具体标准可以控制在 10% 左右。二是结合自身风险偏好，充分利用理财工具配置资产。由于还处于工作起步阶段，一切以积累为主，对此可以分析理财产品的各自属性和自身的风险偏好，看自己是属于激进型、中庸型还是保守型，并结合自身特点来配置资产。三是充分利用专家理财。由于企事业单位工作人员每天均需要按时上下班，工作任务较为繁重，除非在股票高风险领域有投资理财的特长，否则日常交易时间自己很难保证有充分的时间来研究投资理财策略。稳妥起见，建议逐步退出这类需要自己花时间进行研究和打理的资产，同时，充分利用基金和银行理财产品等有专家（如基金经理、客户经理等）进行管理的理财产品进行投资。

（三）自由职业者的理财规划

自由职业者一般而言以脑力劳动者（如作家、艺术家、编辑、会计师、律师）为主，也包括一定的个体户和中介机构的推销人员，通常不隶属于某个特定的组织，而是完全凭借“自力”进行工作。自由职业者中，或许有的获得很大成功，或许有的还在为生计奔波，但总体而言，自由职业者的状态是工作自由、生活自由，收入也相对自由，整个群体年龄较轻，文化程度高，大多集中在经济发展水平和开放程度较高的大城市。据统计，上海市、北京市和深圳市的自由职业者人数分别为 50 万、20 万和 12 万，其中以中青年为主。自由职业者的工资收入相对而言都比较高。由于不隶属于某个特定的组织，因此有相当一部分的自由职业者一般都没有特定的社会保险，通常要通过商业保险来补充。

然而，自由职业者由于没有基本工资，一天不工作就可能没有收入，更没有单位福利、养老保险和医疗保险，因此生活压力依然巨大。对于自由职业者来说，认真检视自己的财务状况，认真做好理财规划，显得更为重要。针对自由职业者的上述特点，在理则规划上，应注重从各方面对自身进行保障。同时，确保资产保值和增值。

1. 注重利用商业保险

由于自由职业者一般在社会保险方面有所欠缺，因此需要自己通过商业保险来予以弥补。在利用商业保险方面，由于是自由职业者，没有基本的医疗保险，因此首先应考虑医疗方面的保障，购买终身的疾病健康险，一旦发生重大疾病或生病住院等情形，可以从该类商业保险中获得一定的补偿。其次，考虑到自由职业者收入较高，乘坐车、船、飞机的机会较多，正所谓“天有不测风云”，为防止意外发生，自由职业者可以购买一份意外险，通过意外险来获得一定程度的保障。最后，从现实和长远的角度来考虑，虽然有的自由职业者收入很不稳定，但毕竟现在还相对年轻，只要努力干，总能有收入，然而，一旦因为年老而无力再工作，没有社保的自由职业者将不得不面对养老问题。对此，自由职业者可以考虑购买一份人寿保险，为自己打造一个稳定的“地基”，或者可以通过定期定额投资一些平衡性基金或购买年金保险来储备养老费用。

在具体购买商业保险的策略上，考虑到目前年纪尚轻，所交保费较少，应尽早购买以重大疾病为主险，住院医疗、重大意外为附加险的保险产品，因收入不固定，为自己安排重病、意外方面的保障不失为明智之举。购买方式建议采用分期缴款（年缴）的方式，在商业保险的投入方面，建议占收入的10%～15%，不宜过少，也不要过多。

2. 留足备用资金

自由职业者一般都有一技之长，但所面对的潮流变化发展比较快，面临的竞争也非常激烈，有的行业可能几个月就会发生很大的变化，如果不进行持续的学习，就可能跟不上形势的发展。对此，自由职业者应该做好职业生涯的设计和规划。一方面，要找准自己的定位并确定以后的发展方向。例如，结合自己现在所处的城市和自己的经济实力，对于自己将来的职业道路进行规划，是要在现居住地成为佼佼者，还是要成为更大范围内的佼佼者。另一方面，为了确保自己的职业发展规划，需要定期对自己进行学习投资，进行“充电”。要认真学习本行业或本领域最先进、最前沿的知识和技能，跟上时代发展的节奏和形势，随时提高自己的水平，使得自己在竞争中不落后，避免被时代淘汰。而要做到这些，均需要在个人理财规划时配备足够的备用资金。对此，建议预留5%～10%的资金来进行“充电计划”。

3. 综合利用理财工具

考虑到每个人的风险承受能力存在差别，在能够获得较为稳定的收入保障的前提下，自由职业者可以学习综合利用理财工具来为自己的资产保值和增值。在利用理财工具进行投资理财和资产配置前，自由职业者应充分考虑自身的实际情况，包括年龄、家庭结构、家庭收入、资产负债、日常消费支出、风险承受能力、子女教育、未来生活目标、现在距离目标实现的时间长短等，这些因素都会影响资产配置情况。对于刚毕业工作不久的自由职业者来说，因为年轻，所以风险承受能力也很强，在进行资产配置时，可以选择多配置一些高风险的资产，比如股票、股票型基金等。同时，注意到自由职业者的时间比较宽裕，因此可以有更多的时间来学习投资理财的专业知识。此外，还可以请教专业人士，请理财师帮助自己进行理财规划，并尽量选择一些不必费太多时间和心思的“懒人理财”工具，如基金定投产品等。

二、不同风险偏好与金融理财

（一）投资者对待金融理财风险的态度

无论是个人投资者还是机构投资者，本质上都是风险厌恶者。理性的投资者从根本上都不喜欢风险。但是由于个人性格、经济实力等方面的差异，投资者对待风险的态度也存在一定的差异，表现为对风险的厌恶程度不一样。按投资者对风险的厌恶程度划分，可以将投资者分为以下三种：

1. 极度厌恶风险的投资者

极度厌恶风险的投资者只有在确定收益大于所冒风险付出的成本时，才会决定投资。一般认为，当风险出现时，这种投资者会采取回避措施，以减少投资。这种投资者对结果偏离预期收益的可能性很敏感，只有认定投资收益大于投资风险时，才会持有某种证券或资产。这种投资者也被称为保守型投资者。

2. 一般厌恶风险的投资者

一般厌恶风险的投资者要求收益与风险同步增长，与极度厌恶风险的投资者相比，这类投资者更容易接受投资风险，因此，也被称为温和型投资者。但一旦认定某项投资可以获得高额收益，这类投资者也会主动承担高风险。

3. 冒险型投资者

冒险型投资者也称激进型投资者，这种投资者愿意在投资风险出现时，积极采取主动进攻的投资策略，追求超额利润以期获得较高收益。由于冒险型投资者的投资机会比较多，因而投资的收益机会也较多。但是冒险型投资者会比其他两种投资者面临更大的风险。

以上的分类方式比较简单，在分析具体客户的风险厌恶程度时要结合多种因素。例如，不同年龄的人对待风险的态度是不同的。年轻人往往比较激进，偏好选择一些价值被低估的股票进行投资，而老年人则偏好选择一些具有固定收益的政府债券进行投资。在评估投资者对风险的厌恶程度时，经常采用心理学的方法并结合问卷调查的方式进行。

（二）金融理财风险的控制方法

控制理财风险的基本思想是对某种损失的可能性进行调整，尽量降低该种损失发生的可能性。一方面，如果造成损失的不确定因素有可能出现，也有可能不出现，那么，在投资过程中应尽量避免损失可能出现的情况；另一方面，如果不确定因素造成损失的数额可能大也可能小，那么，在投资过程中应尽量避免大的损失。一般而言，金融理财风险的控制方法主要有以下几种：

1. 回避风险

对于极度厌恶风险的投资者来说，衡量各种投资方案优劣的主要标准是投资方案是否具有风险。如果某一投资方案无风险或者风险较低，极度厌恶风险的投资者会优先选择这一方案。选择风险较低的投资会大大减少投资收益的不确定性，但同时也失去了获得高额收益的可能性，因为收益与风险总是相伴而生。

2. 减少风险

减少风险策略也称控制风险策略。对风险进行控制分为事前控制和事后控制。前者是指对预计可能发生的损失提出相应的措施，防止损失实际发生的可能性；后者是指对已经发生的损失，采取相应的措施，尽量降低损失的程度。

投资组合是分散风险的有效方法。不同的投资，其风险、收益各不相同，因而实行分散化投资可以获得比单一投资更稳定的收益。特别是将具有负相关的资产进行投资组合时，对降低非系统风险具有重要意义。不过对于大多数投资者来说，有限的资金难以实行分散化的投资组合，如果刻意追求投资组合，则可能牺牲规模经济效益。

3. 转移风险

转移风险是指投资者以某种方式将风险损失转嫁给他人承担。例如，投资者可以将某一具体风险事先向保险公司投保，这种风险一旦发生，就可以向保险公司索赔，从而将风险转移给保险公司。也可以利用金融工具来转移风险，例如，投资者可以卖出大豆期货合约将大豆价格固定在一定的水平上，从而将价格变动风险转移给期货合约的买方。

4. 接受风险

对于系统风险，投资者往往无法规避，此时应提前做好准备，以应付风险带来的损失。如利率风险、政策风险，投资者无法控制这些风险，只能根据自己的资产状况留有足够的资金和做好心理准备以应对这种风险。

总之，理性的投资者在作出投资决策前，应该认真考虑自己对待风险的态度以及自身的经济状况。

超链接：个人投资者风险承受能力调查问卷

案例分析

“热心”推销员“以房养老”是骗局

韩阿姨没有子女，退休后一直担心自己的养老问题。一次她在小区遛弯时碰到了自称是保险公司业务员的小刘。在登记了个人信息后，韩阿姨收到了小刘免费赠送的一斤鸡蛋。随后“热心”推销员小刘给她推荐了一款“以房养老”的保险产品，说这是国家针对老年人推出的优惠产品，不需要去银行申请贷款，只要把房子的相关手续拿到公司走流程，就可以享受每年 5% 的利息回报。随后，小刘又邀请韩阿姨参加了年会、客监会等一系列活动，向她进行了一系列“安全保障展示”，并出示了公司的各项资质认证。这一切让韩阿姨觉得，这是个合理合法且安全的项目。心动之下，韩阿姨按照小刘要求将房子办理抵押贷款，又签了借款合同，将借来的钱投资到理财项目上。谁知几个月后，韩阿姨没有等来丰厚的养老金，却等来了银行的催款通知。

真正的以房养老也被称为住房反向抵押贷款，是指老人将名下产权房抵押，在保有居住权的同时，定期从保险机构领取养老金。老人身故后，保险公司获得房屋处置权，处置所得优先用于偿付养老保险费用，剩余部分返还老人的继承者。而不法分子却以养老投资之名，诱骗老年人进行房屋抵押贷款，将贷到的钱用于购买他推荐的理财产品，而后骗子卷钱跑路，房子也被强制过户，造成人财两空。这种行为符合“未依照法定程序经有关部门批准向社会公众筹集资金”“承诺一定期限内还本付息或给予回报”的违法特征，属于“非法集资”。

此类犯罪行为中，不法分子往往化身“热心”推销员，通过电话、短信、发传单等方式，以免费鸡蛋、面条、油、米等为诱饵，吸引老年人参加活动讲座，博取老人信任，并利用前期建立的信任，忽悠老年人购买相应产品。

老年人平时要多关注新闻媒体、社区宣传栏，了解当前多发的各类诈骗手段，时刻保持警惕，注意妥善保管好自己的个人信息，对于那些主动打招呼、套近乎的陌生人，要保持警戒心理，防止上当受骗。

分析： 1. 理财骗局的特点一般有哪些？

2. 我们如何避坑，提高识别能力？

知识拓展

买理财产品有风险吗？

伴随金融市场的发展，人们购买理财产品再也不仅仅局限于银行存款和半懂不懂的股票了，在买理财产品时除了要考虑收益外，还有一项也是必须注意的，那就是风险。其实风险比收益更为重要，那么买银行理财产品有风险吗？答案是肯定的，现在很多银行理财产品的说明书上都有一条。但仅仅这一句话的忠告，可能没有引起很多人的注意，因为大家都不爱看文字，可以理解。

许多银行推出了各种高收益理财产品，面对各种各样的理财产品，大家应该如何辨别呢？

1. 分清预期收益和实际收益

预期收益并不代表实际收益，只是预测投资这一产品在这一段时间的收益率，并不是实际的收益率。而目前深受投资者喜欢的理财产品也大多只是能保证本金不损失，而不能保证实际的收益率。

2. 了解理财产品背后的风险

面对众多理财产品，投资者必须明白高收益产品背后的风险。尤其是高收益的理财产品，投资者更需要清楚银行的投资对象和范围，否则一旦资金投资违规，投资者必然将承受一些损失。

总之，如果是首次购买，都需要去银行柜台作风险评估测试，根据财务状况、投资经验、投资风格、风险偏好和风险承受能力等进行风险评估，谨慎投资。为了保障个人的资金安全，应选择资质正规、规模较大、信誉好的平台进行理财投资。

模块小结

金融理财是指理财专业人士通过收集客户家庭状况、财务状况和生涯目标等资料，与客户共同界定其理财目标及优先顺序，明确客户的风险属性，分析和评估客户的财务状况，为客户量身定制合适的理财方案并及时执行、监控和调整，最终满足客户不同人生阶段的财务需求的综合金融服务。

不同的人的理财目标千差万别，同一个人在不同阶段的理财目标也不相同，但从一般角度而言，理财规划的目标可以归结为两个层次：实现财务安全和追求财务自由。

复利就是俗称的“利滚利”，是指经过一定的时期，将所生利息加入本金再计利息，逐期滚算。复利原理之所以能有巨大的魔力，主要取决于两个主要因素：时间和回报率。

理财本身就是生活的一部分，你要用积极的态度去接受，并且清楚理财是不可避免的。而且只要你妥善处理，反而能减少许多麻烦。因此，采取消极的态度处理金钱是很不明智的，你应该学会妥善处理钱财，而且在其中寻找到乐趣。

在人生这个大舞台上，每个人根据自己各个时期角色位置的不同，行为准则也有所不同。对于不同职业，公务员、企事业单位人员和自由职业者，有着不一样的理财需求和理财规划方案。

按投资者对风险的厌恶程度划分，可以将投资者分为极度厌恶风险的投资者、一般厌恶风险的投资者和冒险型投资者。一般而言，金融理财风险的控制方法主要有回避风险、减少风险、转移风险和接受风险。

自测练习

1. 金融理财的总体目标和具体目标是什么？
2. 什么是复利？什么是 72 法则？ 72 法则在生活中如何使用？
3. 比较分析不同职业对理财规划的影响。
4. 按投资者对风险的厌恶程度划分，投资者主要有哪些类型？
5. 金融理财风险的控制方法有哪些？

模块十　综合理财规划

教学目标

知识目标

- 理解生命周期理论的含义
- 掌握生命周期理论和家庭模型的内容
- 了解不同生命周期不同家庭的不同理财需求
- 了解综合理财八大规划

能力目标

- 能够判断投资者所处的生命周期阶段和家庭模型
- 能够综合运用理财八大规划
- 能够分析大学生的理财需求和理财规划

素质目标

- 树立正确的金钱观和成功观
- 培养学生善于沟通和合作的团队合作能力
- 培养学生的洞察力和应变思维

第一单元 生命周期与金融理财的关系

案例导入

大学生投资理财过程中存在的问题

借着经济快速发展的浪潮，人们的理财观念也发生了本质上的改变。大学生作为受过高等教育的优素质人才，日后也势必会成为投资理财的潜在客户和中坚力量，因此培养大学生形成正确的理财意识和观念就显得尤为重要。以学业为主的大学生对投资理财方面的新闻关注度较小，对其了解可能还停留在表面阶段，相对了解的理财产品种类较少，投资理财过程中存在不少问题。

一、投资意识薄弱且相关知识不足

鉴于大学生长时间处于校园生活之中，受学习专业的影响，只有经济管理类的同学在日常教学中会接受到相关知识的学习，而其他专业的学生对投资理财知识的学习仅能依靠选修课或互联网上的信息推荐。所以大部分学生的投资理财观念相对薄弱，对投资理财的规划不够全面和清晰，在实际投资过程中还可能因认识度不够而发生投机行为。

二、适合大学生投资理财的产品种类较少

受可支配资金数量和专业知识的影响，可供大学生选择的投资理财产品较少。从市场调查来看，理财通和余额宝等风险相对降低的理财产品深受大学生群体的喜爱。期货、股票等传统理财产品在购买前期和经营过程中需要投入大量的精力和时间，并且需要相关的专业知识来加以支撑，因此在大学生群体中并没有受到广泛的青睐。与此同时，大学生群体承受风险的能力远远不及白领人群，因其资金链相对薄弱，所以在选取投资理财产品时，稳定和保守是其考虑是否投资的先决因素。

三、防范风险意识和止损能力较差

社会经济的发展具有不稳定性，理财投资也是如此，在获取投资收益的同时也要承担风险。虽然大学生投资理财的意识有所提升，但是防范风险的意识和及时止损的意识还有待加强。在投资出现高风险性时不能适时止损来稳定投资，是影响大学生理财投资收益的主要原因。在理财投资过程中大学生对投资环境通常过于乐观，缺乏防范风险意识，在出现结构性下跌时往往将其视作正常波动，从而错过了良好的止损时机。

四、渠道选择缺乏科学性

受信息来源渠道的制约，大学生在选择理财产品时缺乏科学性和合理性。现在

市面上投资理财产品较多，各种宣传手段也层出不穷，大学生在进行选择时受外界因素影响较大，自身的投资判断能力较弱。同时受自媒体的发展和影响，各种投资理财产品的广告和软文潜移默化地影响着我们的生活。某些推广文章宣传投资回报率存在不实现象，或对投资风险避而不谈，这些都影响了大学生群体的主观判断能力，只着眼于高额收益而忽略了风险。

分组讨论：

你是否同意“大学生要进行投资理财”这一观点？理财规划和年龄有关吗？

每个人的家庭情况、财务状况和性格特征各不相同，因而并不存在放诸四海而皆准的标准理财方案。我们说理财规划必须是一项强调个性的服务，但这并不意味着无规律可循。透过诸多个性化的差异，我们发现个体也存在很多共同的地方，其中最主要的一点就是生命周期现象：处于相同生命周期阶段的客户往往面临相似的理财目标、收入状况和风险承受能力。一般而言，个人理财规划是基于人的生命周期而存在的，不同的客户在不同的阶段要制定有针对性的策略来实现自己的生活目标。

一、生命周期理论

人从出生到死亡会经历婴儿、童年、少年、青年、中年、老年六个时期。由于婴儿期、童年期、少年期没有独立的经济来源，通常也不必承担经济责任，因此这三个时期并不是理财规划的重要时期。而青年期、中年期和老年期则是进行理财规划的三个重要时期。将理财规划的重要时期进一步细分，可分为五个时期，即单身期、家庭与事业形成期、家庭与事业成长期、退休前期和退休期（见图 10-1）。

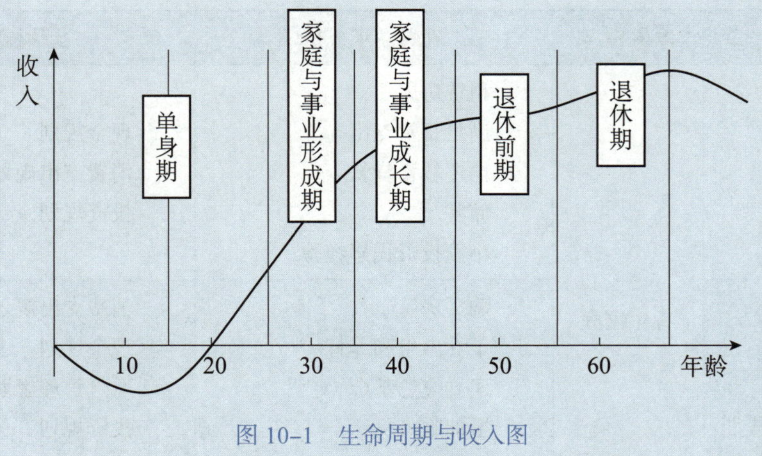

图 10-1　生命周期与收入图

（1）单身期是指从参加工作至结婚的这个时期，一般为 2～8 年。在这个时期，个人刚刚进入社会开始工作，经济收入比较低而且花费较大。但这个时期又往往是家庭资金的原始积累期。这个时期个人的人生目标也应该是积极寻找高薪职位并努力工作。此外，也要广开财源，尽可能多地获得财富。

（2）家庭与事业形成期是指从结婚到新生儿诞生的这个时期，一般为 1～3 年。在这个时期，个人组建了家庭，经济负担加重，经济收入有了一定的增加而且生活开始走向稳定，财力虽然不是很强大但呈蒸蒸日上之势。

（3）家庭与事业成长期是指从子女出生到子女完成大学教育的这个时期，一般为 18～22 年。在这个时期，家庭成员不再增加，整个家庭成员年龄都在增长，经济收入增加的同时花费也随之增加，生活已经趋于稳定。

（4）退休前期是指从子女参加工作到个人退休之前的这个时期，一般为 10～15 年。在这个时期，家庭已经完全稳定，子女也已经经济独立，家庭资产逐渐增加，负债逐渐减少，事业处于巅峰状态，但身体状况开始下滑。

（5）退休期是指退休后的这个时期。进入退休时期，一身轻松，责任的接力棒传给了下一代。这个时期的主要目标就是安度晚年，享受天伦之乐，安排身后事。

二、家庭模型

基本的家庭模型有三种：青年家庭、中年家庭和老年家庭。根据家庭收入主导者的生命周期而定，家庭收入主导者的生理年龄在 35 周岁以下的家庭为青年家庭，家庭收入主导者的生理年龄在 55 周岁以上的家庭为老年家庭，介于这两个界限之间的为中年家庭。

三、不同生命周期、不同家庭模型下的理财规划

理财规划只有和不同的生命周期、不同的家庭模型相结合，才能产生最佳的实践效果（见表 10–1）。

表 10–1　不同生命周期、不同家庭模型下的理财规划

生命周期	家庭模型	理财需求分析	理财规划
单身期	青年家庭	租赁房屋 满足日常支出 偿还教育贷款 储蓄 小额投资积累经验	现金规划 消费支出规划 投资规划
家庭与事业形成期	青年家庭	购买房屋 子女出生和养育 建立应急基金 增加收入 风险保障 储蓄与投资 建立退休基金	消费支出规划 现金规划 风险管理规划 投资规划 税务筹划 子女教育规划 退休养老规划

续表

生命周期	家庭模型	理财需求分析	理财规划
家庭与事业成长期	中年家庭	购买房屋、汽车 子女教育费用 增加收入 风险保障 储蓄与投资 养老金储备	子女教育规划 风险管理规划 投资规划 退休养老规划 现金规划 税务筹划
退休前期		提高投资收益的稳定性 养老金储备 财产传承	退休养老规划 投资规划 税务筹划 现金规划 财产传承规划
退休期	老年家庭	财务安全 遗嘱 建立信托 准备身后费用	财产传承规划 现金规划 投资规划

超链接：子女教育费用增加给我们的启示

案例分析

××银行的“伙伴一生”金融计划

“伙伴一生”金融计划是××银行秉承“因您而变”理念、关爱客户而进行的一大变革。它为处于人生不同阶段的客户，量身定做产品和服务。根据客户群踏入工作后的生活形态特点的不同，招商银行将客户市场细分为以下五个阶段：初涉社会阶段、成家立业阶段、养儿育女阶段、事业有成阶段、安享晚年阶段，各阶段分别对应炫彩人生、浪漫人生、和美人生、丰硕人生、悠然人生。根据不同阶段的特点重点推出相应的金融理财产品。

处于炫彩人生阶段的客户，一般为18～25岁未婚的年轻人。理财需求以转账、汇款需求较多，对刷卡购物的方式的接受度比较高。针对这一阶段的人群，招商银行“伙伴一生”金融计划在居家服务、储蓄融资方面分别提供刷卡消费、网上支付、自助缴费、网上转账汇款、定期定额、教育学资贷款、信用卡循环授信等服务，还特别倾情奉献个性化产品及增值服务——QQ 一卡通。

处于浪漫人生阶段的客户，一般为 23～30 岁的人。正谈婚论嫁，经济收入增加且生活稳定。×× 银行“伙伴一生”金融计划为他们推出个人住房按揭贷款、个人汽车消费贷款、信用卡循环授信、信用卡免息分期付款、信用卡调高临时额度、预借现金等融资业务。此外，为了便于他们投资，还提供了银证通、开放式基金等产品。

处于和美人生阶段的客户，一般为 28～40 岁的人，以进取型投资风格为主，投资品种多样化。针对这一阶段的人群，×× 银行“伙伴一生”金融计划在特色储蓄、居家服务、融资业务、投资业务方面分别提供教育储蓄、结汇、购汇、境外汇款、通知存款、自助缴费、代理扣款、教育学资贷款、住房循环授信、个人汽车消费贷款、自助贷款、信用卡循环授信、开放式基金、外汇买卖、银证通、本外币理财计划等服务，还特别倾情奉献个性化产品及增值服务——留学金融服务套餐。

处于丰硕人生阶段的客户，一般为 38～55 岁的中老年人士，子女已成年自立，有了自己的生活空间，处于家庭成熟期。他们的投资风格更加注重投资风险，以均衡型投资风格为主。针对这一阶段的人群，×× 银行“伙伴一生”金融计划除为他们特别推出在特色储蓄、居家服务、融资业务、投资业务等有针对性的服务外，面向 VIP 客户还专门推出了白金品质的尊贵服务，包括“一对一”的理财顾问、优越专属的理财空间、免费临时保管箱服务、应急取款、紧急挂失、免费手机短信或 E-mail 理财秘书通知服务等，甚至白金信用卡的顶级服务，包括一卡双币全球通行的多重享受、全球上万家特约商户倾情奉献的贵宾待遇、全球全领域知名企业精心营造的国际化生活、全球 24 小时白金贵宾服务。

处于悠然人生阶段的客户，一般为 55 岁以上的老年人士，他们希望过得悠闲而丰衣足食、身体健康，享受生活乐趣。针对这一阶段的人群，×× 银行“伙伴一生”金融计划为他们推出存折、存单、汇入汇款等服务，以凭证式国债、开放式基金、本外币理财计划等稳健型的投资方式，让他们在兼顾安全性的同时，使财富跟随资本市场的趋势获得稳健增长。此外，还特别倾情奉献个性化产品及增值服务——医疗健康计划，让他们晚年过得安康快乐。

分析：1.×× 银行的“伙伴一生”金融计划是建立在什么基础上的？

2. 根据你所在家庭的经济状况确定自己的理财需求。

知识拓展

马斯洛的需求层次理论

美国心理学家亚伯拉罕·马斯洛的需求层次理论是行为科学的理论之一，于 1943 年在《人类激励理论》一书中提出。书中将人类需求像阶梯一样从低到高按层次分为五种，分别是：生理需求、安全需求、社交需求、尊重需求和自我实现需求。

生理需求：对食物、水、空气和住房等的需求都是生理需求，这类需求的级别最低，人们在转向较高层次的需求之前，总是尽力满足这类需求。一个人在饥饿时不会对其他任何事物感兴趣，他的主要动力是找到食物。即使在今天，还有许多人的这些基本生理需求得不到满足。

安全需求：安全需求包括对人身安全、生活稳定以及免遭痛苦、威胁或疾病等的需求。和生理需求一样，在安全需求没有得到满足之前，人们唯一关心的就是这种需求。

社交需求：社交需求包括对友谊、爱情以及隶属关系的需求。当生理需求和安全需求得到满足后，社交需求就会凸显出来，进而产生激励作用。

尊重需求：尊重需求既包括对成就或自我价值的个人感觉，也包括他人对自己的认可与尊重。有尊重需求的人希望别人按照他们的实际形象来接受他们，并认为他们有能力胜任工作。他们关心的是成就、名声、地位和晋升机会。当他们得到这些时，不仅赢得了人们的尊重，同时其内心也会因对自己价值的满足而充满自信。

自我实现需求：自我实现需求的目标是实现自我、发挥潜能。达到自我实现境界的人，接受自己也接受他人。解决问题的能力增强，自觉性提高，善于独立处事，要求不受打扰地独处。

第二单元　综合理财八大规划

案例导入

不同人生阶段的不同资产组合

身处不同的人生阶段，就应该有不同的资产组合。对于处于青年期（20～30岁）的投资者，没有经济负担，有能力承担较高的投资风险，那么在投资组合中就可以配置较高比重、流动性好的风险类产品，较少配置债券类产品；对于处于中年期（30～50岁）的投资者，当期现金流充足，但财务负担也相应增加，可以考虑中长期（投资周期在3年以上）的风险类产品，同时在债券类产品上保持较好的流动性；对于老年期（50岁以上）的投资者，控制风险将成为首要考虑的目标，可以考虑配置较高比例的债券类产品，较少配置投资周期在3年以上的风险类产品。

分组讨论：

讨论根据人生的不同阶段，理财需求有什么变化，理财规划有什么不同。现阶段，你有什么样的理财需求？如何进行理财规划？

理财规划主要包括现金规划、消费支出规划、教育规划、风险管理与保险规划、税务筹划、投资规划、退休养老规划、财产分配与传承规划。

理财规划的重点在于个人理财，是在对个人收入、资产、负债等数据进行分析整理的基础上，根据个人对风险的偏好和承受能力，结合预订目标运用诸如储蓄、保险、证券、外汇、收藏、住房投资等多种手段管理资产和负债，合理安排资金，从而在个人风险可以接受的范围内实现资产增值最大化的过程。

现代意义的个人理财不同于单纯的储蓄或投资，它不仅包括财富的积累，而且囊括财富的保障和安排。财富保障的核心是对风险的管理和控制，也就是当自己的生命和健康出现了意外，或个人所处的经济环境发生了重大的不利变化，如恶性通货膨胀、汇率大幅降低等问题时，自己和家人的生活水平不至于受到严重影响。

一、现金规划

现金规划是为满足个人或家庭短期需求而进行的管理日常的现金及现金等价物和短期融资的活动。现金规划中所指的现金等价物是指流动性比较强的活期储蓄，各类银行存款和货币市场基金等金融资产。在个人或家庭的理财规划中，现金规划既能够使所拥有的资产保持一定的流动性，满足个人或家庭支付日常家庭费用的需要，又能够使流动性较强的资产保持一定的收益。一般来说，在现金规划中有这样一个原则，即短期需求可以用手头的现金来满足，而预期的或者将来的需求则可以通过各种类型的储蓄或者短期投、融资工具来满足。

现金规划的核心是建立应急基金，保障个人或家庭生活质量和状态的持续性稳定。现金规划在整个理财规划中居于十分重要的地位，现金规划是否科学合理将影响其他规划能否实现。因此，做好现金规划是理财规划的必要基础。

二、消费支出规划

消费支出规划主要是基于一定的财务资源，对家庭消费水平和消费结构进行规划，以达到适度消费、稳步提高生活质量的目标。家庭消费支出规划主要包括住房消费规划、汽车消费规划、子女教育规划以及信用卡与个人信贷消费规划等。

消费支出规划的目的在于合理安排消费资金，树立正确的消费观念，节省成本，保持稳健的财务状况。家庭消费支出规划是理财业务不可或缺的内容。如果消费支出缺乏计划或者消费计划不得当，家庭很可能支付过高的消费成本，严重者甚至会导致家庭出现财务危机。

也就是说，影响家庭财富增长的重要原则是“开源节流”，即在收入一定的情况下，如何做好消费支出规划对一个家庭的整个财务状况具有重要的影响。

三、教育规划

教育规划就是指在收集教育需求信息、分析教育费用的变动趋势，并估算教育费用的基础上，选择适合的教育费用准备方式及工具，制定并根据因素变化调整教育规划方案。

教育规划是一种人力资本投资，它不仅可以提高人的文化水平与生活品位，更重要的是可以使受教育者在现代社会激烈的竞争中占据有利的位置。

从内容上看，教育投资可以分为两类：自身的教育投资和子女的教育投资。对子女的教育投资又可以分为基础教育投资和高等教育投资。大多数国家的高等教育都不属于义务教育的范畴，因而对子女的高等教育投资通常是所有教育投资项目中花费最高的一项。

以高等教育投资为例，在进行高等教育投资规划时，首先要对教育需求和子女的基本情况（如子女的人数、子女的年龄、预期受教育程度等）进行了解和分析，以确定当前和未来的教育投资资金需求。其次要分析当前和未来预期的收入状况，并根据所在国的具体情况确定子女教育投资资金的主要来源（如教育资助、奖学金、助学贷款、勤工俭学收入等）。最后应当分析教育投资资金供给与需求之间的差距，并在此基础上通过运用各种常用的投资工具和教育投资特有的投资工具来弥补教育投资资金供给与需求之间的差额。由于教育投资本身的特殊性，它更加注重投资的安全性，因此在选择具体投资工具时要侧重于选择保值工具。

四、风险管理与保险规划

风险管理是一个组织或个人用于降低风险负面影响的决策过程，风险管理与保险规划则是指经济单位通过对风险的识别、衡量和评价，并在此基础上选择与优化各种风险管理技术，对风险实施有效控制和妥善处理风险所致损失的后果，以尽量小的成本争取最大安全保障和经济利益的行为。

人的一生很可能会面对一些不期而至的“纯粹风险”（与投资领域那些可能引起损失也可能带来收益“投机风险”相对应），所以人们需要对自己的家庭及个人进行风险管理规划。根据风险损害对象的不同，这些风险分为人身风险、财产风险和责任风险。为了规避、管理这些风险，人们可以通过购买保险来满足自身的安全需要。除了专业的保险公司按照市场规则提供的商业保险之外，由政府的社会保障部门提供的包括社会养老保险、社会医疗保险、社会失业保险在内的社会保险以及雇主提供的雇员团体保险也都是个人或家庭管理纯粹风险的工具。随着保险市场竞争的加剧，保险产品除了具有基本的转移风险、减小损失的功能之外，还具有融资、投资功能。在个人财务规划中，经常使用的商业保险产品包括人寿保险、意外伤害保险、健康保险、财产保险、责任保险等。

五、税务筹划

税务筹划是指在纳税行为发生之前，在不违反法律、法规（税法及其他相关法律、法规）的前提下，通过对纳税主体（法人或自然人）的经营活动或投资行为等涉税事项作出事先安排，达到少缴税和递延纳税目标的一系列筹划活动。

依法纳税是每个公民应尽的义务，而纳税人出于对自身利益的考虑，往往希望将自己的税负合理地减到最少。因此，如何在合法的前提下尽量减少税负就成为每个纳税人十分关心的问题。国外比较常用的个人税务筹划策略包括收入分解转移、收入递延、投资于资本利得、选择资产实际销售、杠杆投资、充分利用税负抵减等。我国目前的个人税法结构相对简单，可以利用的个人税务筹划策略主要有：充分利用税收优惠政策（包括最大化税收减免，选择合适的扣减时机，选择最小化税率），递延纳税时间（包括合理选择递延收入的实现时间，加速累积费用的扣除），缩小计税依据（包括最小化不可抵扣的费用、支出，扩大税前可扣除范围），等等。

与前面所列的几种规划相比，个人税务筹划要面对很多的风险，尤其是法律风险。因此，在进行税务筹划时，应熟练把握有关的法律法规。

六、投资规划

投资规划是根据投资理财目标和风险承受能力，为规划合理的资产配置方案，构建投资组合来实现理财目标的过程。为客户指定合适的投资规划是理财规划师个人水平的充分体现，并不是投资规划收益越高，理财规划师就越有水平。合适的投资规划是为不同的客户或同一客户不同时期的理财目标而设计的，不同的理财目标要借助不同的投资产品来实现。

投资是实现客户财务目标的重要手段。投资规划就是根据客户的财务目标和可用投资额，以及风险承受能力等实际情况来确定投资目标，并通过资产配置、投资组合、证券选择等技术，结合具体的投资策略来实现投资目标。投资规划是理财规划中必不可少的内容，并且往往是最重要的内容。除了增加收入来源之外，投资几乎是客户资产增值的唯一手段，因而投资也自然成为客户完成多项财务目标的重要手段，比如子女教育金储备、养老金准备等。

在复杂多变的金融市场中，投资时刻面临着各种风险。为了分散风险，金融投资一般都需要构建投资组合，而投资组合的构建依赖于不同的投资工具。这些投资工具根据它们期限长短、风险收益的特征与功能的不同，大体可以分为四种类型：货币市场工具、固定收益的资本市场工具、权益证券工具和金融衍生工具。对于个人客户来说，单一品种的投资产品很难满足其对资产流动性、回报率以及风险等方面的特定要求，而且客户往往也不具备从事证券投资的专业知识和信息优势。因此，理财规划师应在充分了解客户风险偏好与投资回报率需求的基础上，通过合理的资产分配，使投资组合既能满足客户的流动性要求与风险承受能力，又能获得充足的回报。

七、退休养老规划

退休养老规划就是为了保证客户在将来有一个自立、尊严、高品质的退休生活，而从现在开始积极实施的理财方案。退休后能够享受自立、尊严、高品质的生活是一个人一生中最重要的财务目标，因此退休养老规划是个人理财规划中不可或缺的部分。

在人口老龄化的发展趋势下，没有一个国家的政府能够无限度地满足所有人的养老需求，也没有一家企业可以向退休员工提供终身给付的员工福利。中国尽管有养儿防老的传统观念，但是随着社会的进步、子女负担的不断加重，这种养老模式逐渐难以延续。因此，退休金的筹措主要还是靠自己，着手越早，退休时相对也会越轻松。退休计划是一个长期的过程，不是简单地通过在退休之前存一笔钱就能解决，因为通货膨胀会不断侵蚀个人储蓄，个人在退休之前的几十年就要确定目标，进行详细规划，否则不可避免地要面对退休后生活水平急剧下降所导致的困境。

合理而有效的退休养老规划不但可以满足退休后漫长生活的支出需要，保证自己的生活品质，抵御通货膨胀的影响，而且可以显著地提高个人的净财富。退休规划的核心在于进行退休需求的分析和退休规划工具的选择。退休规划工具具体来说包括社会养老保险、企业年金、商业养老保险以及其他储蓄和投资方式。

八、财产分配与传承规划

财产分配是指为了将家庭财产在家庭成员之间进行合理分配而制定的财务规划。财产传承规划是指当事人在本人健在时通过选择遗产管理工具和指定遗产分配方案，将拥有或控制的各种资产或负债进行安排，确保自己丧失行为能力或去世后能够实现家庭财产的代代相传或安全让渡等特定的目标。

随着财富拥有量的不断增加，财产分配与传承问题也日渐为越来越多的人所关注。通常意义上的财产分配规划是针对夫妻财产而言的，是对婚姻关系存续期间夫妻双方的财产关系进行的调整，因此财产分配规划也称夫妻财产分配规划。而财产传承规划是为了保证财产安全继承而设计的财务方案，是当事人在本人健在时通过选择适当的遗产管理工具和制定合理的财产分配方案，对自身拥有或控制的财产进行安排，确保这些财产能够按照自己的意愿实现特定目的，是从财务的角度对个人生前财产进行的整体规划。同其他单项理财规划一样，财产分配和传承规划也是根据个人的实际情况量身定制的理财服务，只是，规划的制定不仅与客户的财产状况紧密相连，还要受客户本人在家庭中的特定身份地位以及因此得承担的义务等各种因素的影响。

财产分配与传承规划的目标是客户的个人财产。由于婚后夫妻双方的财产往往界定不清，财产分配也主要在家庭成员之间进行。而分配的多少与家庭所有成员的切身利益息息相关，因此，由财产处理引发的问题往往成为大多数家庭矛盾和纠纷的来源。

超链接：中低收入者也需要理财

案例分析

金融理财与人生规划

一、客户基本情况

王先生今年 30 岁，王太太 28 岁，女儿 2 岁，双方父母都健在。王先生一家属于典型的“421 家庭”，其最大特点：一是最主要的经济支柱都处于三十而立的年龄；二是上有老，下有小。

王先生工作已有 10 年，妻子工作也有 8 年，目前家庭年收入约 13 万元，两人都买了社会保险，并有了一定的资产和积蓄。由于在大城市生活，加上受传统的“买房就要一次性买下”思想的影响，他们一直在攒钱买房，却面临和《蜗居》一样的情景：积蓄虽不断提高，但房价也水涨船高。两人痛下决心，拿出积蓄 20 万元作为首付买了一套价值 100 万元的房子，贷款 80 万元，期限 20 年，月供 4 911 元。

二、家庭财务状况分析

王先生一家目前家庭总资产为 103 万元，总负债为 80 万元，总资产扣除总负债后的家庭净资产为 23 万元。王先生的家庭总负债占到总资产的 77.67%，已经超过了 50% 的安全水平，当无法偿还过高的债务时，可能导致财务危机。同时，家庭的净资产占总资产的比例为 22.33%，也比较低，一旦债务到期或经济不景气时，可能出现资不抵债的情况。

王先生一家月总收入为 1.1 万元。其中，王太太月收入为 3 000 元，占家庭月总收入的 27.27%；王先生月收入为 8 000 元，占家庭月总收入的 72.73%；无其他家庭收入。家庭收入构成中，夫妻的收入相差较大，男方收入是家庭收入的主要来源。

目前，家庭的月总支出为 7 911 元。其中，日常生活支出为 3 000 元，占 37.92%，贷款月供支出 4 911 元，占 62.08%，无其他支出。家庭支出构成中，按揭还款占月总收入的 44.65%，高于 40% 的安全线。日常支出占月总收入的 27.27%，显示家庭控制开支的储蓄能力较强。

目前家庭月度节余资金 3 089 元，年度节余资金 37 068 元，占家庭年总收入的 28.08%。对于这些节余资金，可通过合理的投资来实现未来家庭各项财务目标。

通过分析可以看出，该家庭处于初建期，由于购房时未适当考虑其承受能力，家庭负债率较高，产生财务危机的可能性高；家庭的收入来源单一，无法防范失业风险；按揭还款超过临界水平，家庭财务风险承受能力弱。另外，女儿未来上大学并深造，还需为此筹集大约30万元的学费。当然，夫妻俩也希望退休后能安享晚年。

三、规划分析

王先生应从家庭保障、子女教育以及养老问题入手。

（一）家庭保障

家庭初建期的财务风险和经济压力是最大的，保险应该放在第一位。作为风险对冲产品，保险能防止可能出现的意外导致家庭财务收入中断的风险。王先生是家庭的主要经济支柱，首先应为他购买商业保险，受益人为妻子或女儿。如有资金节余还应为王太太购买商业保险，最后才是为女儿购买商业保险。一般拿出家庭年收入的 7%～10% 购买保险即可，即每年拿出 9 240～13 200 元来购买保险。保额则是根据家庭需要而定的，一般以年收入的 5～10 倍来计算（即中断收入后可保障 5～10 年）。

除了通过购买保险来抵抗长期风险外，还需要做好现金规划来抵抗短期家庭财务风险。通常需要准备相当于 3～6 个月家庭支出的现金，即 23 733～47 466 元作为储备。对于有贷款的家庭，特别要注意防范短期财务风险。一旦家庭收入短期中断，这些家庭会面临无法偿还贷款的窘境。

（二）子女教育规划

王先生希望未来能有 30 万元（不考虑通货膨胀）作为女儿的教育费用。如果女儿 18 岁上大学，王先生有 16 年的时间来筹集这笔费用。王先生可以采用定投基金的方式实现这一目标。比如，选指数基金来定投，每月投资 750 元，那么按照 8% 的年均收益率计算（股票型基金的年均收盈率为 8%～10%），16 年后基金定投账户中将会有 30 万元的资金。

（三）养老金规划

王先生夫妇都买了社会保险，这对未来退休后基本生活是有保障的。但如果希望退休后生活质量保持较高水平，则还需进一步规划。这一目标仍可采用定投基金的方式来实现，如指数基金。定投的年限可选择 5 年，每到 5 年期，将定投再续上，一直投资到 60 岁男方退休时。如果每月投资 1 000 元作为未来的养老基金，按年均收益 8% 计算，30 年后基金账户里的可用金额可达到 149 万元。如果活到 85 岁，那么在退休后的 25 年中，每月至少可保障有 4 967 元（149 万元 ÷300 个月）的生活费可以使用。

四、理财方案

王先生应向保险公司或第三方理财机构询问保险产品，购买保险年支出约 1 万元，从股票账户中拿出 1 万元来优先满足该需求。增加现金储备至 23 733 元（取整 25 000 元）以上，并将部分活期存款转为货币基金，根据目前家庭每月节余 3 089 元来看，要完成这个目标需要 8 个月的节余。开通基金定投账户，做两笔定投，一笔用于子女教育，定投期限为 16 年，每月投入资金 750 元；一笔用于养老，定投期限 30 年，每月投入资金 1 000 元。如果预计未来一年有短期风险，须先完成现金储备目标再开始定投。如果预计未来一年的财务风险不大，建议当前就开始定投，每月投入 1 750 元，这样每月仍可节余 1 339（=3 089–1 750）元。

分析：1. 如何对家庭进行财务状况分析？

2. 请你为你的家庭制定一份理财方案。

知识拓展

委托理财协议中的保底条款不受法律保护

随着理财热度的不断攀升，保底理财进入人们的视野。保底理财表面上安抚了委托人对市场高风险的忧虑，实则多数无法得到兑现，造成更大的安全隐患。

谭某与任某签订有偿代客理财协议，合同约定：谭某将自有资产委托任某进行保值、增值管理，任某将该资产用于投资黄金白银贵金属业务。谭某以本人名义在某公司开设交易账户，并将该账号及交易密码告知任某，任某拥有独立的下单操作权，无资金调拨权；谭某无下单操作权，有资金调拨权。合作时间为一个月，该期间谭某不得取出本金，初始资金为 30 万元，谭某每月固定获利 9 000 元，资金亏损由任某全部承担，盈利 9 000 元以上的利润由双方按照谭某四成、任某六成的比例分配。签订协议当日谭某将 30 万元转入本人开设的交易账户。20 天后，任某平仓止损后不再交易。谭某在合作期满后将账户剩余资金 4 万余元取出，多次联系任某，任某先后返还谭某 10 万元，后避而不见，谭某无奈之下诉至法院。

谭某认为，双方签订的有偿代客理财协议有效，诉请退还剩余 16 万元资金及按照每月 9 000 元支付固定利润。庭审中，任某辩称贵金属投资属高风险投资，亏损风险应由委托人自担。代客理财协议保底条款的约定违反法律规定，系无效约定，合同属无效合同。

法院审理后认为，有偿代客理财协议约定委托人自己开设资金账户，委托受托人进行投资管理，符合委托合同法律关系的特征，系委托理财合同。协议中约定委托人谭某不承担本金亏损风险，只享有固定收益加利润分成，具有保底条款性质，违背公平原则及委托关系中责任承担规则，属无效条款。该条款属目的条款和核心条款，保底条款无效导致委托理财合同整体无效。谭某以合同有效提起诉讼并主张相关权利，与法院根据案件事实认定的合同无效不一致。在此种情形下，审查合同效力是查明事实的基础，应当甄别当事人诉讼请求的性质及法律依据，以确定是否存在能够适用的实体法规范基础。依据法律规定，合同无效或者被撤销后，因该合同取得的财产，应当予以返还，不能返还或者没有必要返还的，应当折价补偿。谭某诉请返还剩余资金及支付固定利润，其中，退还剩余委托资金系合同无效的后果，法院判决任某返还谭某剩余委托资金 16 万元。

投资有风险，理财须谨慎。

模块小结

理财规划将人的理财周期细分为五个时期，即单身期、家庭与事业形成期、家庭与事业成长期、退休前期和退休期。基本的家庭模型有三种：青年家庭、中年家庭和老年家庭。理财规划只有和不同的生命周期、不同的家庭模型相结合，才能产生最佳的实践效果。

理财规划主要包括现金规划、消费支出规划、教育规划、风险管理与保险规划、税务筹划、投资规划、退休养老规划、财产分配与传承规划。

自测练习

1. 生命周期理论将人的理财期限分成几个阶段？
2. 综合理财规划主要包括几大规划？
3. 举例说明一些实现理财目标的常见行为。
4. 结合自己的情况或家庭状况，制定一个理财方案。

REFERENCE

参考文献

1. 人力资源和社会保障部人事考试中心 . 金融专业知识和实务［M］. 北京：中国人事出版社，2022.

2. 贺显男 . 投资学原理及应用［M］. 4 版 . 北京：机械工业出版社，2020.

3. 中央国债登记结算有限责任公司 . 新中国债券市场发展简史［M］. 北京：北京时代华文书局，2019.

4. 中国证券业协会 . 金融市场基础知识［M］. 北京：中国财政经济出版社，2020.

5. 基金从业资格考试专家组 . 证券投资基金基础知识习题与解析［M］. 北京：中国金融出版社，2018.

6. 任泽平，曹志楠 . 中国保险业发展报告 2021［R］. 北京：恒大经济研究院，2021.

7. 郑伟，等 . 中国保险业发展报告 2022［M］. 北京：经济科学出版社，2022.

8. 迟国泰 . 投资风险管理［M］. 2 版 . 北京：清华大学出版社，2014.

9. 石磊 . 证券投资学［M］. 北京：对外经济贸易大学出版社，2014.

10. 王秀芳 . 投资学［M］. 成都：西南财经大学出版社，2013.

11. 杨帆 . 家庭投资理财手册［M］. 上海：立信会计出版社，2012.